아이들과 함께하는 두근두근 독서 교실

책벌레 선생님의

행복한
책 이야기

아이들과 함께하는 두근두근 독서 교실

책벌레 선생님의

행복한
책 이야기

2011년 7월 29일 처음 펴냄
2018년 4월 24일 6쇄 펴냄

지은이 권일한
펴낸이 신명철
펴낸곳 (주)우리교육
등록 제 313-2001-52호
주소 03993 서울특별시 마포구 월드컵북로 6길 46
전화 02-3142-6770
팩스 02-3142-6772
홈페이지 www.uriedu.co.kr

이 도서의 국립중앙도서관 출판시도서목록(CIP)은
서지정보유통지원시스템 홈페이지(http://seoji.nl.go.kr)에서 이용하실 수 있습니다.
(CIP 제어번호:CIP2011003148)

아이들과 함께하는 두근두근 독서 교실

책벌레 선생님의

행복한
책 이야기

권일한 지음

우리교육

정직과 성실로 땀 흘리시는 아버지,
한결같이 눈물로 기도하시는 어머니,
우리 가정을 환하게 만드는 아내,
소중한 보물인 책벌레 민하와 서진이,
그리고
이 모두를 허락하신 하나님께 감사드립니다.

*편집자 주
· 책에 인용된 아이들 글은 최대한 원문을 살리고자 했으며, 어문 규범에 따라 띄어쓰기 교정만
  진행했습니다. 표기된 학년은 글을 쓴 당시 학년입니다.
· 책에 언급된 저자의 이름은 어문 규범에 따라 표기했습니다. 단, 부록의 경우 해당 판본을 출간
  한 출판사 표기법에 따랐습니다.

《오즈의 마법사》는 두뇌가 없는 허수아비, 심장이 없는 양철 나무꾼, 겁쟁이 사자가 도로시와 친구가 되어 저마다의 소원을 이루기 위해 오즈로 가는 이야기입니다. 110년 전에 작가는 사람이 반드시 갖추어야 할 것으로 두뇌와 심장과 용기, 고향을 꼽았습니다. 지혜, 따뜻한 가슴, 용기, 고향은 지금도 마법을 일으킵니다.

허수아비와 양철 나무꾼, 사자와 도로시가 21세기 첨단 사회에서 여행을 한다면 무엇으로 두뇌와 심장, 용기, 고향을 찾을까요? 첨단 기술로 무장한 세상이니 허수아비에게는 최첨단 인공두뇌를 장착하면 됩니까? 양철 나무꾼에겐 인공 심장이나 유전자 조작으로 만든 복제 심장을 넣어 주면 될까요? 용기를 조절하는 대뇌피질을 자극해서 사자를 용감하게 만들까요? 과거의 기억을 관장하는 전두엽과 뇌간에 전파를 보내 도로시에게 고향을 찾아 주면 됩니까?

세상은 너무나 빨리 변합니다. 휴대 전화는 '사는 순간 중고'

가 되고 모처럼 장만한 텔레비전도 금세 구형이 됩니다. 세상이 너무나 빨리 변해서 10년 뒤에 무엇이 지금과 같은 모습으로 남아 있을지 모릅니다. 인공두뇌, 복제 심장, 대뇌피질과 전두엽 자극으로 도로시와 친구들에게 필요한 것을 제공한다고 해도 5년만 지나면 구형 폐물이 될 겁니다. '오즈의 마법사'가 제공하는 것이 5년도 못 견디는 폐물이라면 110년 전에 지은 책이 지금까지 읽히는 건 기적이겠지요.

《오즈의 마법사》가 100년이 지난 지금까지 읽히는 건 책이 얼마나 놀라운 물건인지 알려 주는 증거입니다. 책은 '두뇌가 없는 허수아비'에게 두뇌를 제공합니다. 생각 없이 학원과 학교를 전전하는 허수아비들이 책을 읽으면 자기 생각을 갖습니다. 정서가 메말라 '양철 나무꾼'이 된 아이들이 책을 읽으면서 울고 웃으며 가슴을 되찾습니다. 책은 나약한 마음에 용기를 불어넣어 세상을 향해 도전하는 '사자'로 만듭니다. 무엇보다 중요한 건, 책은 아이들의 고향이라는 사실입니다. 도서관에서, 나무 그늘에서, 침대 머리맡에서 책을 읽은 기억은 종잡을 수 없이 빠르게 변하는 세상에서 기억의 중심을 차지하고, 돌아갈 고향을 만들어 줍니다. 토마스 아 켐피스는 이렇게 고백했습니다.

내 이 세상 도처에서 쉴 곳을 찾아보았으되,
마침내 찾아낸,
책이 있는 구석방보다 나은 곳은 없더라.[1]

하지만 아이들은 책이 있는 구석방에 가지 않습니다. 구석방에 간다고 해도 책에서 멀어지게 하고 낭패감을 안겨 주는 독서 지도에 떠밀립니다. 독서 감상문 때문에 책 읽기가 싫어집니다. 설명만 잔뜩 듣는 토론 수업을 하고, 똑같은 주장만 되풀이하는 논술을 씁니다. 생각하는 두뇌, 느끼는 심장, 도전하는 용기를 주는 마법사를 찾았지만 온갖 고생 끝에 만난 마법사는 아무 능력도 없습니다. 에머랄드 성 사람들이 그저 열기구를 타고 내려왔다는 이유로 오즈를 마법사라고 착각했듯이, 많은 사람들은 책을 많이 읽고 독서 지도를 받으면 좋을 거라고 착각합니다.

두뇌와 심장, 용기와 고향을 가져다준 마법은 여행을 하는 과정에서 생겨납니다. 과정이 없으면 아무리 마법사를 만나도 변하지 못합니다. 이 책과 함께하는 여행 역시 과정입니다. 지혜와 따뜻한 가슴, 용기와 마음의 고향은 오즈의 마법사를 만나기 전에, 여행하면서 저절로 생깁니다. 허수아비가 지혜로워지며, 양철 나무꾼이 따뜻한 가슴을 갖게 되고, 사자가 용감하게 친구들을 구해 내고, 도로시가 고향을 찾게 만드는 책벌레 여행에 함께하시겠습니까?

차례

행복한 책벌레가 되기 위한
마음의 준비 운동

좋은 책은 읽고 나서 불편한 책이다.
_권정생

좋은 책이란 그 책을 읽고 났더니
다른 책을 더 읽고 싶어 하는 욕심이 생기게 하는 책이다.[2]
_이권우

가장 좋은 친구는 아직 내가 읽지 않은 책을 선물하는 사람이다.[3]
_링컨

좋은 책은 자기 자신이 들어 있는 책이다.
_권일한

아이들을 가르치며 책을 좋아하는 아이들과 끔찍하게 싫어하는 아이들을 두루 만났습니다. 책을 좋아하는 아이들은 '책을 읽으면 좋다.'는 사실을 마음과 몸으로 증명합니다. 책을 싫어하는 아이들도 '책을 읽으면 좋다.'는 사실에는 동의합니다. 학교를 들었다 놓았다 할 정도의 장난꾸러기들도 책 읽는 아이에게는 장난을 걸지 않고 지나갑니다. 자기는 책을 읽지 않지만 가치 있는 활동을 하는 친구를 방해하면 안 되는 줄 압니다. 가끔 장난꾸러기도 책을 읽다가 방해를 받으면 "야! 지금 책 읽는 거 안 보여?" 하며 소리를 지릅니다. 이럴 때 아이 눈빛을 보면 웃음이 나옵니다. 아무도 못 말리는 천하의 장난꾸러기가 '책 읽는 사람'이 되어서 '감히 책벌레를 방해하다니······.' 하는 눈빛을 보이니까요.

아이들에게 책을 읽어 주면 만화광, 게임광들도 책에 빠져들어 재미나게 듣습니다. 스스로 책을 찾아 읽기도 합니다. 하지만 얼마 지나지 않아 책에서 손을 놓습니다. 왜 그럴까요? 무엇 때문에 어떤 아이는 주위의 부러움을 사는 책벌레가 되고, 어떤 아이는 책을 벌레 보듯 피하는 걸까요? 책을 좋아하는 사람은 이유를 압니다. 책과 친해지고 좋아해서 열심히 읽어 온 경험이 있는 사람이라면 누구나 다 아는 대답입니다. 하지만 책을 가까이 하지 않은 사람은 이런 질문에 답답함만 느낍니다. 그래서 소리를 지르며 강요합니다.

"책 좀 읽어라. 너는 누굴 닮아서 책하고 담을 쌓았냐?"

부모님이 이런 이야기를 하는 집일수록 아이들은 책을 읽지 않습니다. 부모님의 말투를 그대로 따라 하며 "엄마도 안 읽으면서 왜 나한테만 그래?" 합니다. 강요로는 아이를 책벌레로 만들지 못합니다. 책을 좋아하는 아이들은 '엄마가 책을 읽어 주었다.' '아빠와 함께 도서관에 다녔다.' '책이 영화로 만들어지면 책을 읽고 함께 영화를 보러 갔다.'고 합니다. '책 읽어!' 라고 강요하지 않고 권면해야 부담을 느끼지 않습니다.

1주일에 책을 몇 권 읽고, 독서 감상문을 몇 개씩 쓰고, 독서 관련 학원에 다니는 부담스러운 방법으로는 아이를 책벌레로 만들지 못합니다. 부담을 주지 않는 가장 좋은 방법은 '모범'입니다. 아이 입장에서는 부모가 즐거워하는 일을 함께하면 부담이 적습니다. 그렇다고 무턱대고 아이 곁에서 책을 읽을 수는 없겠지요. 아이들과 함께 즐겁게 책을 읽기 위해서 무엇을, 어떻게 해야 하는지 알지 못하면서 무조건 아이 곁에 앉아 있는다면 고문을 자청하는 겁니다. 아이를 위해 억지로 참는 독서를 한다면 어른이 먼저 지칩니다.

저는 여러 가지 독서 지도 방법과 독서 활동을 많이 알고 있습니다. 하지만 그런 방법이 아이를 책벌레로 만들지는 않습니다. 제가 아는 방법을 강요하면 아이들은 책벌레 선생님을 만난 죄로 책에 질려 버릴 겁니다. 아이가 책을 어떻게 생각하는지, 독서 수준이 어느 정도인지를 알고 아이에 맞게 시작해야 합니다. 그래서 독서 활동을 할 때면 언제나 독서 이력을 먼저 조사합니다. 무작정 책을 안겨 주지 않고 한 명, 한 명에게 알맞은 방법을 찾습니다. 덩어리째 던져 주며 강요하지 않고 살살 꼬드기는 법을 택하는 겁니다.

먼저 책을 대하는 마음가짐부터 바꿔 보세요. 책상에 앉히고 책을 쌓아 주기보다 마음을 먼저 바꿔 주어야 책벌레가 됩니다. 책벌레가 되기 위한 준비 운동은 마음에서 시작합니다. 어떤 마음이 필요할까요?

하나. 강압적으로 책을 읽히지 마세요.

"잉크가 옷과 책에 묻었다면 책의 잉크부터 먼저 닦아라. 지갑과 책이 땅에 떨어졌다면 책을 먼저 주워라."

이 유대 속담으로 독서 운동을 한다면 어떻게 될까요?

"넌 옷에 묻은 잉크를 먼저 닦았으니, 감점."

"바닥에 떨어진 물건 중에 책을 가장 늦게 주웠으니, 감점."

"책을 가슴에 끼고 다녔으니, 독서의 달 수상자 후보로 추천."

실제로 이러지는 않겠지만 겉으로 보이는 면만 부각시키는 우리네 모습이 안타까워 과장을 좀 했습니다.

교사는 여러 아이들을 가르치며 돌봐야 하고 처리할 업무도 많습니다. 누가 어떤 책을 얼마나 읽는지 꼼꼼히 챙기기 힘들기 때문에 도서관 대출 실적으로 다독자 시상을 하는 곳이 많습니다. 어느 학교에서는 글씨를 못 읽는 1학년 아이가 '독서의 달' 행사에서 최우수상을 받았습니다. 아이는 집에 갈 때 책을 한 권 빌려 갔다가 다음 날 아침에 반납합니다. 도서관에서 책을 빌려 그림만을 보고 반납합니다. 한 학기가 지나도록 아이는 글씨를 깨치지 못했지만 대출과 반납을 성실하게 해서 상을 받았습니다. 대출에만 국한된 이야기가 아닙니다. '독서 인증제'는 책을 몇 권 읽느냐, 독서 퀴즈를 통과하느냐에 따라 등급을 매깁니다. 독서 감상문을 몇 번 썼는지, 독서 기록장을 얼마나 썼는지 측정하고, 등급에 따라 의무적으로 책을 읽게 합니다. 책을 읽는다는 건 새로운 자신을 만들어 가는 과정인데 그걸 퀴즈 실력으로 평가하다니 안타깝기 그지없습니다.

2009년 당시, 제 큰딸이 둘째 딸보다 책을 많이 읽었지만, 독서 인증 등급은 더 낮았습니다. 큰딸은 책의 내용을 마음에 담아 두기 때문에 숫자에 신경 쓰지 않은 겁니다. 그래서 자기가 읽은 책이 몇 권인지 제대로 적어 내지 않았습니다. 올해도 수백 권의 책을 읽고 있지만 독서 인증 등급은 신경 쓰지 않습니다. 독서 인증 등급만으로 책 읽기를 평가한다면 아마 제 딸은 책에서 흥미를 잃을지도 모릅니다.

아이의 독서 등급을 인증서 한 장에 담을 수 없습니다. 마음과 삶에서 책 냄새가 얼마나 나느냐가 더 중요하지요. 부모님들이 "옆집 누구는 시키지 않아도 죽자 사자 공부하는데 넌 그게 뭐냐?" "너보다 공부 못하던 누구는 지금 1등 한다더라. 너도 좀 해봐라!" 하면서 닦달하면, 아이들은 분노하거나 좌절하기 쉽습니다. 경쟁은 결코 좋은 환경이 아닙니다. 경쟁 때문에 오히려 좌절하는 아이가 더 많습니다. 마음이 짓눌려 옴짝달싹 못하는 아이도 있습니다.

2010년 어느 날, 둘째 딸 서진이 담임 선생님이 제게 국어 시간에 있었던 이야기를 해 줬습니다. 가장 친한 친구를 소개하는 시간에 다른 아이들은 학급 친구, 학원 친구를 썼는데, 서진이는 '가장 친한 친구는 책'이라면서 책이 얼마나 좋은 친구인지를 썼다고 합니다. 저보다 선배인 선생님도, 17년을 교사로 지낸 저도 가장 친한 친구를 책으로 소개하는 아이는 처음이었습니다. 행복했습니다.

2년 전만 해도 서진이는 책을 거들떠보지 않았습니다. 텔레비전과 더 친했습니다. 저는 한 번도 "언니처럼 책 좀 봐라. 언니 좀 본받아라!" "책 좀 읽어라. 그러다가 바보 되겠다!"라는 이야기를 하지 않았지만, 아이는 책벌레가 되었습니다.

토끼와 거북이 이야기에서 거북이가 이긴 이유가 무엇일까요? 토끼는 거북이를 경쟁 상대로 생각하며 뛰다가 자만해서 지고 말았죠. 거북이는 토끼와의 경주를 경쟁으로 생각했다면 아예 경기에 나서지도 않았을 겁니다. 거북이는 도대체 왜 경주에 나갔을까요? 거북이는 토끼를 이기기 위해서가 아니라 산꼭대기에 이르

겠다는 목표를 가지고 꾸준히 걸었습니다. 거북이가 이기는 경주
가 바로 독서입니다.

　입으로는 거북이처럼 꾸준히 노력하는 사람이 이긴다고 말하
면서 정작 순간적인 이익에 울고 웃는다면, 아이가 거북이처럼
사는 법을 배우지 못합니다. 아이들은 말이 아니라 행동을 통해
배웁니다. 배움의 공동체를 주장하는 사토 마나부 교수는 발표를
잘하는 아이보다 조용히 잘 듣는 아이가 더 공부도 잘하고 좋은
태도를 갖고 있다고 합니다.[4] 지식을 과시하기 위해서 1학년 때는
모두 손을 들지만 3학년만 돼도 손드는 아이가 줄어듭니다. 5학년
이 되면 두세 명만 남습니다. 대부분 손들기 경쟁에 주눅이 들어
버리는 겁니다. 부디 경쟁시키지 말아 주세요. 결과물로만 평가
하지 마세요. 강압적인 교육의 방편으로 쓰기에 책은 너무나 귀
한 보석입니다.

| 한 뼘 들여다보기 |

필요를 내세울수록 기쁨이 줄어듭니다.

가을에는 독서 행사가 많습니다. 학교와 도서관에서 독서 감상문 대
회, 가족 독서 신문 대회, 정보 검색 대회, 도서 전시회, 부모 강연회
등을 합니다. 원화 전시회도 하고 인형극도 보여 줍니다. 도서관에 가
면 평소보다 더 많은 아이들이 책에 몰두하는 걸 보면서 감탄합니다.
9월의 어느 주말에 도서관에 가니, 신발장이 넘쳐 나고 앉을 자리가
없습니다. 바닥과 책장 사이까지 아이들이 꽉꽉 들어차 책을 읽고 있

습니다. 어떤 책을 읽는지 보면서 머리도 쓰다듬어 주고 칭찬을 하면서 둘러보니 공책에 열심히 쓰는 아이들이 있습니다. 독서 마라톤 대회에 참가한 아이들입니다. 독서 마라톤은 지정된 도서를 한 쪽 읽으면 1미터 거리로 인정해 주는 대회입니다. 안내지에는 저학년 1,000쪽, 고학년 3,000쪽을 기본 거리로 적어 놓았습니다. 세 달 동안 저학년은 5권, 고학년은 15권 정도를 읽으면 되니까 괜찮겠다 싶어 제 아이들도 신청했습니다.

그런데 신청하고 나서 한국인 특유의 정서가 발동합니다. '기왕 하는 거.' 이 말이 사람을 잡습니다. 독서 마라톤은 독서 감상문을 써야 거리가 인정됩니다. 제 아이들은 책을 많이 읽으니 쓰기만 하면 되겠다 싶어 신청했는데, 이제는 쓰기가 읽기를 짓누릅니다. 엄청나게 읽으니 쓰기만 하면 상을 탈 수 있다고 닦달합니다. 이런 제 모습을 보며 '이게 뭐하는 짓인가?' 싶었습니다. 읽는 즐거움을 표현하는 쓰기여야 하는데, 주객이 전도되어 쓰기가 주인이 돼 버렸습니다. 쓰기가 읽기를 노예로 끌고 다닙니다. 그래서 제 아이들에게 마라톤을 포기하자고 했습니다.

그 뒤로 도서관에서 마라톤에 참가하는 아이들을 만나면 묻습니다.

"이거 왜 해? 그냥 읽으면 안 돼? 그게 더 좋잖아!"

"엄마가 하래요! 작년에 19,280미터 기록해서 3등 했어요. 이번에는 1등할 거예요![5]"

"이런 거 하지 마. 의미 있는 내용을 쓰는 것도 아니잖아. 차라리 그 시간에 더 많이 읽어!"

그래도 아이는 줄거리를 냅다 쓰면서 고개를 숙입니다. 19,280미터면 3달 동안 200쪽 분량 책을 100권 읽고 독서 감상문 100개를 써야 합니다. 세 달 동안 100권이면 최소한 하루에 1권인데, 3학년인 아이가 몇 권이나 제대로 읽을까요? 독서 마라톤 대회에서 3등을 했다는 이 아이에게 독서 감상문이나 글을 쓰라고 하면 재깍 써냅니다. 삶이 드러나지 않는 의미 없는 문장을 빠른 속도로 써내는 태도를 고쳐 보려고 애를 썼지만 쉽지 않았습니다. 이미 몸에 밴 '일단 쓰는' 태도를 버리기 전에는 힘듭니다.

어린이 열람실을 나오다가 저와 함께 독서반 활동을 하는 아이와 마주쳤습니다.

"책 읽으러 왔구나. 혹시 너도 독서 마라톤 대회에 참여하니?"

"아니요. 그냥 책 보러 왔어요!"

순간 가슴이 덜컥 내려앉을 뻔했습니다. 책이 좋아서 그냥 읽는다는 말이 심폐 소생술로 생명을 살린 것처럼 감격스럽습니다.

독서 마라톤에 참가하지 않더라도 아이들은 충분히 책이 주는 중압감에 짓눌립니다. 부모님들은 독서에서도 눈에 띄는 결과를 요구합니다. 결과가 중요하다며 부추기는 책도 계속 나옵니다. 우격다짐으로 강요한 결과가 '교양 필수 권장 도서' '중학교 졸업하기 전에 꼭 읽어야 하는 책' '대학 입시에 가장 많이 나오는 작품 모음집'이 됩니다. 대가를 요구하지 않는 읽기를 하면 삶을 바꿀 작품이, 필요에 의해 해부용 칼로 난도질당한 채 의미 없이 죽어 갑니다. 책을 시체 대하듯 후벼 파낸 설명과 해설로 읽으면 책과 제대로 만나지 못합니다.

빨리, 많이 읽는 게 목적이 되면서 훌륭한 책들이 핵심 줄거리만 담아 간단하게 요약돼서 판매됩니다. 세부 묘사와 주변 이야기를 뭉텅 잘라 내서 줄거리만 남은 문고판으로 만드는 겁니다. 줄거리만 간단하게 남겨 대학 입시 대비용 문고판으로 만든 《카라마조프의 형제들》은 도스토예프스키의 작품이 아닙니다. 다 읽을 시간이 없다면 완역본에서 읽고 싶은 부분만 읽는 게 낫습니다.[6] 2,300쪽이 넘는 《레 미제라블》에서 장 발장 이야기만 온전하게 떼어 읽는 것이 《레 미제라블》을 230쪽으로 줄인 것보다 낫습니다.

"처음부터 꼼꼼히 읽을 필요 없다. 독서 감상문도 쓰지 마라. 읽고 누군가에게 소개하고 싶은 마음이 든다면 정말 잘한 거다."

이런 방식이 훨씬 낫습니다.

독서가 대가를 요구하는 활동, 의무를 강요하는 활동이 되지 않게 해야 아이가 즐겁게 책을 읽습니다. 책의 내용이 어떤지, 읽고 난 느낌이 어떤지 물어보면서 책으로 이야기를 나누세요. 필요를 목표로 삼아 강요하지 마세요. 이불 밑에 숨어서 손전등을 비춰 가면서라도 책 읽는 아이를 보고 싶다면, 기다리세요. 책을 놀이하듯 즐기며 읽는 아이를 보게 될 겁니다.

둘. '이유'에 운전대를 맡기세요.

사람들은 책 읽기에서도 '빨리 빨리'가 통해야 한다고 생각합니다. "책을 읽는 이유가 왜 그렇게 중요할까?"라고 물으면 "그걸 질문이라고 해? 필요하니까 보겠지. 고리타분한 이유를 장황하게 늘어놓으며 느낌표를 강요하지 말고 빨리 방법이나 알려

줘!"라고 닦달합니다. 이렇게 '빨리' 들은 이야기를 제대로 이해하고 실행할 수 있을까요?

독서법, 창작론, 작문법 책을 읽어 보면 방법보다 이유가 앞섭니다. 과정을 뛰어넘어 결과로 달려가고 싶겠지만, 자동차를 타고 육상 대회에 참가할 수는 없습니다. 과정과 이유를 말하지 않고는 제대로 실행하지 못합니다. 그런데도 우리나라 교육은 결론을 앞세웁니다. 아무리 과정이 좋아도 결과가 나쁘면 헛수고로 여깁니다.

달인을 소개하는 텔레비전 프로그램에서는 빠른 손놀림, 정교한 기술, 탁월한 힘 조절 능력을 중점적으로 보여 줍니다. 그러나 그분들은 모두 달인을 목표로 삼지 않았습니다. 굳은살과 상처자국이 자연스러운 흔적이 될 정도로 일이 몸에 배어 달인이 된 것입니다. 그분들이 달인이 된 까닭은 방법을 찾는 과정에서 이유를 놓치지 않았기 때문입니다. 비록 '왜' 그렇게 했는지를 말로 설명할 수 없다고 해도, 과정 속에서 끊임없이 '왜'를 놓지 않았기 때문에 달인이 되었습니다. 그런데도 달인들이 방법을 찾느라 애쓴 이유와 과정을 빼 버리고 결과만 보여 주려 합니다. 더 나은 방법으로 가는 과정에서 발목을 잡는 이유를 찾지 못하면 늘 제자리입니다. 호떡을 뒤집는 작업에도 과정과 이유가 있거늘, 인생과 삶을 읽어 내고 해석하는 책 읽기라면 더하지 않겠습니까.

교육에서도 마찬가지입니다. 가르치는 방법을 많이 안다고 잘 가르치는 건 아닙니다. 지도법은 필요조건이지만 충분조건은 아닙니다. 새로 배운 "know-how"를 현장에서 시도해 보면 잘 되지 않습니다. 아이들도 다르고 환경도 다릅니다. 방법을 실행하기까지 겪어 온 과정이 다릅니다. 결과로서의 방법만 적용하면 실패가 많습니다. 여러 차례 시도하고 실패를 되풀이하면 실현 불가능한 것으로 결론 내리고 다시 시도하지 않습니다. 이것을 학습된 무력감이라고 합니다.

이유를 찾으면 학습된 무력감을 이길 수 있습니다. 배운 내용을 제대로 적용하고 오히려 더 발전하는 분은 "know-why"를 만난 분입니다. '아, 이거다!' 라고 깨달으면 새로 배운 방법을 자기 것으로 만들어 아이들과 나눕니다.

know - why → know - what → know - how

이 순서가 옳습니다. 순서를 거꾸로 해서 know-how → know-what → know-why로 가면 know-what에서 멈춰 버립니다. 왜 배우는지 모르는데 얼마나 가겠습니까.

방법을 찾아다니는 사람은 사실은 이유를 찾는 중입니다. 해답을 찾는 사람은 또 다른 질문을 찾게 됩니다. '왜'가 '어떻게'와 '무엇'을 데리고 다닙니다. 과정보다 결과를 중시하는 우리나라 교육은 방법에만 치우쳐서 이유를 잃어버린 학생들을 양산하고 있습니다. 왜 사는지 모르는데 어떻게 살아야 하는지 가르칠 수 없습니다. 책을 어떻게 읽느냐보다 왜 읽는지가 더 중요합니다. 이걸 알면 방법은 저절로 우릴 찾아옵니다. 방법만 잔뜩 배우고 문제 풀이만 하는 건 무효한 경험[7]입니다. 행복한 공부 연구소 박재원 소장님은 이렇게 말합니다.

"예를 들어 수영의 역사에 대해 배우고, 수영 선수가 멋있게 수영하는 것을 보고 집에 보내는 거죠. 결론은 자신은 수영을 해 본 적이 없기 때문에 수영을 못하죠. 지금 인터넷 강의 중독증이 생겼어요. 보면 다 알 것 같거든요. 그런데 자기가 해 보면 안 되거든요. 그것을 깨달으면 되는데 못 깨달아요. 한 시간 동안 자기가 책을 보고 공부하는 것은 쉽지 않거든요. 그런데 몇 시간 인터넷 강의 보는 것은 쉽거든요. 제가 볼 때는 완전히 엉터리 강사인데도 스타 강사가 되기도 해요. 심각한 겁니다."[8]

아이들에게 책과 관련된 문제를 풀어 주고, 책의 줄거리를 요약해 주는 정도로는 배움을 전할 수 없다는 말입니다. 이런 방식은 직접 경험이 아닙니다. 책이 내 것이 되도록 소화시키는 과정이 필요합니다. 그러기 위해서는 책을 붙들고 씨름해야 합니다. 책을 객관적 타자로 바라보는 것이 아니라 친구로 삼아 대화를 나누어야 합니다. 자신의 경험에 비춰 다시 해석해야 합니다. 독서 활동 결과를 경험과 마음에서 풀어내야 합니다. 독서 퀴즈의 정답, 책 내용을 요약한 줄거리는 내가 찾아냈다고 해도 내 것이 아니라 책의 소유물에 불과합니다. 이것을 뛰어넘어 책이 스며든 자기 경험, 자신의 해석을 내놓아야 합니다.

책을 읽다가 왜 읽는지 알게 되건, 왜 읽는지 깨달아서 책을 읽건, 책을 읽는 '이유'가 있어야 합니다. 그래야 책이 읽는 사람의 마음에 흔적을 남깁니다. 처음에는 내용이나 한두 구절이 흔적을 남깁니다. 그러다가 특정 시대, 특정 공간, 특별한 작가가 마음을 붙듭니다. 그리고 저절로 비법이 생깁니다. 책 읽기 비법은 이렇게 만들어집니다.

| 한 뼘 들여다보기 |
재주보다는 우둔한 끈기가 필요합니다

10세기 중국 송나라 문인 구양수는 '다독多讀, 다상량多想量, 다작多作'을 하라고 했습니다. 많이 읽고 많이 생각하고 많이 써야 합니다.[9] 지금도 여전히 작가들은 구양수의 3다(다독, 다상량, 다작)를 말합니다. 하지만 구양수가 살던 시대는 지금처럼 읽어야 할 책과 배워야 할 내용이 많지 않았습니다. 또한 우리처럼 복잡한 세상에서 살아가는 자신을 표현하지 않아도 되었습니다. 공부에는 여유가 있었고, 독서와 글쓰기만 꾸준히 하면 되었습니다. 최근에는 구양수의 전략을 실천할 만큼 시간을 두고 끈기 있게 공부하는 아이가 별로 없습니다.

머리가 둔해 11만 3천 번이나 읽은 글을 길에서 다시 듣고도 '어디에선가 많이 들었던 글인데……' 했던 김득신[10]이 가진 유일한 전략은 '끈기의 우둔함'이었습니다. 그는 미련할 정도의 우둔함이 오히려 멈추지 않는 발전을 가져오리라는 아버지의 칭찬을 들었지만, 지금이라면 어렵없습니다. 김시민 장군의 아들이며 정3품 자리에 있던 김득신의 아버지[11]는 아들을 강남에 있는 학원에 보냈을 테고, 김득신은 학원과 비법에 적응하지 못해 기방에 빠져들었을지도 모릅니다. 우둔함을 이겨 내는 끈기에 소망을 두고 끈기 있게 기다리지 못했을 테니 말입니다.

끈기는 독서와 글쓰기의 좋은 선생입니다. 오랫동안 많이 읽고 한 권을 붙들고 생각해야 합니다. 하지만 지금은 독서가 공부의 수단이 되어 버렸고 다상량은 문제를 많이 푸는 일로 바뀌었습니다. 독서 습관은 15살 이전에 형성됩니다. 독서 습관이 형성될 때에 문제만 잔뜩 풀게 하면 책을 멀리합니다. 글을 쓴다는 건 어림도 없지요. '30일 논술 완성' 앞에 맥없이 무너질 것입니다. 천천히 읽고 또 읽어 발전하고 발전하는 그때와는 너무나 다릅니다.

옛날에는 자연의 이치를 생각하며 천자문을 읊고 또 읊었습니다. 천자문을 통해 글씨만이 아니라 인생의 이치까지 배웠습니다. 하지만 지금은 그럴 시간이 없습니다. 너무 빨리, 많이 읽다 보니 생각하지 못합니다. 끈기가 좋은 줄 알지만 재주를 따라갈 수 없다고 생각합니다. 저희 독서반에도 재주가 뛰어난 아이들이 있습니다. 말솜씨가 얼마나 좋은지 책을 읽지 않고도 독서 토론을 잘 합니다. 책 읽은 아이보다 더 뛰어난 논리로 상대를 이기며, 배경지식과 관련 정보도 더 많이 알아서 열심히 노력하는 아이들의 기를 꺾고 마음을 상하게 합니다. 그런데 이상하게도 재주가 뛰어난 아이들은 잘 배우지 않습니다. 재주가 뛰어나기 때문에 배워야 한다는 필요를 느끼지 못합니다. 자신의 재주를 자랑하는 재미로 독서반에 나옵니다.

말도 제대로 못하고 글도 어설프게 쓰는 우둔한 아이는 더디지만 배워 갑니다. 계속 격려하고 이야기를 나누며 책을 읽으면 서서히 우둔함을 벗어던집니다. 수학 문제 풀이나 영어 단어 시험에서는 우둔함이 오래 지속되면 포기하는 마음이 앞서지만 독서는 그렇지 않습니다. 독서는 성을 쌓는 것과 같아서 차근차근 꾸준히 쌓아야 든든한 성벽이 만들어집니다.

글쓰기도 마찬가지입니다. 두서없는 이야기라고 해도 아이가 자기 생각을 가졌다면, 펼쳐 놓은 생각을 어떻게 나열해야 더 좋은 작품이 되는지 배울 수 있습니다. 꺼내 놓은 생각을 구성하는 방법이 곧 개요 짜기니까요. 하지만 강제로 아이의 생각을 끄집어내서는 안 됩니다. 얄팍한 재주로 괜찮아 보이는 생각 몇 개를 꺼낸다고 해도 끈기가 없으면 생각을 넓혀 가지 못합니다. 글을 쓰는 것은 어려운 일입니다. 오죽하면 작가들이 머리가 아니라 엉덩이로 작품을 완성했다고 하겠습니까. 그러니 재주를 길러 내려고 억지로 끌고 가지 마세요. 아이 스스로 느끼도록 인도해야지요. 스스로 깨닫게 하면 시키지 않아도 평생을 합니다. 평생 배우는 사람은 쉽게 이길 수 없지요.

2005년《타임》선정 '가장 영향력 있는 100인'과 2008년《월스트리트 저널》'세계에서 가장 영향력 있는 경영 사상가 10인'에 선정된 말콤 글래드웰은《아웃 라이어》라는 책에서 1만 시간의 법칙을 말합니다. 자기 분야에서 최소한 1만 시간 동안 노력한다면 누구나 뛰어난 업적을 남길 수 있다는 걸 온갖 사례를 들어 증명합니다. 그가 말하는 성공은 무서운 집중력과 반복된 노력의 산물입니다. 탁월한 아이디어 역시 끈기 있게 노력해서 기초를 다진 사람에게 떠오릅니다. 재주는 끈기를 이길 수 없습니다.

셋. 삶으로 가르치는 것만 남습니다.[12]

　아이를 향한 우리나라 부모의 열정은 세계 최고입니다. 내 아이를 잘 키우기 위해서 이처럼 애쓰며 희생하는 분들도 없습니다. 교육 관련 정보라면 어디든 마다하지 않고 찾아다니고, 잘 가르친다는 교사를 만나게 하려고 발버둥을 칩니다. 꿈을 펼치고 영향력을 발휘할 3, 40대에 에너지의 대부분을 아이들에게 쏟습니다. 유일한 소망까지는 아니더라도 가장 귀한 소망을 자녀에게 둡니다. 그런데 안타깝게도 투자한 시간과 돈, 수고만큼 기대한 결과를 누리는 분이 많지 않습니다. 주변에 있는 부모님들을 보면 안타깝다 못해 답답합니다. 아빠는 자존심 꺾고 회사에서 참고, 엄마는 부업 해서 자녀를 학원에 보내지만 기대만큼 효과가 없습니다. 변화가 없는 곳에서 대안 없는 기대를 갖고 발버둥 치며 삽니다. 발버둥을 멈추면 가라앉을 것 같아서, 다른 아이보다 뒤처질 것 같아 멈추지도 못합니다.

　'아이 하나를 키우려면 온 마을이 필요하다.'[13] 라는 아프리카 속담이 있습니다. 학원에 보내고 문제집을 주는 건 아이를 혼자 크게 만드는 겁니다. 아이에겐 학원이 아니라 가정과 이웃이 필요합니다. 마을이 학교입니다.[14] 그래서 저는 집에서 제 아이들을 가르칩니다. 아이를 잘 알고 사랑하고, 아이들이 잘 알고 신뢰할 수 있는 사람이 함께할 때 서로 행복하게 가르치고 배울 수 있기 때문입니다. 가장 좋은 교재는 저와 아이들, 그리고 책입니다. 저와 아이들은 모두 책벌레입니다. 제 아이들이 책벌레인 건 제가 이렇게 외치기 때문입니다.

"나를 따르라!"

제 아이들은 공부와 관련된 학원에는 가지 않습니다. 피아노 학원에만 다니고 4시 전에 집으로 돌아옵니다. 집에 오면 책을 읽습니다. 제가 시키지 않아도 아침 먹기 전, 저녁 먹은 뒤에 책을 읽습니다. 저녁마다 저와 함께 책을 읽고 독서 활동을 합니다. 선행 학습이나 억지로 문제집을 푸는 일은 없습니다. 어떤 날은 블록으로 이야기를 만들고, 다른 날은 보드 게임을 하고, 과학 완구를 만들기도 합니다. 아이들이 정말 좋아합니다.

'방과 후 홈스쿨'을 하며 저는 이런 생각을 합니다.

'억지로 시키지 말고 공부를 좋아하게 해야지. 내용을 외우게 하지 않고 책을 읽으며 배경을 이해하게 해야지. 시험을 두려워하지 말고 당당하게 평가를 받게 해야지. 다른 사람과 비교하지 말고 스스로 목표를 정해 그것을 이루는 기쁨을 맛보게 해야지.'

아이들과 함께하는 것 중에 공부라고 부를 만한 건 영어뿐입니다. 로알드 달, 찰스 디킨스, 조앤 롤링, C. S. 루이스, 톨킨의 흔적을 보러 영국에 가기로 했는데, 그때를 위해서 미리 공부를 해 두는 겁니다. 억지로 공부를 하는 게 아니라 EBS 프로그램을 보며 춤을 추며 즐겁게 합니다.

《내가 정말 알아야 할 것은 모두 유치원에서 배웠다》를 지은 로버트 풀검은 '자녀들이 당신의 말을 전혀 듣지 않는 것을 염려하지 말라. 자녀들이 당신을 지켜보고 있다는 것을 걱정하라.'고 했습니다. 아이들은 어른들의 말보다 행동에 영향을 받습니다.

부모의 복사판들이 거리를 가득 메웁니다. 교실에 있는 아이는 부모를 비추는 거울입니다. 아이를 보면 부모를 알 수 있습니다. 곁에 있는 사람이 책을 읽으면 아이도 책을 읽습니다. 누구나 아는 사실이지요. 하지만 실제로 실천하는 사람은 적습니다. 많은 부모들이 아이를 혼자 적진에 보내고 글자들의 숲에서 싸우라고 합니다. 그렇게 하면 아이는 혼자 두려움에 떨다 부모님에 대한 불신을 쌓아 갈 수도 있습니다.

부모들은 아이에게 자신들이 즐기는 일은 못 하게 하면서, 자신들이 하지 않는 일은 열심히 하라고 시킵니다. 학원에 보내고 독서 모임에 보내고 책을 많이 사 주면 부모 역할을 다했다고 생각합니다. 오해입니다. 전문 지식이나 묘안을 알려 주기보다 모범을 보여야 합니다. 이 시대는 아이들에게 모범을 보여야 하는 역할을 영상 매체에 넘겨주고, 그렇게 얻은 여유 시간을 아이들이 없는 곳에서 쓰는 것을 진정한 기쁨인 것처럼 말합니다.[15] 오해입니다. 아이들에게 전문 지식이나 묘안을 알려 주기보다 모범을 보여야 합니다.

초등학교 교사들은 그나마 책을 들고 아이들 곁에 더 자주 앉습니다. 하지만 시대가 아이들을 너무 밀어붙이기 때문에 교사들 역시 삶을 돌아보고 계획하고 굳건히 하도록 가르치기보다, 성적이라는 결과를 바라보게 됩니다. 책을 읽고 이야기를 나누거나 하늘을 보며 누워 시를 읊조리는 모습이 점점 귀해지고 있습니다. 열매 맺는 능력, 성취하고 성공하는 측면으로 평가하는 이 사회의 편협함 때문에 책을 읽고도 부담만 잔뜩 짊어집니다.

저는 아이들과 함께 책을 읽고 이야기를 많이 나눕니다. 방과 후 활동으로 학교 도서관에서 토론을 하면 책을 빌리러 온 아이들이 구경을 합니다. 책을 읽고 이야기를 주고받으며 생각을 자유롭게 말하는 모습이 좋아서 구경을 하던 아이가 독서반에 들어옵니다. 그리고 신나게 이야기합니다. 하루 종일 재잘거리고도 또 재잘거리는 아이들이라 책으로 이야기하는 시간이 정말 좋다고 합니다.

보경이는 독서 토론을 한 번 하고 여기에 반해 버렸습니다. 의견이 다르지만 싸우지 않고 이야기하는 매력에 빠져 집에 가서 엄마랑 언니를 졸라 해 보자고 합니다.

김보경(3, 여)[16]

내가 좋아하는 독서 활동은 그림 그리기이다. 그림을 그리고 색칠할 수 있기 때문에 그림 그리기를 좋아한다. 그런데 방과 후 독서반에서 독서 토론을 해 보니 독서 토론이 그림 그리기보다 재미있어졌다. 그래서 그림 그리기가 싫어졌다. 독서 토론이 재미있어서 집에 있는 엄마와 언니에게 해 보자고 하였다. 엄마는 하기 싫다고 하고 언니는 귀찮다고 하였다. 그래서 못 했다. 아쉬웠다. 요즈음에는 논술이 좋아졌다. 글을 쓰면서 내가 왜 이 책이 좋아졌는지, 이 책의 주인공이 나와 비슷한지를 알 수 있어서 좋아졌다.(후략)

이렇게 아이들은 자기 안의 이야기를 하는 것을 좋아합니다. 《샬롯의 거미줄》을 읽고 돼지 윌버가 울타리를 넘어 도망가는 장면을 이야기할 때입니다. 우리에게 둘러쳐진 울타리가 무엇인지, 울타리 안에서 사는 삶과 울타리 밖으로 뛰쳐나가는 삶에 대한 이야기를 나누었습니다. 토론한 아이들 중에서 1/3은 부모님이 정해 준 울타리 안에서 살아야 한다고 했고, 2/3는 자기 목표를 향해 뛰쳐나가야 한다고 말합니다. 그때 갑자기 한 아이가 놀랄 만큼 큰 소리로 외칩니다. 얼굴이 벌게져서 외칩니다.

"아침부터 저녁까지 쉴 수가 없어요. 학원을 가고, 플루트를 배우고, 영어 학원도 가고, 숙제가 대여섯 개나 되는데, 또 공부하라고 그래요!"

평소 집에서 부모님과 함께 책을 읽고 이야기를 나눈다면, 울타리 밖의 삶을 동경하며 이런 불만을 털어놓지 않을 겁니다. 더 이상 부모님과 대화하지 않는 중고등학교 자녀의 뒷모습을 바라보며 초등학생 때 재잘거리던 모습을 그리워하는 부모님들도 사라지겠죠. 어떤 선물과도 견줄 수 없는 가장 좋은 베풂은 바로 '함께함'입니다.

가르치는 방법이 아니라 살아가는 삶이 곧 교육입니다. 학교, 학원, 과외라는 별다른 환경을 만들어 강요하지 말고 삶을 통해 가르쳐야 합니다. 살아가는 과정 전체가 교육 환경이며 그 속에서 끊임없이 교육이 일어납니다. 책상머리에서 연필을 굴리는 것만으로는 진짜 교육이 이루어지지 않습니다. 삶으로 함께해야 합니다.

2004년에 〈맹부삼천지교〉라는 영화가 나왔습니다. 자녀를 서울대학에 보내기 위해 좋은 환경을 열심히 찾아다니던 아버지가 대치동으로이사하면서 겪는 이야기입니다. 한국의 교육 현실에 빗대어 우리나라부모들의 욕심을 비꼰 영화지요. 영화이기 때문에 이상한 깡패도 나오고 생선 장수가 강남에서 집도 쉽게 구하지만, 주된 내용은 교육과환경, 부모 소망과 아이의 소망입니다.

영화에 나오는 맹부는 우리나라 부모의 모습을 그대로 보여 줍니다.기왕이면 우리 아이가 공부를 잘할 수 있는 환경이면 좋을 테니, 유행처럼 교육 환경을 잘 갖추자는 이야기가 퍼집니다. 학교는 건물을고칩니다. 집에서는 아이들 방에 있던 컴퓨터를 거실로 옮깁니다. 거실을 서재로 바꾸는 집도 많습니다. 무료로 서재를 만들어 주는 캠페인도 있었죠. 거실 벽면 가득 책장을 놓고 갖가지 책을 꽂아 놓습니다. 책이 가득한 거실에 앉아 책 읽을 아이를 생각하며 기대감에 부풀지요. '이젠 공부 좀 하겠지! 공부할 수 있는 환경을 잘 만들어 줬으니까.'

자연스럽게 책을 만나게 하려고 거실을 서재로 꾸며 보이는 환경을갖춘 집에서 어떤 일이 일어날까요? 아빠는 회사에서 늦게 오고, 엄마는 드라마 보면서 "거실을 서재로 만들었으니 컴퓨터 하지 말고 책좀 봐라!" 합니다. 이이는 부모님을 만족시키기 위해 책을 펼쳐 놓습니다. 그렇다고 책을 읽는 건 아닙니다. 책을 읽는 것처럼 행동하면서 부모를 안심시키는 아이가 얼마나 많은지 모르시죠?

가끔 로알드 달의 작품에 등장하는 '마틸다'처럼 꿋꿋하게 책을 읽는 아이도 있습니다. 하지만 학원을 몇 개씩 돌고 지친 몸으로 돌아오는 아이는 어떨까요? 책으로 둘러싸인 거실에 있어도 이런 집에서는 책이 그냥 장식품입니다. 아이 눈에는 서재에 벽지가 보이든, 책장이 보이든 별 차이가 없습니다. 아무리 보이는 환경이 좋아도 마음이 갖춰지지 않으면 아이들은 책과 친해지지 않습니다.

솔제니친과 도스토예프스키는 수용소라는 환경을 거치고 나서 작가가 되었습니다. 그곳에서 만난 한 구절, 한 사람, 한 권의 책이 그들을 작가로 만들었습니다. 보스니아 내전을 견뎌 낸 즐라타[17]도 마찬가지입니다. 노벨 문학상 수상자의 30퍼센트가 어릴 때 부모의 사망과 같은 심각한 위기를 겪었다고 합니다.[18] 작가들은 슬픔과 고통을 먹어야 빛나는 작품을 뱉어 놓습니다.[19] 마음에 동기를 심어 주는 환경이 더 중요합니다. 만약 눈에 보이는 환경이 더 중요하다면 교육은 결코 빈부의 격차를 뛰어넘지 못할 겁니다. 많은 돈을 들여 좋은 환경 만들어 주는 부모가 가장 좋은 부모겠지요.

링컨이 책을 읽은 오두막은 비가 새고 책도 거의 없었습니다. 겉으로 보이는 환경으로는 최악입니다. 하지만 링컨에게는 함께 책을 읽고 이야기하며 격려하는 어머니라는 최고의 환경이 있었습니다. 진심으로 책을 읽고 공부하는 자녀를 보고 싶다면, 보이지 않는 환경부터 가꿔 주세요. 교실에서는 담임 선생님이, 가정에서는 부모님이 보이지 않는 환경을 만듭니다. 내적 환경이 갖춰지면 아이들은 저절로 책을 읽습니다. 아빠, 엄마와 함께하는 독서방을 만들면 금상첨화겠지요.

초등학교 교실도 많이 변했습니다. 학급마다 도서 구입비가 책정되어 있어 해마다 책을 삽니다. 환경이 좋아지고 있으니 아이들은 점점 책을 많이 읽을까요? 그렇지 않습니다. 같은 학교라고 해도 책이 너덜너덜해지도록 읽은 반이 있는가 하면, 책을 함부로 쌓아 놓은 반도 있습니다. 아이들은 함께 있는 교사에 따라 달라집니다.

느티나무도서관을 운영하는 박영숙 님은 책을 빌려 주고, 조용히 책 읽는 도서관이 아니라 마음을 따뜻하게 만들어 주는 도서관을 만들었습니다. 상식을 깬 도서관 운영으로 만화만 읽던 아이가 《마틸다》를 읽습니다. 책을 읽으라고 강요하지 않아도 너무나 좋은 내적 환경 때문에 저절로 책과 친해진 아이들을 보며 연신 고개를 끄덕이게 됩니다. 보이지 않는 환경을 갖추면 《내 아이가 책을 읽는다》는 책 제목이 현실이 됩니다. 그러면 프랑스 젊은이들이 여름휴가를 떠나면서 가방에 《광세》를 넣듯 우리 아이들도 가족 여행을 가며, 수학여행을 가며 가방에 책을 넣을 겁니다.

넷. 굳어 버린 지식보다 아이들의 신선함을 인정해 주세요

예전에는 책을 제본할 때 지금과 달리, 아교가 아닌 곡식으로 만든 풀을 발랐습니다. 그런 책은 시간이 지날수록 구수한 냄새를 냅니다. 유대인들은 제본을 뜯어내고 자녀들에게 책 냄새가 얼마나 좋은지 알려 줍니다. 그네들은 임신 소식을 듣는 순간, 태어날 아이에게 줄 토라를 준비해서 읽어 줍니다. 또한 아이들이

글씨를 배우기 전에 꿀을 바른 붓으로 토라 구절을 쓰고는 핥아 먹게 합니다. 토라 말씀이 꿀처럼 달다는 걸 이렇게 가르치는 거지요. 어려서부터 책을 가까이 하는 이스라엘 민족은 인구수로는 지구 전체의 2퍼센트도 되지 않지만, 노벨상 수상자의 18퍼센트가 유대인입니다. 유대인들은 아직도 밥상머리 교육을 중요하게 생각합니다. 식탁이 곧 학교입니다.

과연 유대인들이 지식의 보물 창고인 책과 더 친하게 지내고, 더 많은 유익을 누리게 하기 위해 삶으로 가르치는 걸까요? 앞선 세대가 이루어 놓은 지식이 중요하기 때문에 일찍부터 아이들을 가르치는 걸까요? 우리보다 좋은 방법을 사용할 뿐이지 조기 교육이라는 목표가 똑같을까요?

아닙니다. 유대인들이 가르치려는 것은 굳어 버린 지식이 아니라 정신입니다. 삶으로 가르쳐야 마음에 스며들어 정신을 움직인다는 걸 알기 때문에 삶으로 가르칩니다. 유대인은 오랫동안 예수를 죽였다는 이유로 억울하게 핍박을 받았습니다. 전염병이 돌면 유대인들 탓으로 몰렸고, 기근이 와도 유대인들이 책임을 져야 했습니다. 오래도록 억울하게 당하고 재산을 잃고 쫓겨 다니다 보니 눈에 보이는 것을 자손들에게 물려주는 게 소용없다는 걸 알게 되었습니다. 그래서 홀로코스트를 이겨 내고 세상에 영향을 끼칠 사람으로 길러 내는 정신을 물려줍니다.

토론토 공항에는 이스라엘행 게이트와 서울행 게이트가 곁에 붙어 있습니다. 우리나라 사람들은 간 곳, 본 것, 산 물건 이야기하기를 좋아합니다. 그 옆에서 유대인들은 책을 읽습니다. 특정 시간이 되면 모두 토라를 꺼내 들고 예배를 드리기도 합니다. 수백 번은 더 읽어 너덜너덜해진 책을 읽는다면 얼마나 식상할까마는 눈에 눈물을 가득 머금고 읽습니다. '꼭 저렇게 티를 내서 책을 읽어야 해?' 라는 생각을 하는 사람들도 있겠지만, 그들 눈에는 마음을 울리는 글씨 외에는 아무것도 보이지 않습니다.[20] 수백 번 읽어 내용을 다 외우는 책을 또 읽으며 우는 것은 굳어 버린 내용을 읽는 게 아니라, 읽을 때마다 마음을 신선하게 하는 정신을 읽어 내기 때문입니다. 토라에 담긴 정신을 읽어 내면 마음이 움직이고 눈물이 나옵니다. 그런 경이감, 신선함이 곳곳에서 일어날 수 있다면 얼마나 좋을까요?

애야!
내가 네게 많은 것을 가르쳐야 한다.
하지만 다 결국에는 아무것도 아닌 것을
사실 너나 나나 똑같이 한 아버지의 자녀가 아니니?
나는 잊어야 한다.
어른들의 모든 구조와
오랜 세월 배운 것들을……
그리고 어떻게 하면
너처럼 신선한 경이감으로
땅과 하늘을 볼 수 있는지 내게 가르쳐 다오![21]

저는 아이들과 글을 쓰며 책을 읽는 시간이 즐겁습니다. 아이들도 즐거워합니다. 아이가 쓴 글을 비교 대상이 아니라 특별한 아이의 독특한 작품으로 대하니까요. 저는 책을 읽고 정답을 쓰지 말고 '너 자신'을 읽고 '책과 만난 나'를 쓰라고 합니다. 그러면 아이들은 책을 읽고 자신을 써냅니다. 얼마나 신선한지 모릅니다. 아이들의 신선함이 저를 이끌어 왔고 경이감으로 세상을 보는 눈을 열어 주었습니다. 제가 아이들과 만든 문집을 읽은 선생님들은 이렇게 말합니다.

"형식과 기교는 좀 부족하지만 아이다운 마음과 신선함은 어디 댈 데가 없네!"

이미 굳어 버린 지식을 담아 두려는 목적으로 책을 강요하지 마세요. 책 읽기의 즐거움과 신선함보다 책을 읽은 결과로 주어질 성취와 이로움에 대한 이야기만 들으면 책벌레가 되지 않습니다. 공부를 잘하고 내용을 좔좔 읊어도 굳어 버린 지식을 배우면 굳어 버린 글을 씁니다. 판에 박힌 독서 감상문, 새로운 대안을 내놓지 못하는 논술에서 벗어나지 못합니다.

아이들은 신선함을 갖고 있습니다. 아무리 하찮아 보이는 것이라도 새로운 것을 창조해서 가지고 놉니다. 저는 이런 아이들과 꼼지락거리며 이야기를 나누며, 몇 시간을 보냅니다. 아이가 가진 신선함이 드러나는 글이 얼마나 멋지게 마음을 움직이는지 보려면 지식을 얻기 위해서 책을 읽게 하지 마세요. 엉뚱해 보이는 생각을 칭찬하며 아이가 그걸 붙잡아 글을 쓰게 해 주세요. 분명 그 신선함에 놀라게 될 겁니다.

새 학기 첫날 청소하는 한 아이에게 '너, 참 청소 꼼꼼하게 잘한다. 4학년 수준이 아닌데!' 라며 칭찬했습니다. 다른 업무를 마치고 오후 4시가 넘어 교실에 왔는데 아이가 혼자 청소하고 있습니다. 알고 보니 왕따를 당하던 아이가 새 학년 첫날부터 선생님께 칭찬을 받고는 춤을 춘 것입니다. 말 그대로 칭찬이 고래를 춤추게 한 겁니다. 고래가 바다에서 유유히 수영하는 모습이 아름답습니다. 하지만 여유가 없는 고래의 춤은 아름답기보다 애잔합니다. 친구들에게 따돌림을 당하던 아이는 마음의 여유가 없었기 때문에 선생님의 칭찬 한마디에 지나치게 반응한 것이지요.

칭찬을 이용하는 사람들이 있습니다. 부모는 칭찬을 휘둘러 아이를 꼭두각시처럼 움직입니다. 칭찬이 지나치면 '넌 잘하고 있어. 그러니 더 잘해야 해.' 라는 부담으로 작용합니다. 아이를 본인들이 원하는 모습으로 만들기 위해 칭찬한다면 얼마나 부담스럽습니까? 부모의 칭찬대로 행동하지 않으면 거부를 당하거나 심지어 버림받을 거라는 두려움 때문에 아이는 억지로 춤을 추게 됩니다. '난 널 믿어.' 라는 말이 사실은 '내가 믿는 너는 내가 싫어하는 짓을 하지 않을 거야!' 라는 의미가 됩니다. '넌 내가 원하는 대로 살아가리라 믿는다.' 는 말인 거죠. 아이는 칭찬을 듣지만 부모의 인생을 대신 살아 주면서 자신을 잃어버립니다.

베스트셀러는 말 그대로 많은 사람에게 팔렸다는 뜻인데, 여러 사람의 선택이 반드시 모든 사람에게 옳은 것은 아닙니다. 칭찬이 격려와 관심의 표현이라는 순수함을 잃고 아이를 옥죄는 수단이 되듯이 베스트셀러도 악용됩니다. '이 정도는 읽어야 한다. 아직 이것도 안 읽고 뭐하느냐?' 라며 독자를 옥죕니다.

우리나라는 유행에 민감하기 때문에 집단 쏠림 현상[22]으로 베스트셀러가 만들어지기도 합니다. 2010년 3월 어느 인터넷 포털 사이트에 '만들어진 베스트셀러' 라는 기사가 났습니다. 출판사가 베스트셀러를 만들기 위해 두 가지 전략을 썼다는 내용입니다. 첫째, 책을 사는 독자에게 책값보다 비싼 상품권이나 포인트를 주었습니다. 일단 입소문을 타고 독자들 눈에 띄면 출판사가 본 손해가 금세 이익으로 바뀝니다. 두 번째, 출판사가 서점으로 내보낸 책을 자기들이 되샀습니다. 한 주소에서 여러 사람 이름으로 자꾸 책을 주문하기에 조사했더니, 한 명이 여러 사람의 이름을 도용해서 같은 책을 계속 샀다는 겁니다. 이 책은 전국 베스트셀러 4위까지 올랐다더군요.

대중적인 인기는 넓이와 깊이를 동시에 만족시키지 못합니다. 오히려 천박한 흉내 내기를 일으킵니다. 친구 따라 강남 가듯 산 책일수록 마음을 다해 읽지 않기 마련입니다. 추천 도서 역시 무조건 믿을 수는 없습니다. 책을 선정하는 단체는 독자를 모두 알지 못하기 때문에 일반적인 수준으로 정합니다. '누구에게나 어떤 상황에서나 좋은 책' 이란 사실 그리 많지 않습니다. 그러니 베스트셀러나 추천 도서만 읽다가는 치명적인 결말에 이를 수 있습니다.[23]

사람은 모두 저마다의 성향이 있어서 자신의 취향에 따라 살아갑니다. 책을 고를 때도 '편식' 이 작용합니다. 교사나 부모님이 아이들 책을 고른다 해도 객관성을 유지하기 힘듭니다. 교사나 부모님이 좋아하는 유형을 계속 고르게 됩니다. 이때는 '교과별 추천 도서 목록'이 대안입니다. 교과서에 인용된 책, 교과 내용과 관련된 책을 보는 거지요. 각 과목과 단원에 맞는 책을 고르다 보면 과학을 좋아하는 교사라도 음악, 미술 관련 책을 뺄 수 없습니다. 이렇게 책을 읽으면 학교에서 해당 내용을 배울 때 아이들이 더 흥미를 가지고 공부하게 되고, 이해도 더 잘합니다.

책을 잘 모르는 분, 시간이 없는 분, 다양한 특성을 가진 다수의 아이들을 대상으로 책을 골라야 하는 분은 추천 도서 목록을 이용하세요. 하지만 목록을 이용하는 데서 멈추지 마세요. 추천 도서 목록은 책을 잘 아는 분들의 안내이긴 하지만, 책을 읽는 아이에 대해 잘 아는 사람들의 선택은 아닙니다. 아이를 알고 책을 준비해야 합니다. 그러니 부모님과 아이가 함께 목록을 만들어 가는 게 가장 좋습니다. 나에게 좋은 책 목록은 결국 각자가 만들어 가야 합니다.

아이는 '꿈꾸는 존재'이며 '가능성을 가진 존재'입니다. 아이가 꿈꾸는 소망을 믿어 주어야 현실이 됩니다. 당장 눈에 보이는 변화를 위해 여러 사람에게 칭찬받은 베스트셀러를 맡기지 마세요. 어른들의 계획대로 시키는 훈련보다 아이의 가능성을 믿어 주는 게 더 중요합니다. 대양에서 노니는 고래를 보고 싶다면 먼저 아이를 바라보세요. 여러 사람들의 칭찬으로 만들어진 베스트셀러와 추천 도서에 붙들려 아이가 가진 가능성을 놓쳐서는 안 됩니다.

다섯. 무조건 안 된다 하지 말고, 서서히 넓혀 주세요

책 이야기를 할 때 빠지지 않고 나오는 고민거리가 '만화' 입니다. 만화를 너무 많이 보는 아이를 어떻게 하느냐고 불안하게 묻습니다. 선생님들도 자녀가 만화에 빠졌다며 부끄러운 비밀이라도 되는 듯 머뭇거리며 말합니다. 만화에 대한 어른들 인식이 여실히 드러나는 모습입니다. 만화와 영상이 상상력에 도움을 준다고 하지만, 상상력을 떠받치는 배경지식, 상상을 현실로 만드는 사고의 힘은 책에서 옵니다. 하지만 만화와 영상의 영향력이 커지면 커질수록 아이들은 책을 읽지 않습니다. 만화를 읽는 것만으로도 만족하는 아이들이 늘어나고 부모님들 고민은 더 깊어집니다. 책의 중요성은 더욱 부각되지만 책과의 거리는 더 멀어집니다.

긴 글을 읽어 낼 능력이 없거나 읽기 자체를 싫어하는 학생들에게 글과 그림이 함께 있는 만화는 편안한 책입니다. 동화책을 읽으라고 하면 스트레스 받는 아이도 만화는 집중해서 읽습니다. 만화를 읽고 꿈을 키우는 아이도 있으니 무조건 읽지 말라고 하는 게 능사는 아닙니다. 책 읽기를 끔찍하게 싫어하는 아이가 아무것도 읽지 않는 것보다 만화라도 읽는 게 낫습니다. 지나치게 괴기스럽거나 현실을 벗어난 만화가 아니라면 괜찮습니다.

학습 만화는 공부에 도움을 주기 때문에 거부감이 적습니다. 지식 전달을 위해 펴낸 책이라 재미나게 읽으며 지식을 얻으면 됩니다. 역사나 경제, 과학을 어려워하는 아이들에게 학습 만화

를 보여 주면 어려운 내용을 쉽게 이해합니다. 단점이 있다면 학습 만화는 시대와 분위기를 제대로 전달하지 못하기 때문에 단편적인 지식에 그칠 수 있습니다. 시대의 흐름, 시대를 살아가는 한 사람의 고민을 담기에 만화는 작은 그릇입니다.

이런 학습 만화의 단점을 보완하려면 관련 도서를 함께 읽으면 됩니다. 정약용을 모르는 아이에게 공부에 도움이 된다는 이유만으로 《정약용》을 던져 주면 제대로 읽지 않습니다. 만화로 정약용 선생과 친해진 뒤에 책으로 다시 만나면, 아는 이야기라 반갑고 부담이 덜해서 잘 읽습니다. 이미 아는 내용이 나오니까 이해하기 쉽고 관심을 더 갖습니다.

그럼에도 불구하고 만화는 함정을 가진 책입니다. 등장인물이 겪는 상황은 현실과 너무 동떨어져 있고 전개 속도도 무척 빠릅니다. 대화, 내용, 사건 진행 속도가 현실과 많이 다릅니다. 만화를 읽지 않는 아이들은 생각하지 않아도 이해가 되고, 상상하지 않아도 장면이 보이기 때문에 오히려 만화가 재미없다고 합니다. 능동적인 독서가들은 만화의 얄팍함을 금세 알아차립니다. 독자가 할 일을 주지 않는 책은 좋은 책이 아닙니다.

만화가 가진 가장 큰 단점은 중독성입니다. 만화에 빠진 아이는 다른 책은 거들떠보지 않습니다. 일단 한 권을 읽기 시작하면 시리즈가 끝날 때까지 몇 시간씩, 며칠이고 만화책만 읽습니다. 읽은 책을 읽고 또 읽으니 공부는 뒷전이고, 그만 읽으라는 부모님의 말에 곱게 대답할 리도 없겠지요.

저학년일수록 만화의 단점에 더 크게 휘둘립니다. 만화책은 허구와 과장이 심해 현실감을 떨어뜨리고 거기에만 빠져들게 만듭니다. 저학년 때는 만화책보다 그림책을 많이 봐야 합니다. 얼핏 만화와 비슷해 보이지만 그림책은 만화와 다릅니다. 생략과 과장이 만화의 특징이라면 그림책은 묘사와 은근한 설명이 특징입니다. 그림책에 있는 그림은 의미를 이해하도록 돕는 역할을 합니다. 글도 짧아서 긴 글을 부담스러워하는 아이들도 읽기 쉽습니다. 단순한 그림과 대화에 고착되는 만화와 달리 그림책은 장면과 분위기를 설명합니다. 만화의 그림은 상상력을 제한시키지만, 그림책은 상상을 하게 만듭니다. 화가들이 고민, 고민하며 그린 원화는 책 내용과 함께 마음에 여운을 남깁니다.

'만화책 좀 그만 봐!' 라는 말은 소용없는 잔소리입니다. 완전히 책에서 손을 떼기 전에 책 맛을 알게 해야 합니다. 우선 아이가 흥미를 느낄 만한 책을 줘야 합니다. 자동차를 좋아하는 아이에게는 자동차를 소개하거나 자동차가 주인공으로 등장하는 책을 주세요. 아이의 성향에 맞는 책을 주면 읽기 시작합니다.

《나는 선생님이 좋아요》라는 책에 데쓰조라는 아이가 나옵니다. 데쓰조는 쓰레기 더미에서 할아버지와 사는 아이입니다. 글씨도 읽지 못하고 말도 안 합니다. 지저분한 쓰레기장에 살며 파리를 키웁니다. 데쓰조의 선생님은 데쓰조가 파리에 관심이 많다는 걸 알고 파리를 소개한 백과사전을 줍니다. 데쓰조는 파리를 무척 좋아하기 때문에 파리에 대해 더 알고 싶어 백과사전을 보며 글을 배웁니다.

아이가 무엇을 좋아하는지 알아내서 관련된 책을 건네세요. 만화 좀 그만 보라는 말만 하고 관심을 가질 만한 다른 책을 주지 않으면, 아이는 또 만화책만 봅니다. 스스로 다른 책을 찾을 마음도 없고 능력도 없으니 도서관에 가도 만화 형식만 눈에 띕니다. 그러니 부모님이 차근차근 찾아 주어야 합니다. 단번에 바꾸려고 하지 말고 최소 6개월 동안은 만화와 비슷한 책부터 점점 만화가 없는 책을 건네야 합니다. 이때 부모님이 원하는 책을 주지는 마세요.《멋진 여우 씨》처럼 재미있는 책, 기발한 상상력으로 쓰인 책, 반전이 뛰어난 책, 아이가 들어 본 적이 있는 책,《책 먹는 여우》처럼 책에 흥미를 갖게 해 주는 책을 읽어 주세요. 아이가 지레 포기하지 않도록 부드러운 책으로 시작해야 합니다.

간혹 명작 수준의 만화책이 나오기도 하지만 이런 책은 아이들이 잘 읽지 않습니다. 대부분의 만화는 맛보기 수준입니다. 그런데 맛이 얼마나 좋은지 아이들은 김치와 채소는 먹지 않고 시식 코너에서 맛본 기름진 음식과 고기만 요구합니다. 맛만 보면 되는 만화를 주식처럼 먹으면 비만과 각종 성인병에 걸립니다. 그러면 씹어 삼킬 만한 책, 소화할 만한 책을 섭취하기 힘듭니다. 그러니 만화는 시식으로 그치게 해 주세요.《빙하에서 살아남기》를 읽은 뒤에는《이누이트가 되어라!》를 읽게 하고, '역사를 만든 여왕 리더십 시리즈'를 읽은 뒤에는《선덕 여왕》과《명성 황후》를 건네주세요. 아이들이 만화를 읽을 때 주의할 점은 늘 한 가지죠. 이것만 읽어서는 안 된다는 점입니다.

맛볼 책, 삼킬 책, 소화할 책을 구분해 보세요

프랜시스 베이컨은 책을 '맛봐야 할 책, 삼켜야 할 책, 잘 씹어서 소
화해야 할 책'으로 나누었습니다. 맛봐야 할 책은 어떤 내용인지 훑
어보기만 해도 되는 책입니다. 너무 쉽거나 흥미 위주의 책에만 국한
되지 않습니다. 주로 도서관이나 서점에 가서 책을 고를 때 맛보기를
합니다. 숙제할 때처럼 필요한 부분만 읽어야 하는 경우나 심심풀이
로 읽는 책도 여기에 해당됩니다.

삼켜야 할 책은 독자가 이해하고 받아들이는 책입니다. 한 번 읽는 것
으로 그치지 않고 곁에 두고 찾는 책입니다. 정신과 마음, 두뇌에 활
력을 공급해 주는 책이니 구입해 두면 좋습니다. 책을 좋아하는 사람
에게는 삼키는 책이 많습니다. 토론은 책에 어떤 맛이 숨어 있는지 알
려 주며 삼키도록 도와줍니다. 토론하면서 책을 새롭게 보고 느끼면,
씹어서 소화하는 수준에 이르게 됩니다.

잘 씹어서 소화해야 하는 책은 완전히 '내 것'으로 만드는 책입니다.
해마다 다시 읽으며 새롭게 해석해야 할 책이어서 몇 번을 읽어도 읽
을 때마다 달라집니다. 자신에게 일종의 경전과 같아서 수십 번을 읽
으며 깨닫고 깨닫는 책입니다. 어떤 사람에게는 전집일 수도 있지만
다른 사람에게는 얇은 시집일 수도 있습니다.

베이컨의 분류 기준은 사람이 처한 상황, 경험, 읽는 능력에 따라 달
라집니다. 훑어볼 책, 사야 할 책, 두고두고 스승으로 삼을 책을 정확
하게 나눌 수 없습니다. 이 기준을 그대로 적용하기에 책 고르는 우리

의 실력이 너무 부족합니다. 처음 볼 때는 별로였지만 다시 읽을 때 마음을 사로잡는 책이 얼마나 많습니까. 굉장히 좋다는 이야기를 듣고 책을 샀지만 '이게 도대체 어디가 좋단 말이지?' 했던 책은 또 얼마나 많은지요. 책을 읽어 내는 능력이 좋아질수록 예전에 맛만 보고 던져 놓은 책이 실은 얼마나 좋은 책이었는지 깨닫기도 합니다.

요즘에는 도서관에 아이와 함께 오는 부모님이 많아졌습니다. 문을 열고 들어서면 아이는 팝업북을 보고 그림책을 뒤적입니다. 그림책을 읽습니다. 그러면 엄마는 "수준이 그게 뭐니? 유치원생도 아니면서. 이 정도는 돼야 책이라고 할 수 있지!"라며 어려운 책을 권합니다. 아이는 벌써 울상이 됩니다. 어른이 고른 책을 강요하면 아이는 책을 억지로 읽습니다. 꼭꼭 씹어 삼켜 자기 것으로 만들지 않습니다.

강요에 의해 책을 읽는 아이들은 너무 일찍 책에 치여 책에 대한 강박증을 갖습니다. 조금씩 책 냄새에 취해 책을 좋아하기 전에 책에 짓눌려 버리니까요. 아이가 부모님 생각과 다른 책을 고르더라도 스스로 맛보는 과정이니 즐기게 놔두어야 합니다. 아이들에겐 자신만의 독서 기술이 있습니다. 맛보는 즐거움이 들면, 스스로 삼키고 씹어 소화하게 됩니다. 무엇보다 중요한 건 '무리해서 조급하게 서두르지 않는 것'입니다. 독서는 천천히 씹어 삼켜야 영양분이 제대로 공급됩니다. 수준에 맞지도 않는 책을 무리하게 읽거나 옆집 아이가 효과를 본 책을 들이밀면 안 됩니다. 독서법에 관한 책 중 가장 좋은 책은 '독서법에는 왕도가 없고 꾸준히 읽어야 한다.'는 주장을 하는 책입니다.

위대한 인물들의 공통점은?

알렉산더와 칭기즈 칸, 나폴레옹의 공통점이 무엇일까요?

"위대한 정복자이다."

"모두 외국 사람이다."

"이름이 모두 4글자이다."

정답은 '책벌레'입니다. 이들은 정복자가 되기 전부터 책벌레들였습니다.

알렉산더는 아리스토텔레스를 가정 교사로 모시고 교육을 받았습니다. 전쟁 중에도 작은 도서관 하나를 끌고 다녔고 죽을 때는《일리아스》《오디세이이아》를 가슴에 올려놓고 함께 묻어 달라고 했습니다. 알렉산더가 정복한 영토는 그가 죽은 후 곧바로 4등분 되어 역사에서 사라졌지만, 그가 전한 헬라 문화는 문명화된 사람들 대부분의 판단 기준이 되었습니다.

나폴레옹은 전쟁 중에도 자그마치 5만 권이나 되는 책을 마차에 싣고 다녔습니다. 말을 타고 가면서 책을 읽었고, 읽은 책은 뒤로 던졌습니다. 누군가 책을 주워 읽으라고 그렇게 했다고 합니다. 책 나눠 읽기 활동인 book crossing[24]의 창시자라고 해도 되겠지요. 그는 52년을 사는 동안 8천 권의 책을 읽었습니다. 나폴레옹 부하 중에 가장 어려운 직책은 총탄이 빗발치듯 쏟아지는 적진을 향해 돌격하는 부대장이 아니라 책을 구해 주는 부관이었답니다. 나폴레옹이 만족할 만한 책을 구하기가 너무 어려웠거든요.

칭기즈 칸은 글을 몰랐기 때문에 책벌레라고 하기엔 무리가 있습니다. 하지만 그는 지식인들에게 이야기를 들으면서 간접 독서를 했습니다. 그는 몽골 역사 이야기를 듣는 것을 즐겼고 천문에 관한 이야기까지 끊임없이 '듣는 책벌레'였습니다. 책을 통해 문자의 효능을 알고는 이전에 구두 명령으로 파발을 전하던 것을 문자로 적어 전달하는 방식으로 바꾸었습니다. 파발을 문자로 전달한 이후, 몽골에서 문자 사용이 활발해졌습니다. 유목 민족은 한곳에 정착하지 않고 계속 떠돌아다녀서 문자와 인쇄 문화의 발달이 더딥니다. 늘 양떼를 따라 이동하기 때문에 기록할 정보가 단순하고, 왕조가 아닌 부족 중심이어서 기록을 중요하게 여기지 않지요. 농사 기술이나 축성 기술, 도시 사이의 교통이나 전쟁 관련 정보도 농경민에 비해 적습니다. 날씨 정보, 양 치는 정보는 구두 전달만으로도 충분합니다. 그런데도 남이 읽어 주는 책을 듣고 소식을 문자로 전달하는 파발을 만들었으니, 칭기즈 칸 역시 책벌레입니다.

영국 전 수상이며 노벨 문학상을 수상한 처칠, 미국 전 대통령 케네디와 루스벨트, 인도의 네루, 투자의 귀재 워렌 버핏, 카네기, 헤르만 헤세, 존 스튜어트 밀, 박지원과 이율곡 가문[25]의 공통점 역시 책벌레입니다. 각자 좋아하는 책도 다르고 독서 방법도 달랐지만 이들의 발자취에는 책이 늘 함께 했습니다.

세종 대왕, 정조 대왕, 이덕무, 김득신의 공통점은 무엇일까요?

역시 책벌레들입니다. 세종 대왕은 책을 읽다가 눈병이 났고, 이덕무 역시 책을 읽다가 오른쪽 눈에 병이 나자 친구들이 '책병'이라고 놀렸습니다. 이분들은 모두 누가 시키기는커녕 오히려 말렸는데도 책을 읽었습니다. 제가 정말 좋아하는 김득신은 1만 번 이상 읽은 책만 따로 적어 놓는 기록장이 있었습니다. 1만 번을 읽지 않은 책은 기록하지 않았던 김득신의 '독수기讀數記'에는 36권의 책이 적혀있습니다.

세종 대왕은 너무 책을 좋아한 나머지 건강이 나빠지자, 태종이 주변에 있는 책을 남김없이 모두 치우라고 했습니다. 방에 있는 책을 모두 가져갈 때 병풍 사이에 끼워 둔 구소수간(구양수와 소식이 주고받은 편지글)만 남았는데[26] 날마다 그 책을 읽었습니다. 전에는 그렇게 좋은 줄 몰랐는데 반복할수록 좋은 책인 줄 알게 되었습니다.

그러던 어느 날, 세종 대왕이 마루에 앉아 책을 중얼중얼 외우고 있는데 지나가던 신하가 묻습니다.

"저하, 뭐라고 혼자 말씀하십니까?"

"책을 읊고 있는 중입니다."

"무슨 책입니까? 어떤 내용인지 모르겠습니다."

"왜 무슨 말인지 모른단 말입니까?"

이 대화를 통해서 세종 대왕은 '입으로 내뱉는 소리와 전해지는 말뜻이 달라 사람들이 듣고도 이해를 못 하는구나! 소리와 말뜻이 같은 말을 만들 수는 없을까?'를 고민하게 됩니다. 이를 바탕으로 세종 대왕은 한글을 만듭니다. 한글은 책이 가져다준 선물입니다.

세종 대왕이 음대를 나오지 않고도 작곡을 하고, 카이스트를 나오지 않고도 과학자이며, 국어국문학과를 나오지 않고도 음운학자가 될 수 있었던 비결은 끈이 끊어지도록 책을 읽었기 때문입니다. 후일에 학자들이 조사해 보니 가죽끈은 1만 번은 읽어야 끊어진답니다. 태종 이방원이 과격한 성격으로 억지로 책을 1만 번 읽게 했다면 세종대왕은 어떤 왕이 되었을까요?

2.

행복한 책벌레가 되는 과정

당신에게는 엄청난 유산이 있겠지
금은보화가 가득한 보물 상자가 있겠지
하지만 당신은 나보다 부자일 수 없어
나한테는 책을 읽어 주는 어머니가 계시거든
_스트릭랜드 질리언의 시 마지막 연[27]

"똑똑한 아이를 원한다면 동화를 들려주어라.
그리고 아이들이 더 똑똑해지길 원한다면 더 많은 동화를 들려주어라."
_아인슈타인

학교는 독서를 정해진 시간에 시켜서 하는 활동으로 격하시켜 버렸다.
내가 쉬는 시간에 복도 바닥이나 창틀 위에 앉아 책을 읽으면
아이들이 몰려나와 동물원 원숭이 보듯 구경한다.
"이게 무슨 일이지?"
_권일한

1. 책으로 유혹하기

아이들에게 책을 읽는다는 건 어떤 의미인지 물었습니다. '책은 어디서나 볼 수 있지만 책 보는 즐거움보다 좋은 건 없을 거예요.'라는 대답이 기억에 남습니다. '책을 읽으려면 관 정도의 공간이면 충분하다.'[28]고 표현한 애니 딜라드와 같은 마음이겠지요. 저 역시 장소에 구애받지 않고 관 정도의 공간만 있으면 행복하게 책을 읽을 수 있습니다. 하지만 모든 사람이 책벌레가 되는 건 아닙니다.

정약용 선생은 귀양지에서 아들에게 편지를 보내면서 이렇게 말합니다.

"이제 가문이 망했으니 네가 참으로 독서할 때를 만났구나."

정약용 선생이 힘들고 어려운 귀양살이를 하면서 비로소 독서를 생각한 게 아닙니다. 물론 귀양이나 실패가 책을 더 읽게 만드는 계기가 될 수는 있겠지요. 그렇지만 선생은 아들이 과거 시험에 합격했다 해도, 장가갈 때도, 자식을 볼 때도, 성공하거나 실패할 때도 '참으로 독서할 때'라고 말했을 것입니다.

독서의 효과를 따지는 분들은 독서를 하면 지식을 쌓을 수 있고, 이해력이 좋아지고, 공부에 도움이 된다고 합니다. 이런 말을 하는 사람 중에는 자신은 책을 읽지는 않으면서 독서가 좋다는 이야기만 많이 들은 분들이 많습니다. 그렇다면 아이들은 어떨까요?

책을 읽는다는 건 행복이에요. 많은 것을 알 수 있고 읽으면서 자연스레 공부도 할 수 있는 게 나에게는 행복이니까요. ○○○(4, 여)

책을 읽는다는 건 볏단을 쌓는 것 같다. 책 한 권 한 권이 쌀같이 귀하고 지식이 배를 채우는 것 같기 때문에. ○○○(4, 남)

두 아이는 자신이 쓴 글과는 달리 책을 많이 읽지 않습니다. 공부에 도움을 주는 지식을 쌓기 위해 읽는다고 말하지만 실제로 책을 잘 읽지는 않습니다. 말에는 능하지만 행동은 그렇지 못한 경우입니다.

책을 읽는다는 건 지옥이에요. 글이 너무 많아 읽기 싫거든요.

○○○(3, 여)

책을 읽는다는 건 최악입니다. ○○○(3, 남)

움직이기를 좋아하고 장난이 심한 3학년 남자아이는 가만히 앉아 책 읽는 걸 최악이라고 말합니다. 잘 알려진 독서 모임에도 몇 년째 다니고 있고 저와 방과 후 독서반도 합니다. 그런데도 "책을 읽는 건 최악"이라고 합니다. 책을 싫어하는 본성을 갖고 태어난 것이 아니라면, 지치도록 독서를 강요당했기 때문일 겁니다.

"책 읽는 건 지옥"이라고 말한 여자아이는 저를 무척 좋아합니다. 우리 반이 아닌데도 1주일에 한 번, 방과 후 독서반에서 만나는 시간을 손꼽아 기다립니다. 하지만 책은 싫답니다. 이야기도 좋아하고 독서 활동에도 즐겁게 참여하지만, 책을 읽는 건 힘들어합니다. 글자를 읽어 내는 과정이 주는 부담감 때문입니다.

반면 이상하지만 책 읽기가 즐겁다는 사람들도 있습니다. 독일 작가 하인리히 만은 '책이 없는 집은 창이 없는 방과 같다. 누구도 책으로 둘러싸이지 않은 곳에서 아이를 키울 권리는 없다.'[29]고 했습니다. 책을 얼마나 좋아하면 이런 말을 할까요? 자신이 즐기지 않으면 할 수 없는 말입니다. 직접 쓰거나 번역한 책이 천 권이나 되는 최한기 역시 누가 시켜서 한 일이 아닙니다. 즐거움이 없다면 이렇게 못 합니다. 병든 눈, 망가진 손가락으로는 글을 읽을 수 없어 혀끝으로 점자 책을 읽는 나병 환자도 누가 강제로 시켜서 그러는 게 아닙니다.[30] 즐겁기 때문입니다.

책을 읽는다는 건 환상에 빠지는 거예요. 책을 읽으면 글 내용이 눈앞에 짝 펼쳐져요. 정우창(4, 남)

책을 읽는다는 건 놀이터에요. 놀이터에서 노는 것처럼 책을 읽는다고 생각했기 때문입니다. 박아영(5, 여)

책 읽기가 즐겁다는 고백을 들으면 그간 아이들과 씨름한 고생을 잊습니다. 아직 어리고 감정 기복도 심한 아이들이 책을 좋아하는 걸 보면 무척 행복합니다. 책 읽기의 즐거움을 털어놓는 아이들이 모두 책벌레는 아닙니다. 그렇지만 아이들은 진심으로 책을 좋아합니다. 저도 책을 읽으면 우창이처럼 눈앞에 새로운 세상이 쫙 펼쳐집니다. 아영이처럼 책 놀이터에서 놉니다. 슬프고 힘들고 아픈 마음을 치료받습니다. 그래서 제겐 책 읽기가 행복입니다.

제가 가르친 아이들 중에는 공부에 도움을 얻으려고 읽는 아이도 있고, 책 읽기를 힘들어하기 때문에 부모님들이 억지로 제게 보낸 아이도 있고, 즐거워서 오는 아이들도 있습니다. 서로 다른 목적으로 모였지만 환경을 만들어 주면 모두 책과 친해집니다. 시간이 더 걸리는 아이가 있고 금세 빨려 드는 아이가 있을 따름이죠. 강요하지 않고 인도하면 책 읽고 글 쓰는 걸 즐기게 됩니다.

2010년 독서반을 마치며[31]

김수빈(5, 여)

지금까지 방과 후 독서반을 하면서 배운 점이 참 많은 것 같다. 시 쓰는 것, 논술 쓰는 법, 관찰 글 쓰는 법 등 그것도 지루하지 않고 재미있게. 전에는 글 쓰는 게 너무 싫었다. 일기는 물론이고 짧은 시까지도. 하지만 독서반에 들어와서 글을 쓰다 보니 어렵지도 않고 지루하지도 않았다. 나는 과학을 좋아했는데 과학을 맡은 권일한 선생님이랑 하는 수업이었던 영향도 있었던 듯하다.

내가 제일 어려웠던 책은 《어린이 경제원론》이다. 선생님께서는 남자아이들은 넓게 보고 여자아이들은 좁게 보는 대신 자세히 보기 때문에 경제가 어려울 수밖에 없다고 하셨다. 그래서 넓게 보아야겠다는 생각을 했지만 아직도 경제가 어렵기는 마찬가지다. 이제 독서반이 마지막이라는 게 아쉽지만 지금까지 배운 것을 토대로 글을 열심히 써야겠다.

더할 나위 없이 훌륭한 책은 입에서부터

저는 아이들이 지금보다 어릴 때 자기 전에 곁에 누워 이야기를 해 줬습니다. 잠잘 때가 되면 아이들은 "아빠, 이야기해 주세요. 어제 잡혀간 그 사람은 어떻게 되었어요?" 합니다. 제가 들려주는 이야기는 늘 아슬아슬하게 끝이 납니다. 그러면 아이들은 이튿날 또 이야기를 해 달라고 합니다. 아이들에게 들려주는 이야기는 제가 만들어 가는 천일야화인 셈이었지요.

잠자기 전만이 아닙니다. 저는 아이들이 공부하다가 모르는 것을 물어보면 이야기를 곁들여 설명합니다. 그럼 아이들은 깜짝 놀라며 이렇게 말하지요.

"그걸 어떻게 다 알아요? 아빠는 정말 똑똑해요."

"책에서 읽었지. 아빠는 책벌레잖아. 책에는 아빠가 해 준 이야기보다 더 재미있고 신기하고 감동을 주는 이야기가 많단다."

학교에서도 아이들은 아침부터 묻습니다.

"선생님, 오늘도 이야기 해 주나요? 책 읽어 주시나요?"

유대인들은 오래전부터 잠자리에 들기 전에 이야기를 들려주었습니다. 침대 머리맡 이야기Bed Side Story로 번역할 수 있겠네요. 아이가 고른 책을 머리맡에서 읽어 줍니다. 짧은 글은 한 번에 다 읽어 주고, 두꺼운 책은 며칠에 걸쳐 읽어 줍니다. 그리고 "다음에 어떻게 될까? 내일 읽어 줄게." 하며 책을 덮습니다. 아이는 어떤 일이 일어날까 상상하며 잠이 들겠죠. 꿈속 어딘가에 그 이야기도 함께 자리할 겁니다. 아빠가 들려준 이야기가 아이 마음을 밝혀 주겠지요.

다니엘 페나크가 지은 《소설처럼》이라는 책에는 수업 시간에 책을 읽어 주는 고등학교 선생님이 나옵니다. 같은 책에서 시인 조르주 페로스 교수도 대학생들에게 책을 읽어 줍니다. 다 큰 사람들에게 책을 읽어 준다고 어색하고 이상하게 생각하며 동료들이 말리기까지 합니다. 하지만 다 큰 어른들이 고등학교 교사와 노교수가 읽어 주는 책을 들으며 완전히 빠져듭니다. 시칠리아 미망인, 오토바이족, 올백 머리 가죽 부츠도 이야기를 들으며 책에 빠져들다가 급기야는 자기 돈으로 선생님이 읽어 준 책을 사 봅니다.[32] 이상하게 들리겠지만, 직접 겪어 본 사람들에게는 전혀 이상하지 않습니다. 고등학생에게 그림책을 읽어 주는 교사는 시시하다고 말하던 아이들 눈빛이 놀라움으로 바뀌는 이야기를 합니다. 그러니 아이들에게 책을 읽어 주세요.

안데르센이 《미운 오리 새끼》 같은 작품을 쓸 수 있었던 것은 어릴 적 아버지가 들려주신 옛날이야기가 있었기 때문이라고 합니다. 안데르센의 아버지는 술주정뱅이였는데, 이야기를 아주 좋아했습니다. 술을 마신 날에는 어린 안데르센을 깨워 밤새도록 옛날이야기를 들려주었다고 합니다. 제가 아는 최고의 술버릇입니다. 훗날 동화 작가가 된 안데르센은 어린 시절 아버지에게 들은 이야기들이 자신의 유일한 문학 수업이었다고 말했습니다.

저도 이야기를 더 이상 지어낼 수 없어 이제는 아이들에게 책을 읽어 줍니다. C. S. 루이스의 《나니아 연대기》 시리즈, 로알드 달의 여러 작품들, 톨킨의 《호빗》과 저 유명한 《오즈의 마법사》에 이어 요즘은 《자전거 도둑》을 읽어 주고 있습니다. 읽어 주기로 예약한 책만도 몇 년 치가 쌓여 있습니다. 이미 몇 번이나 읽어 내용을 뻔히 알고 있지만 소리 내어 읽어 주니 맛이 또 다릅니다. 동화책은 소리 내어 읽을 때 더 맛깔납니다.

교실에서는 《로알드 달의 발칙하고 유쾌한 학교》를 읽어 주었습니다. 로알드 달이 동화 형식으로 쓴 자서전인데 기가 막히게 재미있습니다. 이 책을 읽어 주면서 로알드 달의 다른 작품들과 로알드 달 책이 학교 도서관 어디에 있는지 알려 주었더니, 도서관에서 로알드 달의 책이 사라졌습니다. 책이 어디로 갔는지 짐작되시죠?

아이들은 읽기보다 듣고 말하는 기능이 훨씬 발달되어 있어 같은 책이라도 다른 사람이 읽어 주는 걸 더 좋아합니다. 이야기를 다 듣고 나면 "선생님, 그 책 어디에서 사요? 도서관에 있나요?"

하고 묻습니다. 며칠 뒤에는 "선생님, 정말 돼지가 하늘을 날아요. 선생님이 읽어 준 것과 똑같아요." 합니다. 자기들이 읽는 이야기가 선생님이 해 준 바로 그 이야기라는 게 좋은가 봅니다. 며칠 전에 들었던 내용을 읽으며 즐거워합니다. 아이들은 처음 듣는 이야기보다는 자기가 읽은 이야기 듣는 걸 더 좋아합니다. 저도 책을 읽다가 아는 이야기가 나오면 뿌듯한 마음도 들고 반갑기도 합니다. 이런 것을 겹쳐 읽기라고 하지요.

선생님이 해 주신 이야기[33]

이근호(3, 남)

선생님이 이야기를 들려주시면 정말 있던 일처럼 실감이 나서 흥미가 간다. '○○시리즈' 같은 걸로 재미있게 가르쳐 주셔서 감사하다. 선생님이 해 주시면 정말 재미있고 감동을 받았다. 그리고 선생님이 이야기를 해 주시면 그 책을 읽고 싶어서 엄마에게 사 달라고 졸랐다. 선생님이 이야기를 해 주셔서 1~3학년 중 글을 가장 많이 써서 상상력을 많이 기르게 도와주셔서 정말 감사하다. 선생님이 해 주신 이야기는 뜻이 깊고 따뜻한 느낌의 이야기이다. 때로는 신이 나는 이야기도 들려주셨는데 선생님 이야기는 다 생생하게 기억이 난다. 그리고 친구들에게 추천을 해 주고 싶다. 커서 선생님을 만나면 또다시 듣고 싶다.

학기 말에 가장 기억나는 추억으로 제가 들려준 이야기를 꼽는 아이들이 있습니다. 현장 학습이나 운동회보다 저에게 들은 이야기가 더 기억에 난답니다. 함께 책을 읽고 이야기를 나누는 것보다 더 좋은 베풂은 없습니다. 푸름이 아빠 최희수 님은 아이가 책을 읽지 않는 잘못이 부모에게 있다고 합니다. 아이에게 책 읽어 주기 싫어하는 부모님은 아이가 낮에는 열심히 놀다가 밤에 책 읽어 달라고 하면 "저놈, 잠 안 자려고 그런다."[34]고 한답니다. 자라고 윽박지르기는 쉬워도 책을 읽어 주기는 어렵습니다. 책과 친해질 수 있는 길을 부모가 막는 거지요.

방정환 선생은 감옥 생활을 할 때 날마다 죄수들에게 이야기를 해 주었답니다. 선생이 풀려나게 되자 죄수들이 "선생님이 가시면 그동안 즐거웠던 감옥 생활이 이제 지옥이 되겠지요!"[35] 라고 말했답니다. 이야기는 감옥조차 즐거운 장소로 바꿉니다. 아르헨티나의 보르헤스라는 작가는 30대에 이미 완전히 시력을 잃어버렸습니다. 그래서 어머니의 손을 잡고 도서관에 갔고[36], 어머니가 읽어 주는 소리를 듣고 간접적으로 독서의 효과를 얻곤 했습니다. 물론 글을 쓸 때도 마찬가지였습니다.[37] 나중에 보르헤스는 아르헨티나를 대표하는 작가가 되었고 노벨상에서 탈락했을 때 선정위원회가 비난에 시달리는 곤욕을 치르기도 했습니다. 우리나라에 보르헤스의 어머니 같은 분들이 많아진다면 그 풍성함은 상상할 수 없을 것입니다.

가르치는 사람 눈빛이 아이를 사로잡는다

학교에서는 해마다 아이들이 바뀌지만 교사가 하는 일은 늘 비슷합니다. 새 아이들을 만나고 교실 정리를 하고 학급 도서를 구입합니다. 학년별 필독 도서 목록을 한쪽 벽에 붙여 놓고 꼭 읽어 보자고 당부합니다. 읽은 책 숫자만큼 스티커를 붙이고 학기 말에 시상도 합니다. 아이들이 얼마나 책을 읽을까요? 평소에 열심히 책을 읽는 아이들은 교실에 있는 책도 마다 않고 읽습니다. 평소에 책과 친하지 않은 아이들 역시 지금까지 해 온 대로 책에 눈길을 주지 않습니다. 시작한 모습 그대로 끝이 납니다.

선생님이 좋은 책을 사서 갖다 놓아도 아이들은 변하지 않습니다. 일관성 있는 독서 지도를 받은 적이 없고, 그저 통계 내기에 급급한 책 읽기만 해 왔으니까요. 도서관 수업은 받아 본 적이 없고, 독서 지도를 받은 기억도 가물가물합니다. 그래서 아이들은 잠깐만 '읽는 척'을 하면 된다는 걸 알고는 요령을 터득합니다.

아이들이 책을 대할 때 눈에 불꽃이 이는 선생님을 본 적이 있을까요? 아이들은 책에 빠진 사람 눈빛을 알아봅니다. 부모님이나 선생님이 책을 권할 때 평소와 다를 바 없이 이야기하는지, 꾸중하듯 짜증 내며 말하는지 압니다. 책을 대하는 선생님 눈빛이 살아 있다면 아이들도 그 안에서 살아갑니다.

상담을 받아야 할 만큼 학교에서 문제를 일으킨 아이들에게 상담 교사들이 책을 권하면 읽을까요? 폭력과 반항을 친구로 삼던 아이들이 책을 읽습니다. 그걸 권해 주는 선생님의 태도가 평소에 보아 왔던 선생님과 다르기 때문입니다. 아이들은 선생님이 소개하는 책이 아니라 책을 대하는 선생님의 태도를 더 봅니다.

책을 읽으라고 강요하지 않고 선생님이 책장 앞에서 혼자 중얼

대며 책을 나누어 줘도 아이들은 책을 읽습니다. 책이 굉장히 중요한 물건인 것처럼 진지하게 대하는 것도 좋겠지만, 그게 전부는 아닙니다. 제 경우에는 대부분의 어른들이 책을 보는 것과는 전혀 다른 모습을 보입니다. 어떤 책은 절대로 읽지 말라고 하고, 어떤 책은 '아! 다시 읽고 싶다.'라며 감탄사를 날립니다. 천편일률로 '책 좀 읽어라.'라고 하지 않고 각기 다른 개성을 가진 존재로 책을 대합니다. 어떤 책은 장난스럽게, 어떤 책은 진지하게, 어떤 책은 멍하니 쳐다보고, 어떤 책에는 놀라움을 표시합니다. 이런 제 모습을 본 아이들이 책에 관심을 갖는 건, 책을 진짜 소중하게 여기는 제 마음을 알기 때문입니다. 눈빛으로 책을 사랑하면 아이들도 책을 읽습니다.

2011년 1월에 삼척교육지원청에서 저를 불렀습니다. 교육지원과장님이 저를 보더니 대뜸 "권 선생 때문에 민원이 두 건 들어왔어. 어떻게 할 거야?" 하십니다. 마침 중학생들과 책을 읽고 글을 쓰는 '꿈꾸는 뜰 중학생 독서 모임'을 시작한 터라 누가 이걸 문제 삼나 싶었습니다.

"독서 모임을 시작했는데 돈을 받지 않는 봉사 활동입니다. 아이들이 내는 돈은 책값이랑 꿈꾸는 뜰이라는 교육법인 운영비에 쓰입니다. 이것 외에는 민원 받을 일이 없는데 무슨 일이시죠?"

그런데도 계속 '큰일 났다.'며 당황하는 저를 몰아붙이시더니, 이내 웃으시며 편지 두 통을 내미십니다.

"정라초등학교 아이 두 명이 교육청으로 편지를 보냈어."

아래 편지는 그 두 통의 편지 중 하나입니다.

안녕하세요. 저는 이제 6학년이 되는 변주영입니다. 제가 이렇게 편지를 쓰는 이유는 부탁이 있어 편지를 씁니다. 저의 꿈이자 장래 희망은 작가가 되는 것입니다. 꿈이란 간절히 이루어졌으면 하는 것입니다. 하지만 저는 세상을 살아가는 이유인 작가라는 꿈을 포기해야만 하는 위기에 처해 있습니다. 저에게는 이 꿈을 심어 주신 권일한이라는 선생님이 있습니다. 하지만 선생님께서는 2011년에 동해로 가야 합니다.

1주일의 단 하루, 삶의 즐거움을 느꼈던 시간…… 바로 권일한 선생님과 함께한 독서반 시간이었습니다. 단 1년만 더 권일한 선생님이 정라초등학교에 남아 글을 더 배우게 해 주십시오. 삶의 즐거움, 삶을 살아가는 이유…… 지금 저의 부탁을 들어주신다면 전 다른 아이들까지 행복하게 할 수 있습니다. 권일한 선생님 밑에서 글을 더 배워 멋진 작가가 되어 다른 아이들에게도 포기는 어리석은 것이라고 말해 주고 싶습니다. 선생님께서 정라초등학교에 남아 주셨으면 하는 학부모와 학생들이 더 있습니다. 저는 정말 간절히 편지를 썼습니다. 저의 부탁을 들어주시면 고맙겠습니다.

2011. 1. 5. 변주영 올림

무엇이 주영이의 마음을 사로잡은 걸까요? 제가 특별한 방법과 능력을 가진 게 아닙니다. 주영이는 책을 무척이나 사랑해서 책 이야기만 하면 달라지는 제 눈빛을 본 것입니다. 책을 읽고 글을 쓰는 기쁨에 빠진 아이 마음이 아름답습니다. 주영이는 저와 함께 있는 동안 독서와 글쓰기 대회에서 한 번도 상을 받지 못했습니다. 하지만 그런 것은 상관없습니다. 저는 평소에 주영이가 쓴 글에서 책에 빠진 눈빛을 보았으니까요. 주영이가 '제자'라고 부르기만 해도 가슴 떨리는 아이가 된 건, 제 눈을 바라보는 주영이 눈빛이 책에 빠진 불쌍한 영혼의 눈빛이기 때문입니다. 그렇게 책에 빠진 눈빛을 만나는 기쁨은 말로 다 할 수 없습니다.

2. 아이의 리듬에 맞게 책 고르기

제 둘째 딸 서진이는 공주를 무척 좋아합니다. 평소에 놀 때도 한복이나 발레 옷을 입고 공주 놀이를 합니다. 인사도 공주처럼 우아하게 하고 분홍색을 무척이나 좋아합니다. 유치원 다닐 때는 걱정스러우리만치 공주 이야기를 읽었습니다. 책을 읽자고 하면 《백설 공주》《신데렐라》《엄지 공주》《인어 공주》만 수십 번 읽습니다. 다른 책에는 관심을 두지 않습니다. 초등학교에 입학하고서도 여전히 공주 이야기 외에 다른 책은 거의 읽으려 하지 않아서 어떤 책을 주어야 할지 고민했습니다.

생각 끝에 《키다리 아저씨》를 소개했더니 아이는 정신없이 책을 읽습니다. 이어서 건네준 《빨간 머리 앤》도 잠잘 시간을 넘기며 읽습니다. 일어나자마자 읽고, 아침밥을 먹으면서도 읽습니다. 밥을 입에 넣고 책을 읽다가 자기가 밥을 먹고 있다는 사실조차 잊어버렸습니다. 평소에 책에 빠지는 아이라면 "책은 밥 먹고 봐야지!" 했겠지만, 서진이는 책보다 텔레비전을 더 좋아하고, 읽기보다 말하기를 좋아하고, 한자리에 가만 앉아 있지 않는 아이입니다. 그래서 밥을 늦게 먹는다고 잔소리하지 않고 그냥 지켜봤습니다.

"무척 재미있지?"

"정말 재미있어요. 밤에 잠이 안 왔어요."

"서진이가 좋아할 만한 책이 또 있는데 소개해 줄까?《소공녀》는 아니?"

"그거 읽어 봤는데 너무 슬퍼."

"지난번에는 얇은 걸로 읽어 봤으니 진짜 이야기로 읽어 볼래?"

서진이는 이때부터 완전히 달라져서 책벌레가 되었습니다. 《키다리 아저씨》를 권해 주길 정말 잘했다는 생각을 두고두고 하고 있습니다. 요즘은 400쪽이 넘는《작은 아씨들》을 읽고 있는데 거기에도 푹 빠져 있습니다. 《선덕 여왕》을 읽은 뒤에《명성 황후》가 훨씬 감동적이라고 말합니다.

공주 이야기를 좋아하는 서진이에게는 아름다운 만남이 있는 책을 주어야 합니다. 그렇게 책을 읽기 시작한 아이는 초등학교 1학년 겨울 방학 때《어린이를 위한 토지》1부 10권을 읽었습니다. 읽고 나서는 "그 많은 재산을 누가 다 갖게 될지 정말 궁금하다!"는 감상을 적는가 하면, 기와집을 보면 "서희 아가씨는 저런 곳에서 살았겠지요?" 하며 묻습니다. 《공주와 고블린》《공주와 난쟁이, 공주와 커디》를 주었더니 집에서, 병원에서, 길거리에서, 차 안에서, 다시 집에서 3시간 동안 읽었습니다. 450쪽을 다 읽어 낼 때까지 멈추지 않습니다. 《마틸다》를 읽는 아이를 보면서 저는 정말 행복합니다.

첫째 딸 민하는 서진이와는 전혀 다른 분야의 책을 읽습니다. 민하는 《작은 아씨들》을 주면 바닥에 굴립니다. 이야기가 아니라 체계적으로 설명한 글을 좋아합니다. 제가 보기에도 끔찍하게 딱딱한 책이 재미있답니다. 80권짜리 《과학 앨범》을 몇 달 동안 한 권씩 차례차례 다 읽었습니다. 두 아이 모두 한 번 책을 펼쳐 들면 끝장을 보지만, 둘은 완전히 다릅니다.

아무리 좋은 책이라도 아이에게 맞지 않으면 좋은 책이 아닙니다. "이 책 정말 유명하대. 너도 꼭 읽어 봐라."라고 말할 수는 있지만 아이가 한 장도 읽지 않을 수 있다는 걸 알아 두어야 합니다.

저는 강원도 동해안에서 해마다 비슷한 방법으로 아이들을 가르칩니다. 환경이 크게 다르지 않으니까 아이들이 쓰는 글이 비슷해야겠지만, 완전히 다릅니다. 아이들 글이 서로 다른 까닭은 모든 아이들이 제각각 독특하기 때문입니다. 아이들은 저마다 특성이 있습니다. 한꺼번에 뭉뚱그려서 보면 안 됩니다.

2004년에 만난 1학년 아이들은 시인이었습니다. 그 신선함, 순수함을 가슴에 담았습니다. 2003년 아이들은 탐험가였습니다. 1999년에 만난 아이들은 활동가였고, 2006년 아이들은 수필가였습니다. 2009년에 만난 아이들은 토론가였고, 2010년에는 작가들이 많았습니다. 가장 마음에 남는 아이들은 2007년에 만났습니다. 그 아이들은 자기들을 안아 줄 넉넉한 품을 가진 사람을 기다리는 상처 받은 영혼들이었습니다. 너무 아프고 슬픈 일을 많이 겪은 아이들이라 글을 쓰며 함께 울었습니다.

저 역시 책을 무척 좋아하지만 한결같이 읽지는 않습니다. 유독 책을 많이 읽을 때도 있고, '요즘 내가 왜 이럴까?' 할 정도로 손을 놓을 때도 있습니다. 마찬가지로 아이가 정말 책벌레인 줄 알았는데 언제부터인가 책에서 멀어지더니 아예 손을 놓아 버릴 때도 있습니다. 그때는 아이가 숨을 고르는 겁니다. 아이에게는 저마다 책을 읽는 리듬이 있습니다. 가속이 붙기도 하고 산을 오르듯 헐떡거리기도 합니다. 안달이 나서 잠자라는 소리를 귓전으로 흘리며 책을 읽기도 하지만, 벌레 씹은 것처럼 끔찍하게 여길 때도 있습니다. 이때를 기다리지 못하고 빚쟁이처럼 독촉하면 안 됩니다. 안달 내는 투자가는 이익을 남기지 못합니다. 믿고 기다려야 하지요. 숨 고르기가 너무 오래 계속되면 아이가 평소에 좋아하는 작가의 말이나 책을 건네주면서 격려해 주세요. 그럼 다시 읽습니다.

책을 잘 모르는 분들은 특정 단체나 학교에서 추천해 주는 책을 선호하곤 합니다. 고전이나 양서를 선호하는 분들도 있지요. 하지만 살면서 아프고 슬픈 일을 겪지 않은 아이는 셰익스피어의 4대 비극이 주는 참맛을 모릅니다. 셰익스피어 역시 열두 살 난 아들 햄넷을 잃지 않았다면 《햄릿》을 쓰지 않았겠지요. 나와 동떨어진, 함께 느낄 경험이 없는 책이라면, 재미가 있게 읽는다 하더라도 줄거리 이상은 남지 않습니다. 추천 도서 목록을 참고하는 분들이 이렇게 생각하면 좋겠습니다.

"이건 좋은 책이야. 하지만 우리 아이에게 맞는지 생각해 봐야겠어. 아무리 좋은 책이라도 아이 리듬에 맞지 않으면 안 되잖아.
난 내 아이만의 리듬을 존중할 거야! 그게 아이에게 가장 좋은 길
이야!"

책을 읽는 건 독특한 그 아이다

책을 많이 읽기로 소문난 개그맨 전유성은 신문이나 유명 서점
에서 발표하는 베스트셀러 순위 9번이나 10번에 오른 책을 주로
구입한답니다. 순위 앞자리에 있는 책은 오래도록 바뀌지 않지만
9번이나 10번은 자주 바뀌기 때문이라네요. 책을 자주 사기 위해
서 일부러 자주 바뀌는 순위를 본다니, 아주 독특한 책 고르기 방
법입니다.

모두에게 좋은 책은 찾기 어렵습니다. 이른바 알아주는 명작[38]
이라 하더라도, 사람마다 명작을 보는 시각이 다릅니다. 숙성이
잘된 명작은 오래도록 깊이 바라보아야 속을 내보이는 책이라서
처음에는 지루하기까지 합니다. 어떤 사람에게는 좋을 수 있지만
다른 누군가에겐 전혀 아닐 수 있습니다. 우리가 알고 있는 많은
명작들은 18~19세기 유럽 작가들 작품입니다. 당시 문화에서는
뛰어난 작품이지만 강대국의 침략주의, 인종 편견주의, 유럽 우
월주의가 깔려 있습니다. 아무리 명작을 들이밀어도 아이들에게
는 명작이 아닐 수도 있습니다. 오히려 아이들은 명작을 고리타
분한 묘사만 잔뜩 있는 지루한 책이라 생각합니다. 다양한 환경

과 배경지식을 가진 아이들에게 딱 맞게 좋은 책을 어떻게 정해야 할까요?

이덕무는《사소절》에서 이렇게 말합니다.[39]

"타고난 자질이 총명하고 민첩한 아이에게 조금만 읽고 외우게 하는 것도 좋은 일이 아니지만 어리석고 둔한 아이에게 많은 분량을 읽도록 하는 것은 마치 약한 말에게 무거운 짐을 싣는 것과 같다. 그러고서 어떻게 멀리 갈 수 있기를 바라겠는가? (중략) 어린아이에게 독서를 시킬 때 결코 엄하게 단속만 해서는 안 된다. 엄하게 단속하면 기백이 약한 아이는 지레 겁먹게 되고 반대로 기백이 강한 아이는 분한 마음이 가슴 가득 쌓여 원망하는 마음을 품게 된다. 또한 너그러운 마음으로 풀어 주기만 해서도 안 된다. 너그러운 마음으로 풀어 주면 품은 뜻이 낮고 보잘것없는 아이는 게으름과 태만에 빠지고 반대로 품은 뜻이 높고 강한 아이는 아무 거리낌 없이 제멋대로 행동하거나 다른 사람을 업신여기는 마음을 갖게 된다."

'책만 보는 바보' 이덕무[40]는 이 책에서 책에 아이를 맞추지 말고 아이에게 맞는 책을 찾아 주라고 합니다. 아이보다 책을 내세우면 안 됩니다. '책 읽는 아이'라는 결과만 보고 달려가선 안 됩니다. 좋다는 책을 쥐여 줘도 흥미를 느끼지 못하는 아이도 있습니다. 책은 저자의 경험에서 우러나오기 때문에, 아무리 훌륭한 책이라도 비슷한 경험을 하지 않은 사람은 실감나게 느끼며 이해하기 어렵습니다.

책을 읽다가 원하는 정보나 공감하는 내용이 나오면 줄을 긋습니다. 그걸 찾아내는 기준이 각자 다르기 때문에 저마다 다른 곳에 표시를 합니다. 독자가 서로 다르기 때문에 읽는 분량과 방법도 아이에 따라 달리해야 합니다. 책은 작가와 독자가 함께 만들어 갑니다. 책의 완성도만큼이나 아이도 준비가 중요합니다. 레벨 테스트를 하듯 아이의 수준을 평가하라는 말이 아닙니다. 책을 대할 때 영향을 줄 수 있는 아이의 경험, 마음, 수준을 알아야 한다는 말입니다.

어떤 아이는 웃는 부분에서 다른 아이는 찡그립니다. 각자 자기 마음에 맞는 책이 있기 때문입니다. 부모가 보기에 전혀 영양가 없는 책인데 아이가 좋아할 때는 난감합니다. 그래도 아이가 고른 책을 존중해 주어야 합니다. 자기 마음에 드는 책을 골라 읽는 즐거움보다 전문가의 견해를 앞세우면 아이는 즐거움을 잃습니다.

아이를 알기 위해서는 아이의 성격과 성향을 알아야 합니다. 아이가 좋아하는 책도 알아야 합니다. 같은 책이라도 편집 형태, 삽화, 이야기 전개 방식에 따라 아이가 받아들일 수도 있고 그렇지 않을 수도 있습니다. 어떤 책을 자주 읽는지 살폈다가 내용, 삽화, 주제, 구성의 특징을 찾아보세요. 아이가 가장 좋아하는 책 10권을 골라서 살펴보세요. 10권을 분석하면 아이의 독서 성향을 확인할 수 있습니다. 아이가 제대로 책을 고를 수준이 되지 않아 재미만을 찾는다면 10권 정도를 골라 주고 거기서 읽고 싶은 걸 찾으라고 하세요. 이렇게 몇 번 반복하면서 아이가 책 고르는 성

향을 조금씩 바꿔 주세요. 그러면 부모님이 골라 주는 책도 모두
재미있다고 가져갈 겁니다.

> ★ 우리 아이가 좋아하는 책을 아는 방법
> 1. 아이에게 가장 좋아하는 책 10권을 고르라고 한다.
>   아이가 좋아하는 책을 고르지 못한다면 교사나 부모가 10권 정도를 권해
>   주고, 읽고 싶은 책을 골라 보라고 한다.
> 2. 아이가 좋아하는 책의 내용, 삽화, 주제, 구성의 특징을 찾아본다.
> 3. 이 과정을 몇 번 반복해서 아이가 좋아하는 책을 파악한 뒤, 아이가 책 고
>   르는 성향을 조금씩 바꿔 준다.

아이 자신이 들어 있는 책으로 유혹하자

《프리덤 라이터스 다이어리》는 캘리포니아 롱비치에 있는 윌
슨고등학교 아이들이 쓴 146편의 일기를 모은 책입니다. 1994년
당시 이곳은 백인 경찰이 흑인을 폭행하면서 폭동이 일어난 곳이
라 인종 갈등이 심각했습니다. 백인, 흑인, 라틴계, 아시아계 아
이들이 함께 다니는 이 학교는 인종에 따라 구역, 교우 관계, 다
니는 길이 정해져 있습니다. 서로 다른 구역에 들어가면 몰매를
맞습니다. 학교 버스 안에서 야구 방망이를 휘두르고 버스에서
내리자마자 총을 맞기도 합니다.

가정 폭력과 학교 폭력, 삐뚤어진 세상에서 어떻게 하루를 버
틸지 고민하는 아이들이 주인공입니다. 이 아이들은 책과 거리가
멀다 못해 책을 내다 버렸습니다. 세상을 증오심으로 바라보고

항상 죽음을 곁에 두고 살아갑니다. 자기를 지키기 위해 총을 갖고 다니고, 마약과 폭력에 찌들어 있습니다.

이곳에 에린 그루웰이라는 선생님이 옵니다. 첫 발령을 받은 수습 교사입니다. 아이들을 만난 지 한 달이 채 되지 않은 어느 날, 교실에서 한 아이가 다른 아이를 놀려 대며 인종 차별을 일삼습니다. 선생님은 화가 나서 소리를 지릅니다.

"그건 나치들이 홀로코스트 때 했던 선전과 다를 바 없어!"

그러자 한 아이가 "홀로코스트가 뭐예요?"라고 묻습니다. 이 반에는 홀로코스트를 아는 아이가 한 명도 없었습니다.

"여기서 총에 맞을 뻔한 사람은?"

거의 모든 아이가 손을 듭니다. 그 순간 선생님은 공들여 준비한 수업 계획을 포기하고 《안네의 일기》와 《즐라타의 일기》로 공부를 시작합니다. 아이들은 안네와 즐라타가 차별을 피해 공포 속에서 쓴 일기를 읽으며 공감대를 형성합니다.

인종이 다른 아이와 사랑에 빠져 외출 금지를 당한 아이에게는 《로미오와 줄리엣》을 권합니다.

"몬터규가와 캐퓰렛가는 서로 미워하고 서로를 죽였어. 로미오와 줄리엣이 사랑하는 걸 가문에 대한 배신이라 생각했지. 그들에겐 복수뿐이었어. 그때로부터 400년이 지났어. 말투와 인종, 구역은 엄청나게 변했지만 주제는 같아. 너희들에게 일어나는 일은 또 다른 로미오와 줄리엣을 만들고 있어!"[41]

자기와 비슷한 사람이 책에 나온다고는 상상도 하지 않았던 아이들이 책을 읽습니다. 《호밀밭의 파수꾼》을 읽은 아이는 "우리

반에는 수많은 홀든이 있다."고 말하고 《컬러 퍼플》을 읽은 아이는 "샐리가 이상할 정도로 익숙한 사람처럼 느껴졌다. 샐리는 과거부터 지금까지 쭉 내 자신의 모습이다."고 말합니다. 그러면서 아이들이 변합니다.

마약과 폭력을 당연하게 여기며 두려움에 떨면서 살던 윌슨고 학생들이 책을 읽은 까닭은 책이 자기들을 말하고 있기 때문입니다. 나치를 피해 숨어 지낸 안네는 다른 인종 갱단을 피해 숨어 지내는 자신들입니다. 아이들은 《안네의 일기》에서 자신을 읽으며 회복됩니다. 선생님이 책과 아이를 연결해 주자 아이들은 자신이 저지르는 끔찍한 폭력을 바라보고 돌아설 용기를 얻습니다. 이렇게 윌슨고 아이들은 책에서 자기 자신을 만나 인사를 나눕니다. 폭력을 버리고 책을 읽습니다. 폭력을 대물림하지 않고 글을 씁니다.

그루웰 선생님이 아이들을 완전히 다른 아이들이 되도록 인도할 수 있었던 건, 아이를 알고 아이에게 맞는 책으로 가르쳤기 때문입니다. 자신을 얽매던 것들과 만나 인사를 나누면 아이는 책을 읽습니다.

'미운 오리'를 만나야 책 읽기에 빠진다

김지원(3, 여)[42]

책을 읽으면서 책에서 나랑 똑같은 이야기는 미운 오리 아기다. 왜냐하면 우리 언니랑 같이 있으면 우리 언니는 날 괴롭힐라 하고 나는 울기 때문이다. 우리 언니는 미운 오리이고 나는 불쌍한 오리가 된다. 이 책을 읽고 나랑 똑같아서 재미있었다. 그래서 그 책을 오랫동안 간직하고 있다. 책을 버리지 않고 언니랑 미운 오리 아기처럼 상황이 될 때면 그 책을 읽어서 내 상황을 느낀다. 책을 읽으면 언니랑 다시 친해지고 싶다. 그래서 나는 그 책을 버리지 않는다. 그치만 엄마는 쓸모없다며 버릴라 하신다. 나는 버리고 싶지 않아 숨겨 놓는다.

지원이는 아주 조용한 아이입니다. 언니가 자신을 심하게 괴롭힌다는 표현은 조금 과장된 것일 수도 있지만 지원이에게는 심각한 문제입니다. 언니 때문에 힘들 때 속을 시원하게 풀어 준 낡은 책을 버리지 못합니다. 어릴 때 읽은 유치한 책이지만 거기에 자신이 들어 있습니다. 미운 오리가 나오는 책이 지원이 상황을 말해 주고 위로합니다. '미운 오리'는 친구 때문에 고민하는 중학교 때도, 성적 때문에 힘들어하는 고등학교 때도 도움이 될 겁니다. 지원이 자신이 들어 있는 책이 《미운 오리 새끼》로 끝나지 않는다면, 인생에 대한 다른 고민을 할 때도 책의 인도를 받아들일 겁니다. 저는 지원이 글에 이렇게 답글을 달아 주었습니다.

답글 : 미운 오리 책 절대 들키지 말고 잘 간직해라. 나중에 커서 엄마가 되면 낡은 그 책을 아이들에게 보여 주고 읽어 주며 오늘 떠올린 추억을 이야기해라. 정말 큰 보물이란다.

사람들은 대부분 책에서 다른 사람 이야기를 읽습니다. 그럼 제3자가 되기 쉽습니다. 소크라테스를 읽는 사람이 적은 까닭은 그런 식으로 대화하거나 공부한 적이 없기 때문입니다. 나랑 상관없는 이야기를 관찰자 입장에서 읽으면 당연히 읽기 싫어집니다. 자신과 동떨어진, 있을 법하지도 않은 이야기로 생각하기 때문입니다.

공상 과학 책에는 우리가 희망하는 모습이 담겨 있습니다. 심리학자 가와이 하야오의 말처럼 '판타지를 공상으로의 도피라고 생각하는 건 오판이다. 판타지는 오히려 현실에 대한 도전을 의미한다.'[43]고 생각해야 합니다. 판타지 작품에도 우리 자신이 들어 있습니다. 위인전을 읽으며 내가 되어야 할 나를 찾으면 그 역시 책 속에 내가 들어 있는 겁니다. 과학을 내 이야기로 받아들이는 아이도 많습니다. 자신이 형사가 되어 범인을 찾아 문장 사이를 헤매기도 합니다. 그런 책 역시 자신이 들어 있는 책입니다. 책에 자신과 같은 사람이 들어 있다는 점을 알려 주면 아이는 책을 읽습니다. 그 이야기가 자기 이야기일 때 아이들은 글씨를 읽는 독서를 뛰어넘어 자신을 읽는 독서를 합니다. 독서 삼매경이 일어납니다.

그루터기 선생님 글만 읽고[44]

김회석(3, 남)

난 〈그루터기〉를 읽고 새로운 마음을 얻었다. 내가 〈그루터기〉를 책꽂이에서 빼낼 때 모두 지난 일이라는 생각을 했다. 갑자기 외로운 마음도 생겼다. 첫 번째의 글에는 선생님께서 그루터기의 뜻에 대해 가르쳐 주셨고 두 번째는 은희와 지혜에 대해 쓰셨고 세 번째는 감동의 울음과 그냥 나오는 울음의 뜻에 대해 쓰시고 네 번째는 1학기를 마치며 쓴 글이고 다섯 번째는 선생님 제자에 대한 슬픔이고 여섯 번째는 쉰움산에 대해서다.

난 내가 살아온 것이 아무 의미 없는 것이 아니었다는 것을 깨달았다. 그리고 나도 지난 일을 생각한 적이 있다. 유치원 다니던 것도 어제 일 같다. 난 선생님 글과 친구들 일기가 담긴 〈그루터기〉를 읽어 보니 이 책이 아주 중요한 책이라는 것을 알았다. 선생님께서는 지금 이것이 추억이라고 하셨다. 지금은 모르지만 나중엔 알게 되겠지! 난 10년 동안 내가 알고 있는 지식이 좁쌀만 하다는 것을 알았고 이 〈그루터기〉도 역시 아무 뜻 없는 것이 아니었다고 생각한다. 그리고 앞으로 있을 내 미래도 좋게 이루어지기를, 이 〈그루터기〉도 내가 어른 될 때까지 잘 보존되기를 바란다.

〈그루터기〉는 저와 아이들이 함께 만든 학급 문집입니다. 겨울 방학이 가까워지면서 헤어질 날이 다가온다는 걸 알고 휘석이는 그동안 만든 문집을 꺼내 보았습니다. 읽으며 유치원 때부터 지금까지 추억을 생각합니다. 자기가 가진 지식이 좁쌀만 하다는 걸 생각하며 미래를 꿈꿉니다. 문집에는 온통 내가 들어 있습니다. 내가 본 나, 친구들이 본 나, 내가 살아가는 교실, 나를 가르치는 선생님, 내 친구들, 내가 다니는 학교와 사는 동네……. 그래서 문집은 가장 좋은 책입니다.

과연 아이들은 스스로 자신이 들어 있는 책을 찾을 수 있을까요? 가능한 일이지만 그러기에는 제약이 많습니다. 그런 책을 찾기 전에 멋진 표지와 디자인, 호기심을 일으키는 제목을 가진 책이 먼저 눈에 띕니다. 저기 구석에, 나와 똑같은 사람이 들어 있는 책까지 가기 전에 발목을 잡습니다. 만화가 앞을 막아서고 자신을 읽어 달라 합니다. 아이가 능력을 발휘해 보기도 전에 선택은 끝납니다. 엉뚱한 책에 발목 잡히지 않으면서 '미운 오리'를 찾아야 합니다.

어떤 책을 읽어도 그 안에서 자신을 찾아내는 고수도 있습니다. 고수들은 만화책도 수준에 따라 고를 것이고 베스트셀러 중에서도 진짜 '베스트 북'을 고를 수 있습니다. 만화책《도토리의 집》은 몇 번을 울어야 손에서 놓을 수 있다는 걸 압니다.《파이돈》에서 자신을 찾아냅니다. '너'도 찾고 '이웃'도 찾아 '마을'을 만듭니다. 책으로 둘러싸인 마을에서 자라 세상을 바라봅니다. 이 모든 것의 시작점은 자기 자신입니다. 자기를 읽는 아이는 세상을 읽어 낼 때까지 멈추지 않습니다.

3. 한 권의 개성 있는 책과 만나기

《동물농장》《1984년》을 쓴 조지 오웰[45]은 책을 굉장히 사랑했습니다. 책 냄새와 촉감을 무척 좋아해서 '시골 경매장에서 1실링을 주고 책을 떨이로 사는 것보다 더 기쁜 일은 없었다.'고 말할 정도였습니다. 책이 좋아서 책방에 취직을 했는데 그때부터 책을 읽지 않게 되었다고 합니다. 책을 한 권씩 만나지 않고 여기 저기 쌓인 무더기로 대하자 책에 대한 흥미가 줄어들었다고요. 책을 한 번에 5천 권이나 1만 권씩 덩어리로 보게 되자 책이 지겨워지고 역겨워지기까지 했답니다. 아무리 책을 좋아하는 사람이라도 책이 한 권씩 마음에 와 닿지 못하고 덩어리로 덤벼든다면 지겨워지고 역겨워질 겁니다.

책을 잘 읽지 않는 아이를 도서관이나 서점에 데려가면 이런 반응을 보입니다. 재미있는 이야기가 굉장히 많이 있는 곳이 아니라, 책이 덩어리째 다가오는 공간이 됩니다. 아이는 압박을 받기도 하고 어디에서 어떤 책을 골라 읽어야 하는지 몰라 갈팡질팡하게 됩니다. 책장들 사이를 오가며 탐험을 하리라 예상한 부모의 기대와 달리 아이는 화려한 색채로 손짓하는 만화 앞에서 멈춰 섭니다.

내 아이에게 꼭 맞는 책을 골라 주는 건 어렵기 때문에 많은 부모님들이 순간적으로 유혹당해서 책을 한꺼번에 사거나 유명한 책, 많이 팔린 책을 사 줍니다. 그러고는 억지로 읽기를 강요합니다. 책 한 권을 읽을 때마다 500원, 1천 원을 주기로 거래를 하기도 하고 10권을 읽으면 놀이동산에 데려가기도 합니다. 그러면 아이는 책을 읽는 둥 마는 둥 선물만 챙겨 달아납니다. 책 내용을 알기는 하지만 관련된 이야기는 하나도 갖지 못합니다. 그러면 비가 오는 날, 바람이 부는 날, 우울한 날, 슬픈 날, 기쁜 날에 읽고 싶은 책이 생기지 않습니다. 건성건성 책을 읽는 아이를 보면 그나마 잘 했다고 칭찬을 해야 할지, 괜한 짓을 한 건 아닌지 갈등을 하게 됩니다.

책마다 개성이 있다고 했습니다. 개성 있는 책을 한 권씩 권하면 아이들은 책을 읽습니다. 한 권씩 책에 지문이 묻게 해야 합니다. 그런데 부모님이 전집으로 사 주며 떠맡기면 아이들은 짐 덩어리를 맡은 기분이 됩니다. 개성이라곤 전혀 없는 덩어리를 공부에 도움이 된다는 이유로 억지로 읽어야 합니다.

안철수 씨는 "여러 권의 책을 체하듯이 무턱대고 읽기보다는 좋은 책 한 권을 천천히 생각해 가며 읽어라. 책을 읽고 나서 나름대로 해석해 보아라. 책을 읽은 효과가 바로 나타나지 않더라도 조급해하지 말라."고 했습니다. 책을 한꺼번에 싸게 사 주고 싶다면 도서관에서 전집을 한 권씩 빌려 읽게 하세요. 몇 권을 읽고도 아이가 지루해하지 않고 자꾸 읽으려고 한다면 그때 사도 늦지 않습니다. 하지만 아무것도 모르는 아이에게 덜컥 전집을 맡기지는 마세요. 할인 기간을 놓치지 않으려다 책 읽는 아이를 놓치면 안 됩니다.

아이가 한 권, 한 권 의미 있는 책을 만나기를 원한다면, 책과 관련된 이야기를 통해 책과 만나게 해 주세요. 바다에 다녀온 뒤라면 갯벌을 소개하는 책을 골라 주세요.

"우리 얼마 전에 갯벌에 갔었지? 조개도 먹고 진흙에서 뛰어다니기도 했잖아. 우리가 캔 조개 이름이 뭐였더라?"

"꼬막이잖아요. 그때 엄청 재미있었는데."

"이 책 좀 봐! 우리가 간 갯벌과 비슷하지 않니?"

이런 이야기를 나누며 책을 사면 아이가 책에 지문을 남깁니다.

저는 며칠 전 저녁에 딸들과 함께 앞산에 저녁 산책을 갔습니다. 주변은 어둑해지고 가로등이 켜졌습니다. 우리가 걷는 길 양쪽에 나무들이 빼곡하게 들어서 있고 가지들이 도로 위로 뻗어 나와 머리 위를 덮습니다. 드문드문 가로등 불빛이 나무 사이에 그림자를 드리웁니다. 여자아이들은 이런 길을 무서워하기 쉬운데 서진이가 "아빠, 여기 등불 황야 같아요!"라고 합니다. 등불 황야는 《사자와 마녀와 옷장》이라는 책에 나오는 장소입니다.

"그럼 우린 지금 툼누스 씨를 찾아가는 거야! 저기 나무들을 지나면 파우누스의 집이 있을 거야!"

우리는 그렇게 나무가 하늘을 덮어 버린 어둑한 길에서 툼누스 씨 집을 찾아 즐겁게 걸었습니다. 산책을 마치고 집에 돌아와서 아이들이 무얼 했을까요? 《사자와 마녀와 옷장》 시리즈를 꺼내 듭니다.

독서반 한 학기를 마치며 아이들에게 '가장 마음에 남는 책'을 소개하는 글을 써 보라고 했습니다. 독서반 아이들이라면 자기 삶에서 가장 귀한 책 한 권은 있을 줄 알았습니다. 하지만 한두 명만 그런 책을 소개하고 나머지 대부분은 저와 함께 이야기를 나눈 책을 골랐습니다. 저와 함께 내용을 알아보고, 찬반 토론을 하고 독서 감상문을 쓰고, 우리 삶과 연관 지어 본 책이 좋다고 합니다. 인생 최고의 책으로 《쇠똥 굴러가는 날》이나 《우리 조상들은 어떻게 공부했을까?》는 전혀 어울리지 않지만 그 책이 좋답니다. 한 권을 만나 지문을 잔뜩 묻히고 그렇게 깊이 본 적이 없기 때문이겠지요. 그러니 아이가 책 한 권 한 권에 지문을 잔뜩 묻히도록 해 주세요.

권정생 선생님은 읽은 뒤에 불편한 책이 좋은 책이라고 했습니다. 마음을 건드려 생각하게 만드는 책을 붙들고 싸우란 뜻입니다. 이런 책에는 자신을 대면하게 하는 이야기가 많이 들어 있습니다. 이런 책이 좋은 책입니다. 책이 아이에게 이야기가 되도록 해 주어야 합니다.

도서관에서 추억을 선물하기

김윤식 교수는 '도서관은 묘지와 흡사하다. 서고에는 시체 냄새가 가득하고 책장을 넘기면 미라 냄새가 난다. 죽은 자들의 정신이 산화되어 가는 종이 위에서 희미한 빛을 발한다.[46]' 고 했습니다. 도서관에는 자기 생명의 일부인 시간과 맞바꾸어 태어난 작가의 자식들이 우리를 기다립니다. 그렇지만 이곳 냄새를 즐거워하기까지는 시간이 걸립니다. 빛도 희미하기 때문에 화려하고 자극적인 빛에 익숙한 사람은 쉽게 찾을 수 없습니다. 이 냄새와 빛을 보려면 시간을 들여 노력해야 합니다. 도서관에 자주 가서 냄새에 취하고 책이 뿜어내는 희미한 빛에 익숙해져야 합니다.

요즘은 곳곳에 도서관이 있어 영화도 보여 주고 책 관련 행사도 많이 합니다. 좋은 책도 많이 있고, 희망 도서를 신청하면 심사를 거쳐 구입해 줍니다. 어린이 열람실의 분위기가 좋아서 그런지 어른들도 자주 보입니다. 자녀와 함께 책을 읽다가 책에 빠져들어 아이가 지루해하는 것도 모르고 책을 읽는 분들도 있습니다. 아이를 도서관에 데려가면 아이는 빛 속에서 노닙니다. 비록 우리나라 도서관 전체 책 구입 예산이 하버드 대학교 도서관 예산보다 적다지만 주눅들 것 없습니다.[47] 정말 중요한 건 아이가 지금 읽는 책 한 권이니까요. 아이가 도서관을 친숙하게 생각하지 않는다면, 아래 활동을 함께해 보세요.

★ 아이와 함께하는 도서관 활동

1. 친구들이 제목을 모르는 책 찾아 오기
2. 아직 아무도 보지 않은 책 찾아 오기
3. 영화로 만들어진 책 찾기
4. 동물(식물, 건물, 자동차, 사람 이름 ……)이 들어가는 책, 제목이 가장 긴(짧은) 책 찾아 오기
5. 가장 특이한(눈에 띄는, 세련된, 촌스러운 ……) 책 제목 찾아 오기
6. 가장 두꺼운(얇은, 무거운, 가벼운 ……) 책 찾아 오기
7. 가장 이름이 긴(짧은, 사람 이름 같지 않은 ……) 작가의 책 찾기
8. 다른 사람(엄마/아빠/선생님 등)이 읽어 준 책 찾아 오기
9. 다른 사람(엄마/아빠/선생님 등)이 주는 책 제자리에 갖다 놓기
10. 특정 낱말이 들어 있는 책 찾아 오기 (예 : 희망, 건강, 개나리)
11 내가 30분 동안 집중해서 읽을 수 있는 책 찾기
12. 다른 사람(엄마/아빠/선생님 등)이 정해 주는 책 10권을 '도서 검색' 활용해서 빨리 찾기
13. 부모님과 도서관에 가서 1시간 지내기

* (학교에서) 선생님이 내용을 알려 준 책을 학교 도서관에서 찾아 오기 : 해당 책에 상품권을 넣어 놓고 보물 찾기를 하는 학교도 있습니다.

이런 활동을 하면서 아이들은 책을 분류하는 번호를 배웁니다. 책 제목을 읽게 되고 한 번 본 적이 있는 책은 다음에 볼 때 호기심을 갖고 펼쳐 듭니다. 집에 책이 많아 학교 도서관에는 가지 않던 제 딸도 도서관에 첫발을 내디딘 뒤에는 자주 책을 빌려 옵니다. 제목과 내용의 연관성을 이해하게 되면, 살아가는 생기가 필요할 때 '희망' 이라는 낱말이 들어가는 책을 찾게 된답니다.

시골 분교에 있을 때였습니다. 시골 아이들은 책보다 벌레를 더 좋아합니다. 책을 벌레 보듯 한다면 엄청 읽을 겁니다. 저는 시내 서점에 가서 책 사는 걸 상품으로 걸고 분교생 절반과 서점에 갔습니다. 아이들은 머리를 깎거나 목욕을 하기 위해 시내에 간 적은 있지만 책을 사러 가기는 처음입니다. 제가 맛난 것도 사주기 때문에 소풍과 다름없습니다. 아이들과 함께 서점 나들이를 다녀온 뒤 다음번에는 아이들만 보냈습니다. 사전에 서점 주인에게 분교의 아이들이 오면 책을 한 권씩 주라고 말해 두었지요. 저와 함께 서점에 왔던 아이들이 처음 온 아이들에게 지난번 추억을 말해 주며 책을 골라 주더랍니다. 아이들도, 저도, 서점 주인까지도 기분이 좋았습니다. 그때도, 5년이 지난 지금도, 시내 서점에 가면 책 읽는 사람이 없습니다. 문제집이나 참고서를 사러 온 학생이 5분도 안 돼서 책값을 내고 나가 버립니다. 서울에 있는 대형 서점에 가서야 비로소 책 읽는 사람을 볼 수 있습니다. 참 안타깝습니다.

도서관에 와서도 '책 많이 읽어라.' 보다 '뛰지 말고 조용히 해라.' 는 말을 더 자주 듣습니다. 도서관은 조용해야 하는 공간이라고 생각하니까요. 하지만 이스라엘 도서관은 웅성웅성합니다. 유대인들은 도서관에서 토의를 합니다. 《책과 노니는 집》을 읽은 친구들이 서학과 천주교, 필사쟁이의 삶에 대해 이야기를 나누고 건너편에서는 《숨 쉬는 도시 꾸리찌바》를 읽은 아이들이 생태 도시에 대해 토론합니다. 책으로 연결된 아이들이 즐겁게 이야기를 나누는 곳이 도서관입니다. 갑자기 도서관에서 토의를 하는 한국식 교육 정책을 만들자는 말이 아닙니다. 차차 그렇게 만들어 가야겠지만 우선은 도서관에 아이를 자주 데려가세요. 책을 만나는 아름다운 추억을 아이들에게 선물하면 평생 책 냄새를 맡고 희미한 빛만 있어도 용기를 잃지 않을 겁니다.

도스토예프스키는 《카라마조프의 형제들》에서 이렇게 말합니다.

"좋은 추억, 특히 어린 시절 가족 간의 아름다운 추억만큼 귀하고 강력하며 아이의 앞날에 유익한 것은 없다는 사실을 명심하라. 사람들은 교육에 대해 많은 것을 말한다. 그러나 어린 시절부터 간직한 아름답고 신성한 추억만 한 교육은 없을 것이다. 마음속에 아름다운 추억이 하나라도 남아 있는 사람은 악에 빠지지 않을 수 있다. 그리고 그런 추억들을 많이 가지고 인생을 살아간다면 그 사람은 삶이 끝나는 날까지 안전할 것이다."

부모님이 자녀에게 주는 아름다운 추억만큼 훌륭한 교육은 없습니다. 부모님과 도서관이나 서점에 간 추억이라면 말할 나위도 없죠. 저에게는 볼 때마다 흐뭇한 마음이 드는 이웃이 있습니다. 아이가 책을 얼마나 좋아하는지 엄마가 옷을 사 주려고 가게에 데려가면 "옷은 아무거나 입어도 돼요. 대신 책을 사 주세요. 책 한 권만 더 사 주세요." 합니다. 책을 사 주면 집으로 가는 차 안에서 읽기 시작합니다. 그렇다고 돋보기 안경을 쓰고 집에만 틀어박혀 있는 고집불통 아이라고 생각하면 오산입니다. 밖에서는 활발하고 재미나게 뛰어놉니다. 이런 아이는 "내가 아무것도 아닌 일로 친구와 싸우고 찾아가면 도서관은 우정의 소중함을 일깨워 주는 책을 읽어 주었고, 사춘기가 되어 방황할 때는 나와 똑같은 처지의 소녀가 어떻게 삶을 사랑하게 되었는지 들려주었으며, 사랑 때문에 아파할 때는 사랑을 위해 흘린 눈물로 미래의 시간을 둥글게 감싸 안는 법을 깨닫게 해 주었습니다."[48] 라는 고백을 이해할 것입니다.

음미하며 읽어 가는 개인 책장 만들기

처음에 도서관에 가면 아이들은 수많은 책들 사이에서 어디로 가야 할지 몰라 당황합니다. 그러다가 주변을 기웃거리고 차츰차츰 발자국, 손자국을 남깁니다. 계속 도서관에 다니면 주로 가는 자기만의 통로가 생깁니다. 그곳이 바로 도서관에 있는 아이의 개인 책장입니다. 외국 작가들 작품 앞에 오래 머무는 아이, why 시리즈에 손때를 잔뜩 묻히는 아이, 창작 동화 앞에서 떠나지 않는 아이……. 저마다 오래 머무는 곳이 있습니다.

책을 읽다 보면 마음에 딱 드는 책이 생기기 마련입니다. 두 번, 세 번 손이 가는 책, 너무 자주 봐서 다른 책보다 빨리 낡게 되는 책은 따로 모아서 개인 책장을 갖추세요. 빈 책장을 하나 사서 아빠 책장, 엄마 책장, 아이 책장이라는 이름을 붙여 놓고 하나씩 책을 채워 가는 겁니다. "이 책은 아빠가 닮고 싶은 《김교신 전집》이야. 이분은 말이야."라고 이야기를 꺼내면, 엄마는 곁에서 "나는 《책만 보는 바보》를 골랐어."라며 이유를 말합니다. 그럼 아이는 "나는 《북유럽 신화》가 좋아요. 신들끼리 막 싸우고 속기도 해요. 참 재미있어요."라고 하겠지요.

도서관에서 책을 빌려 보다가 꼭 사고 싶은 책이 생기면, 한 권씩 사서 여기에 꽂습니다. 책이 점점 많아지면 분야별로 나눠 꽂으세요. 이렇게 하면 독서 습관이 단번에 드러납니다. 좋아하는 주제와 종류도 보입니다. 독서 습관을 파악하면 내가 좋아하는 주제는 더 치밀하고 깊게 공부할 수 있게 되고, 거들떠보지도 않던 영역이 무엇인지도 알게 됩니다. 자기 발전을 위한 기초 자료인 겁니다.

제가 개인 책장에 자리를 차지할 책을 고르는 기준은 '책과 나'입니다. 책과 내가 어디에서 만나는지 생각합니다. 책을 읽다 보면 책이 나를 꽉 붙드는 순간이 있습니다. 저는 《앵무새 죽이기》를 읽을 때 울면서 결코 '앵무새를 죽이지 않겠다.'고 다짐했습니다. 그럼 《앵무새 죽이기》는 제 개인 책장에 한 자리를 차지합니다. 제 책상 왼쪽으로는 가장 좋아하는 작가들 책이 작가별로 꽂혀 있습니다. 책상 뒤에는 글쓰기와 독서 관련 책이 있고 철학책을 넣은 칸, 삶을 깊이 들여다보게 하는 책, 월간지, 위인전이 있습니다. 아이들과 만든 문집도 한 칸을 차지합니다. 이렇게 제가 가장 아끼는 책, 저를 울게 만든 책, 위험한 곳에 갈 때 들고 가야 할 책, 지금의 저를 만든 책이 저를 둘러싸고 있습니다. 한권, 한 권이 제게 의미가 있어 책장을 볼 때마다 읽고 싶다는 생각이 듭니다. 저에게 시간이 아주 많아서 여기 있는 책을 모두 열 번씩은 더 볼 수 있으면 좋겠습니다.

저희 집에는 아이들 개인 책장이 있습니다. 지난해까지는 아이들이 제 책장 여기저기에서 읽고 싶은 책을 꺼내 읽었는데, 이제 두 아이 모두 고학년 책을 읽을 수준이 되었다고 판단해서 책 정리를 했습니다. 큰딸 민하가 좋아하는 책은 비문학이 대부분이고, 동생 서진이가 좋아하는 책은 거의가 문학입니다. 그래서 민하에게는 비문학을 두 권 읽으면 문학을 한 권 읽으라고 했고, 서진이에게는 문학을 두 권 읽으면 비문학을 한 권 읽으라고 합니다. 그러지 않으면 민하는 비문학만을, 서진이는 문학만을 읽게 될 테니까요.

사실 저희 집은 좀 예외적인 경우입니다. 아이들이 책을 하나씩 모으기 전에 이미 제가 가진 어린이 책이 많았으니까요. 만약 집에 아이들 책이 어느 정도 있다면, 아이들 개인 책장으로 정하고 거기에 아이들의 추억이 담긴 책, 최고의 책을 넣게 해 주세요. 이제 막 아이들 책을 사기 시작했다면, 처음부터 책장의 한 칸만 비워 두고 아이가 채워 가게 해 주세요. 자기가 좋아하는 책

으로 만든 나만의 도서관을 보며 겉장이 몇 번이나 뜯어지도록
책을 읽을 겁니다.

> ★ 자기만의 책장 만들기
> 1. 아이들 책이 많은 경우 아이들의 개인 책장을 만들어 준다.
>   아직 아이들 책이 많지 않다면 책장 한 칸을 아이가 채워 가게 해 준다.
> 2. 책장에 아이가 좋아하는 책을 모아서 잘 보이는 곳에 꽂게 한다.
> 3. 자기만의 기준으로 책을 배열하게 해 본다.
> 4. 책이 많아지면 분야별로 정리해 본다.
> 5. 좋아하는 분야만 읽지 않도록 다른 분야를 적절히 권해 주는 것이 좋다.

4. 책과 함께 살아가기

동물들이 모여서 자기 자랑을 하고 있었습니다. 새끼를 얼마나
많이 낳는지를 주제로 이야기하다 보니 돼지가 자랑을 합니다.

"난 한 번에 새끼를 10마리나 낳는다고!"

그러자 토끼가 말합니다.

"난 10마리씩 1년에 두 번도 낳을 수 있어!"

동물들이 일제히 대단하다며 감탄하는데, 구석에 웅크리고 가
만히 앉아 있는 사자를 본 생쥐가 묻습니다.

"나는 1년에 새끼를 30마리도 거뜬히 낳지. 사자님은 몇 마리
나 나으시나?"

"난 1년에 한 마리를 낳지."

"겨우 한 마리? 우리랑 상대도 안 되는군! 백수의 왕도 별거 아니네!"

그러자 사자가 무리를 천천히 둘러보고 이렇게 말합니다.

"그런데 그게 바로 사자야! 초원을 호령할 사자란 말이지!"

책벌레들은 사자를 낳습니다. 가슴 깊이 한 권의 책을 간직합니다. 디즈베일리는 '단 한 권의 책밖에 읽지 않은 인간을 경계하라.'고 했습니다. 책을 너무 안 읽어 무식한 사람을 경계하라는 말이 아닙니다. 한 권을 파헤쳐 완전히 자기 것으로 만든 사람의 힘을 알기에 이런 말을 했습니다. 로망 롤랑은 '다급하게 책을 읽는 버릇을 가진 사람은 좋은 책을 천천히 읽어 나갈 때의 묘한 힘을 결코 알지 못한다.'[49]고 했습니다.

E. 파게 역시 '독서는 천천히 해야 하는 것이 첫 번째 법칙이다. 이것은 모든 독서에 해당된다. 이것이야말로 독서의 기술이다.'[50]라고 했습니다. 천천히 읽는다는 건 신중하게 생각하며 읽는다는 뜻입니다. 하지만 아직 독서 습관이 들지 않은 아이들은 이렇게 읽지 못합니다.

책을 많이 읽는 까닭은 어쩌면 내게 꼭 필요한 한 권을 찾기 위해서입니다. 내 인생을 바꿀 만한 책을 만나기 위해 도서관을 기웃거리는 사람들이 책벌레들입니다. 율곡 선생은 《격몽요결》독서장에서 자신의 독서 방법을 이렇게 말합니다.

"책을 읽을 때는 반드시 한 가지 책을 습득하여 그 뜻을 모두 알아서 완전히 통달하고 의문이 없게 된 다음에야 다른 책을 읽을 것이요,

많은 책을 읽어서 얻기를 탐내어 부산하게 이것저것 읽지 말아야 합니다."

아이들이 한 권의 책을 음미하면서 읽어 가도록 하려면 어떻게 해야 할까요? 제 경우에는 아이들을 처음 만나는 3월에 좋은 책 목록을 소개한 뒤, 한 학기 동안 집중해서 읽을 '우리 반 책'을 따로 소개합니다. '우리 반 책'은 한 학기 동안 계속 이야기할 책입니다. 친구끼리 싸울 때 책에 나온 사람을 끄집어내 이야기합니다. 마음이 아플 때도 책에서 한 부분을 꺼내고, 습관을 고쳐야 할 때도 이 책을 이야기합니다. '우리 반 책'은 수업 시간에도 종종 사용하고, 독서 관련 행사 때 읽는 책이기도 합니다. 이렇게 아이들이 한 권의 책을 깊이 있게 만날 수 있도록 하는 것이 중요합니다.

★ 한 학기에 한 책 읽기

살아가면서 겪는 여러 상황을 책 한 권과 연결 지어 이야기하는 방법이다. 책 한 권을 한 가지 주제로만 생각하는 편협성을 뛰어넘기 위해 일부러 책을 다양한 상황에 계속 밀어 넣는다.

교사라면 학기 초에 소개한 책을 학급 경영에도, 교과별 수업 시간에도 꾸준히 소개해 보자. 부모님 역시 책을 읽으라고 잔소리를 하는 대신 아이들이 들려주는 학교 이야기를 들을 때도, 텔레비전을 보다가 의견을 말할 때도 같은 책을 반복해서 이야기해 보자. 아이들이 책을 이해하는 수준이 달라진다.

★ 한 학기 한 책 읽기의 예

• 대상 도서 : 《마당을 나온 암탉》

• 3월

"모두 꿈이 있지? 꿈이라고 하면 다들 직업을 생각하는데 꼭 직업이 꿈이 아닐 수도 있어. 《마당을 나온 암탉》이라는 책 이야기를 해 줄게. 양계장에 있을 때 잎싹은 알 낳는 일만 했어. 하지만 잎싹은 병아리를 부화시켜 제 힘으로 키우는 꿈을 갖고 있었지. 정말 간절히 원해서 나중에는 양계장에서 나와 어미 잃은 청둥오리 알을 부화시켜. 어떤 절망스러운 상황도 이겨 낼 수 있는 힘을 주는 게 꿈이야. 자, 자신의 꿈을 생각해 보자."

• 과학 시간

"이번 시간에는 동물과 식물에 대해서 배우고 있지. 각자 가장 기억나는 동물을 소개해 볼까? 《마당을 나온 암탉》에 몇 종류의 동물이 나오는지 기억나니?"

• 실패를 겪거나 성적이 안 좋을 때

"《마당을 나온 암탉》에서 잎싹이 처음 겪은 충격적인 일은 무엇이었니? 초록머리를 데리고 마당으로 돌아와서 겪은 일은 뭐였더라? 거기서 절망했다면 잎싹은 소망을 이루지 못했을 거야. 죽음의 구덩이에서 족제비에게 물려갔겠지. 초록머리 역시 날개 끝이 잘려 집오리가 되고 말았겠지. 힘든 순간을 극복한다는 건 어떤 걸까? 왜 그런 과정이 필요하다고 생각하지?"

• 학기 마지막 수업 시간

"이제 한 학기가 끝이 났구나. 《마당을 나온 암탉》 이야기를 해 볼까? 이제 선생님이 어떤 이야기를 할지 추측할 수 있겠지?"
"네. 잎싹이 초록머리를 떠나보내던 이야기를 하려는 거죠?"
"맞아. 헤어짐은 어디에나 있는 거야. 사랑은 자신의 일부를 떠나보내는 아픔을 이겨 내게 한단다."

책을 많이 읽는 아이를 보면 부럽습니다. 책을 많이 읽으면 지식이 쌓이고 이해력도 좋아집니다. 다독은 많은 것을 넓게 알려 줍니다. 현재 독서 교육도 다독을 강조하고 있습니다. 다만 다독에는 적당히 아는 것에서 끝내려는 함정이 있습니다. 넓게 적당히 아는 것이 깊게 아는 것보다 쉽습니다. 결과를 내놓기도 쉽고 평가도 쉽습니다.

지금까지 아이들이 쓴 독서 감상문을 수천 편 이상 봐 왔지만, 다독을 한 아이나 그렇지 않은 아이나 쓰는 내용이나 형식은 비슷합니다. 줄거리와 간단한 느낌을 적습니다. 독서 감상문을 줄거리를 요약하고 느낌을 덧붙여 쓰라고 소개한 책도 있습니다. 이름난 독서 지도사가 쓴 책인데 말입니다.

독서 토론을 하다 보면 다독의 허점에 빠진 아이들을 쉽게 만납니다. 간단한 질문에는 스피드 퀴즈 정답 맞추듯 빠르고 정확하게 대답합니다. 하지만 인간 삶과 관련 짓기, 사회 문제에 대한 인식, 대안 찾기를 요구하면 입을 다뭅니다. 책을 한 줄 한 줄 읽었지만 문장 사이에 진짜 보화가 숨겨져 있다는 사실을 모릅니다. 전체를 보는 눈도 없습니다. 복합적, 추상적 사고까지 나가지 못한 것입니다. 깊이 생각하고 사회 현상이나 다른 사람 생각과 연관 지어야 하는 쓰기는 엄두도 못 냅니다. 그렇게 책을 읽으면 발전이 없습니다. 억만장자 워렌 버핏은 '책을 많이 읽는 것만으로 부자 순위를 정한다면 도서관 사서들이 순위권을 다 차지할 것'[51]이라고 합니다. 우리는 정보를 제공하기 위해 책을 많이 읽어야 하는 사서들 수준을 뛰어넘어야 합니다.

책을 읽고 토론하고 쓰지 않으면 얄팍함을 뛰어넘는 깊이, 편협함을 뛰어넘는 넓이를 갖추지 못합니다. 다독 중심의 독서 지도는 텍스트를 이해하는 수준을 목표로 삼습니다. 줄거리를 알면 책을 읽었다고 생각하는 독자를 만듭니다. 이런 독자는 마음을 담은 글을 쓰기 어렵습니다. 줄거리만 맛보고 나오게 하는 독서로는 오래도록 간직할 만한 글을 쓰지 못합니다. 독서 지도가 마음의 문을 막는 겁니다. 4,400만 단어가 넘는 분량의 정보를 담은 32권짜리 브리태니커 백과사전을 다 읽은 제이콥스는 1년 동안 성경에 적힌 그대로 실천하며 살았습니다. 2천 년 전 사람들이 살았던 방식 그대로 살아 내면서 '읽는 것과 실제로 사는 것'이 얼마나 다른지 두 권의 책[52]으로 담아냅니다. 200만 원이 넘는 백과사전을 다 읽는다 해도 머리에 든 지식이 사람을 바꾸지 못합니다. 생각을 바꾸는 힘은 다독보다 더 큰 것을 요구합니다.

제 딸 민하는 한동안 《어진이네 농장일기》를 붙들고 살다가 《환경 이야기》에 빠지더니 지금은 《나니아 연대기》와 함께 삽니다. 어제 그 책을 보며 웃었으면서도 오늘 읽으며 또 웃습니다. 《사자와 마녀와 옷장》이라는 책으로 수업하도록 안내한 자료집[53]을 받았을 때는 거기에 나온 문제를 풀고 '나니아 체스'를 보더니 곧장 《사자와 마녀와 옷장》을 또 찾습니다. 언니가 먼저 읽고 있으니 동생 서진이도 조바심을 내며 곁에서 계속 묻습니다.

"언제 다 읽어? 지금 몇 쪽 읽어? 아직도 많이 남았잖아. 나도 보고 싶어!"

이렇게 곁에서 언니를 괴롭힙니다. 열 번도 더 읽었을 텐데 책이 아이를 끌어당겨 또 읽게 만듭니다.

민하가 처음 《나니아 연대기》를 읽을 때는 제게 낱말 뜻을 많이 물었습니다. 그런데 이제는 낱말 뜻을 묻지 않습니다. 제가 알려 준 걸 기억하기도 하지만 대부분 문맥 속에서 저절로 알게 되었습니다. 두세 번째 읽을 때는 누가 무엇을 했다고 제게 알려 줍니다. 그러더니 '왜 그렇게 했을까?' 묻습니다. '그 사람 참 답답하다.'라고 자신의 느낌을 표현합니다. '우리도 책에서 한 것처럼 해 보자.'고 합니다. 이렇게 책 속에서 노는 것이죠.

유대인들은 고등학교 졸업하기 전에 책을 1만 권 읽습니다. 물론 1만 권을 목표로 정해 놓고 읽는 방식은 아닙니다. 정규 교과를 배우면서 토론하기 위해 책을 읽고, 과제를 하기 위해 책을 읽습니다. 이스라엘과 영국은 교과 내용만으로 독서 범위를 제한하지 않습니다. 미국도 교과서가 사라지고 있습니다. 주제는 정해져 있지만 범위는 정해져 있지 않습니다. 아이가 스스로 탐구하며 배워 나갑니다. 그러다 보면 책을 많이 읽을 수밖에 없습니다. 1만 권을 읽되 주제별로 탐구하며 영역을 넓혀 갑니다. 관심 있는 영역을 만나고 주제에서 전문가를 만납니다. 그러다가 진정 마음을 사로잡는 책을 만납니다. 그 책을 애장품으로 간직합니다. 이것이 바로 집중독이죠.

집중독은 한 권을 완전히 씹어 삼키는 읽기입니다. 스스로 집중독을 하는 아이는 드뭅니다. 삶에 대해 고민할 나이가 아니거

니와 한 권의 책이면 충분하다는 사실을 들어 본 적이 없어서 그렇습니다. 그래서 초등학교 시절에는 여러 주제의 책을 두루 읽는 '두루독'을 먼저 해야 합니다. 고전, 위인전, 역사, 과학, 수학, 사회 현상, 여성, 환경, 장애, 평등, 다문화, 동화 등을 골고루 읽어야 합니다. 두루독을 기초로 삼고 점점 집중독으로 나가야 합니다.

자칫 책이 저절로 좋은 선생님이 되어 줄 것이라고 착각해서는 안 됩니다. 정보를 얻는 수단으로만 쓰이고 난 뒤, 자신을 돌아보게 만들지 못한 채 폐기 처분 되는 책이 가장 불쌍한 책입니다. 안상헌 님은 책 읽기를 "많이 읽고 많이 기억하려는 단계, 적게 읽고 많이 생각하는 단계, 적게 읽고 많이 쓰는 단계"로 나눕니다.[54] 다독에서 집중독으로, 자신을 표현하는 글쓰기로 이어져야 진짜 읽었다고 할 수 있습니다.

링컨이 깊이 있는 사고를 하게 된 것은 성장기에 읽을 책이 별로 없었기 때문이라고 합니다. 그가 만난 책은 성경과 이솝 우화, 그 외에 몇 가지뿐이었습니다. 링컨의 새어머니는 "그는 모든 것을 이해해야 했어요. 아주 사소한 것까지 자세하고 정확하게 말이죠. 그다음에 그것을 혼자서 계속 반복하곤 했답니다. (중략) 그래서 그 내용이 기억되고 소화되면 그 사실이나 교훈을 절대 잊지 않았죠!"라고 했습니다. 링컨도 스스로를 '생각이 매우 천천히 움직이고 성인이 된 이후에도 책을 매우 정독하며 소리 내어 읽는 사람'이라고 말했죠. 링컨의 전기 작가인 윌리엄 헌든은 "링컨은 미국에서 그의 행동 반경 내에 있는 사람들 중에 가장 책

을 적게 읽었고 가장 많이 생각했다."고 합니다.[55]

　시인 이병률 님도 '평생 가슴에 품은 책 한 권이면 인생을 살아
가는 데 든든한 밑천이 된다. 충분하다. 나를 흔들어 놓은 책. 나
를 버티게 해 주는 책. 그래서 남에게 자신 있게 이야기하고 또
권할 수 있는 책. 그러나 그 일은 쉽지 않은 일이며, 이 수많은 사
람들 중에 '당신'을 만난 것과 맞먹는 일일 것이다.'[56] 라고 말합
니다. 다독은 이 한 권을 만나기 위해 거치는 과정입니다. 책을
많이 읽어야 합니다. 하지만 읽어 내느라 바쁜 다독은 벗어야 할
짐입니다. 다독으로 만족할 것이 아니라, 한 권의 책을 만나야 합
니다. 책 한 권이 사람을 변화시킵니다.

　물론 세계관이 명확하게 형성되기 전에는 책을 많이 읽어야 합
니다. 그림책을 많이 보고 동화책도 많이 읽어야 합니다. 책을 읽
어 내는 힘을 기르고 책과 친해져야 합니다. 여러 종류의 책과 맞
붙어 싸워야 합니다. 그러면서 서서히 집중독으로 바꾸어야 합니
다. 초등학교도 입학하지 않은 아이에게 집중독을 시키겠다고 덤
비라는 말이 아닙니다. 그러면 책에 질려 버립니다. 다양한 책을
읽을 수 있도록 열어 주면서, 주제를 확장하여 읽고 집중독으로
나아가는 것이 좋습니다.

경탄할 만한 한 권의 책을 만나기 위해

　깊은 우물에서 퍼 올린 물맛을 모르는 사람은 굳이 우물까지

가지 않습니다. 정수기의 물을 먹으면 되지 그깟 우물물이 뭐 좋다고 호들갑이냐고 합니다. 책을 한 번 읽고 내용을 알면 그만인 사람은 두 번, 세 번 보는 사람의 기쁨을 알지 못합니다. 같은 책을 몇 번이고 들여다보는 자녀의 책을 빼앗아 책장 맨 위에 올려놓고 다른 책 보라고 꾸중하는 부모님도 있습니다. 일부러 시켜도 하지 않는 집중독의 습관을 어렵게 가졌는데 그걸 다시 잃게 만듭니다. 아이가 우물 곁에서 시원함, 상쾌함에 젖어 드는데 "거기서 어정대며 또 놀고 있지? 이리 와서 문제집 풀어라!" 하며 시원한 물을 먹지 못하게 합니다.

톨킨은 '사랑하는 조국의 신화적 빈곤이 슬퍼'《실마릴리온》을 썼습니다. 세상이 만들어질 때부터 인간의 역사가 시작되는 시점까지의 신화를 혼자 창조해 냈습니다.《실마릴리온》에 이어지는 작품이《반지의 제왕》이고, 사이에《호빗》이 끼어 있습니다. 톨킨은《반지의 제왕》을 쓰기 위해서 동유럽 소수 민족에게 문자를 만들어 주는 실험까지 감행했다고 합니다. 저는 톨킨의 작품을 해마다 되풀이해서 읽습니다. 처음에는 줄거리를 읽었지만 두 번째는 상징과 복선이, 세 번째는 광대함과 미묘한 심리가, 네 번째는 심리와 상황을 주변 환경에 빗대어 묘사하는 필치가 보였습니다. 책을 다시 읽을 때마다 번역자가 서문에서 '아무렇게 어느 한 쪽을 펼쳐 가볍게 읽을 책이 아니라 처음부터 공들여 꼼꼼히 읽어야 되는 고전'[57] 이라고 소개한 말에 고개를 끄덕입니다. 씹을수록 깊은 맛을 느낍니다.

앞서 소개한《프리덤 라이터스 다이어리》는 자신을 포기하게 만드는 나쁜 환경에도 불구하고 일기를 쓰며 집과 학교를 바꾸고 미국을 뒤흔든 글쓰기의 저력 때문에 다시 읽습니다. 사이먼 비젠탈의 《해바라기》와 《모리와 함께한 화요일》이나 《샘에게 보내는 편지》는 삶과 죽음에 대한 성찰을 위해 해마다 읽습니다. 《오두막》 역시 다시 읽을 가치가 있는 책입니다. 읽고 또 읽어도 또 새롭고 눈물이 나고 줄을 긋게 됩니다. 글의 깊이를 느낍니다.

문장력을 느끼기 위해서는 앤 라모트, 프레드릭 부흐너, 필립 얀시를 읽습니다. 시는 제가 만난 아이들이 쓴 시, 정호승, 임길택, 존 던, 마이클 프로스트를 좋아합니다. 독서 관련 책이라면 정을병, 안상헌을 읽습니다. 이분들이 쓴 책은 읽을 때마다 처음 보는 책처럼 떨림이 있습니다. 《연어》도 그런 책이죠.

카프카는 '책을 읽다가 머리를 한 대 맞은 듯 정신이 번쩍 나지 않는다면 그 책을 왜 읽는단 말인가? 책이란 우리 안에 얼어붙은 바다를 쪼개는 도끼가 되어야 하네!'[58] 라고 말했습니다. 괴테 역시 '사람들은 가치 없는 책을 너무도 많이 읽는 경향이 있다. 그 결과는 시간만 공연히 허비할 뿐이고, 아무 소득이 없다. 우리는 항상 경탄할 만한 가치가 있는 책을 읽어야 한다.'[59] 고 했습니다.

책벌레들은 모두 경탄할 만한 한 권의 책을 읽은 사람들입니다. 가슴을 울리는 책, 가슴을 찔러 쪼개는 책을 읽고 나서 그와 같은 책을 다시 만날 날을 고대하며 책 더미를 뒤적이는 사람들이 책벌레들입니다. 제가 오래 살고 싶은 이유 중 하나는, 나를 경탄케 할 수많은 책이 나를 기다리고 있기 때문입니다.

위인전은 삶을 두드러지게 살아 낸 한 사람 이야기입니다. 큰 업적을 남긴 사람의 삶을 기록한 이야기이니, 위기를 기회로 바꾸거나 한 분야에 몰입한 경험들을 만날 수 있습니다. 위인전은 생생한 다큐멘터리와 같아서 위인이 살아온 배경과 삶의 위기, 극복, 성취가 들어 있습니다. 소설처럼 기승전결이 확실하진 않으나 오르막과 내리막이 많아 긴장감이 넘칩니다. 게다가 누군가 실제로 겪어 낸 이야기라 하찮게 보면 안 된다는 마음으로 읽게 됩니다.

위인전은 어떻게 살아가야 하는지 알려 주는 삶의 네비게이션입니다. 누가 무엇을 했는지 살펴보며 어떤 마음으로 그 일을 했는지 알고 본받으려고 읽습니다. 위인전은 어디로 가야 할지 모르는 복잡한 길에서 '이렇게 살아라. 이렇게 선택해라. 삶의 기준을 이렇게 정해라.'고 말해 줍니다. '어려운 순간을 만나더라도 이분처럼 견뎌 내라.'고 일러 줍니다. 인생에 대해 진지하게 고민할 때 도움이 되겠지요.

하지만 정작 인생에 대한 고민이 시작되는 사춘기에는 위인전을 잘 읽지 않습니다. 중학생이 되면 책에서 아예 손을 놓습니다. 미래를 고민하는 중고등학생이 가장 많이 읽어야 하는 책이 위인전입니다. 그렇지만 우리나라 학생들은 위인전을 '어린 동생들이 읽는 책'이라고 생각합니다. 자신들도 저학년 때 읽었기 때문이죠. 아이들은 왜 저학년 때 위인전을 읽을까요? 초등학교에 입학해서 2학년이 되고 3학년이 되면서 본받을 만한 사람을 찾는 겁니까? 많은 아이들은 부모님 욕심에 의해, 어떤 위인이 무슨 업적을 이루었는지 알기 위해서 어린 나이에 위인전을 읽습니다. 아이가 책을 다 읽으면 어른들이 묻습니다.

"미국의 초대 대통령이 누구지?"

"강감찬 장군이 어디에서 적을 무찔렀지?"

한 사람이 어떻게 목표를 갖고 얼마나 견디며 어떤 과정을 거쳤는지 알아야 하는 위인전에서 누가, 무엇을 했는지만 찾습니다. 그건 맛있는 음식에서 영양분만 골라내서 만든 알약과 같습니다. 중요한 지식 몇 개는 건지겠지만 구수하면서도 진한 삶의 맛을 느낄 수는 없죠. 고전도 마찬가지입니다. 요약본으로는 한 사람의 인생과 명작의 무게를 맛볼 수 없습니다.

조지 워싱턴이라고 하면 '전나무와 도끼 이야기' '미국 초대 대통령'만을 떠올립니다. 전나무와 도끼 일화는 미국의 서점상이 워싱턴 전기에 끼워 넣은 이야기인데 진실로 굳어 버렸습니다. 나폴레옹에 대한 기억은 '불가능은 없다' '무지개를 잡으러 간 소년'밖에 없습니다. 이순신 이야기는 '거북선' '23전 전승'만을 기억합니다. 거북선은 이순신 장군 이전에 이미 있었는데도 꼭 이순신 장군이 만들었다고 하는 사실을 알 리가 없습니다. 문익점은 '목화씨', 김유신은 '말 머리를 자른 결단력' '삼국 통일'. 이런 식입니다.

아이들이 보는 위인전에는 주요 업적이 제시되어 있고, 다른 공적은 덧붙여 설명하는 정도입니다. 단점은 아예 쓰지 않습니다. 나쁜 사람은 정말 나쁜 사람이 되고 좋은 사람은 처음부터 끝까지 불세출의 영웅입니다. 모든 일을 다 잘하는 사람은 없습니다. 세종 대왕도 잘못한 일이 있을 테고, 이순신 장군도 임진왜란 전에 잘못 결정한 일이 있습니다. 하지만 이런 책을 계속 읽으면 한두 가지 사실로 한 사람을 평가하는 오류에 빠질 수 있습니다.

　이렇게 위인전을 읽은 아이들은 위인전을 볼 때마다 누가 무엇을 했는지 알면 된다고 생각하겠지요. 그렇다면 좀 더 자란 뒤에 위인전을 다시 읽겠습니까? 정약용을 '3년 만에 수원성을 만든 사람'으로, 허준을 '동의보감 지은 사람'으로 만나면서 위인에 대한 정보를 지식 창고에 가둬 둡니다. 고민에 빛을 밝혀 주며 답답한 가슴을 뻥 뚫어 줄 사람이건만, 잘못 만났기 때문에 엉뚱한 곳에서 해답을 찾아 헤맵니다.

　《상처 난 무릎, 운디드니》[60]에서 인디언 노인은 백인 작가에게 이렇게 말합니다.

"왜 링컨이 오늘날에도 백인들의 가슴속에 살아 있다고 가르치지 않는가? 아이들이 살아 있는 그를 마음속에서 느끼는 게 훨씬 중요한 일이라고 여길 수 있도록 말일세. 백인들은 아이들에게 링컨이 노예를 해방시켰다고 가르치지. 아이들에게 링컨이 노예를 해방하는 문서에 서명한 날짜가 언제인지를 묻는 시험을 치르게 하지. 그러곤 그 답을 아는 아이는 링컨에 대해 아는 거라고 말하지. 바로 이런 짓들이 백인의 역사를 경박하고 추하게 만드는 것일세. 무언가를 살려 두는 게 아니라 상자에 넣어 선반 위에 올려 두고 이따금 꺼내서 검사만 하는 것과 다름없는 짓이지."

위인전을 읽을 때는 누가, 무엇을 했는지를 아는 것보다 왜 그 일을 하게 되었는지, 그 사람을 위대하게 만든 주변 사람이 누군지, 시대 배경은 어떠했는지를 먼저 살펴야 합니다. 아이들이 위인전을 읽는다면 누가 무엇을 했는지 묻지 말고, "이 사람이 옆집에 산다면 어떨까?" "이 사람은 왜 이런 일을 했을까?" "이런 일을 하면서 얼마나 고민했을까? 쉽게 일을 이루었을까?"를 물어야합니다. 그리고 시간이 흘러 아이가, 부모님이 아닌 다른 사람의 도움을 필요로 하는 시기에 다시 그 책을 읽게 해야 합니다. 이때는 처음 읽었던 것보다 더 자세하게 소개한 두꺼운 책이라야 합니다. 위인전은 업적 전달의 수단이 아니라, 위인들이 멘토가 되어 나를 이끌어 주며 위험한 절벽 같은 삶 속에서도 포기하지 않고 살아가도록 도와주는 책이니까요.

우리나라에서 펴내는 위인전은 인물을 너무 포장해서 출생부터 보통 사람과 다릅니다. 호랑이나 용이 나오는 꿈을 꾸고 태어납니다. 대부분 타고난 천재이거나 천하장사입니다. 세 살 때 천자문을 읽고 열 살이 되면 호랑이를 잡습니다. 숫제 신화를 써 댑니다. 열 배나 많은 적들을 만나도 죽지 않습니다. 우리와 너무 멀어 도저히 따라갈 수 없는 영웅을 보면 멋있기는 하지만 흉내조차 낼 수 없습니다. 주인공을 우리와 다른 사람으로 분리시켜 그냥 책 속의 인물로 남깁니다. 황새가 되는 몇몇을 제외한 대부분의 사람들을 뱁새로 남기는 책을 좋아할 수 없으니까요. 외국 위인전은 좀 다릅니다. 평범한 사람이 책을 좋아하거나 춤을 좋아하고 침팬지를 좋아하기도 합니다. 무척 좋아해서 친해지고 즐기다가 뛰어난 업적을 남깁니다. 반면 우리나라는 탁월한 출생, 뛰어난 능력, 화려한 경력을 자랑합니다. 이런 성향을 벗어난 책을 읽어야 합니다.

최근에는 과장이 줄어들고 위인들 역시 부족함이 많았다고 이야기하는 위인전이 늘어나고 있습니다. 거미를 무척 좋아한 남궁준 박사, 물고기와 아주 친한 최기철 할아버지, 바보 의사 장기려 선생님, 책만 보는 바보 이덕무……. 왕과 장군을 다룬 이야기가 아니라 우리 할아버지, 동네 아저씨 같은 분 이야기가 점점 많아져서 다행입니다. 결과가 좋으면 다 좋다는 식으로 '누가 무얼 했대.' '누가 얼마나 많은 돈을 벌었대.' 에서 벗어나, 과정을 겪어내야 결과가 있다는 걸 알려 주는 책을 많이 읽게 해 주세요.

제가 만난 아이들은 《로알드 달의 발칙하고 유쾌한 학교》라는 책을 좋아합니다. 이 책은 대단한 이야기꾼인 로알드 달이 자신이 학교 다닐 적 이야기를 쓴 자서전입니다[61]. 로알드 달은 자신이 학생일 때 선생님들이 너무 무서워서 《마틸다》 같은 이야기를 썼다고 합니다. 지난해, 텔레비전에서 로알드 달의 원작을 영화로 만든 〈찰리와 초콜릿 공장〉을 보고 제 딸이 일기에 이렇게 써 놓았습니다.

(전략) 로알드 달이 어린 시절에 초콜릿을 평가해 준 적이 있는데 그때를 생각해서 지었다고 한다. 로알드 달은 어린 시절을 고되게 보냈다. 그것

때문에 글을 잘 쓰는 것 같다. 난 로알드 달의 광팬이다.

이날 딸아이는 《로알드 달의 발칙하고 유쾌한 학교》를 다시 꺼냅니다. 이미 몇 번이나 읽었지만 이런 순간에는 다시 읽어야 하죠. 좋아하는 사람이 어떻게 살았는지 알고 싶어 읽는 책은 '누가 무얼 했더라.'를 아는 정도로 책을 덮지 않습니다. 아이를 책 속에 뛰어들게 만듭니다. 이런 책이 좋은 위인전입니다.

초등학교 5, 6학년은 꿈을 키워 나가는 때입니다. 역할 모델이 필요한 이 시기에 위인전을 읽어야 합니다. 부모님 말을 잘 듣던 아이도 이때가 되면 서서히 부모님의 권위에 대항합니다. 끝까지 권위를 내세워 아이를 이기느냐, 지느냐의 문제로 보지 마시고 새로운 역할 모델을 많이 소개해 주세요. 미지의 세계를 향해 불안한 발걸음을 옮기는 아이들에게 같은 고민을 겪은 사람들이 어떤 삶을 살아 냈는지 알려 주세요. 그게 바로 위인전입니다.

책에 있는 이야기는 작가의 창조물입니다. 작품을 읽으면 작가가 어떤 사람인지 알게 됩니다. 위인전도 마찬가지입니다. 업적이 아니라 사람을 말해야 합니다. 읽는 아이 역시 사람을 읽어야 합니다. 한 작가의 작품을 모두 읽는 정도가 되었을 때, 작가를 무척 좋아해서 그가 어떻게 살았는지 알고 싶을 때, 위인전을 읽어야 합니다. 또한 부모님이나 선생님 역시 평범한 사람이라는 걸 알고 인생의 고민을 누구에게도 맡기지 못하겠다고 흔들릴 때, 위인들을 멘토로 소개해 줘야 합니다.

하지만 조심해야 하죠. '나는 못하지만 너는 이 사람이 돼라.'

는 압박의 수단으로 삼으면 아이들은 부모님을 악당처럼 생각할 겁니다. 어쩌면 뛰어난 위인조차 자기를 귀찮게 만든 악당으로 여길 겁니다. 책에 나오는 악당이 위인을 더 빛나게 하겠지만 교사나 부모님이 아이에게 악당이 되지는 말아야겠죠.

★ 좋은 위인전이란?

- 위인의 업적 위주로 풀어내기보다 살아온 과정을 이야기합니다.
- 특정한 시기만을 조명하는 것이 아니라 전 생애를 고루 소개해야 합니다.
- 정답을 제공하는 위인전보다는 한 사람의 삶을 세밀하게 추적한 위인전이 좋습니다.
- 아이에게 위인의 삶을 자세히 보여 주는 책을 읽을 마음이 없다면 차라리 요약본은 보여 주지 마세요.
- 아이가 좋아하는 작가, 아이가 본 영화나 드라마와 관련된 인물, 직계 조상이나 살고 있는 지역과 관련된 인물 등 아이와 연결되는 위인을 찾아 읽으면 좋습니다.
- 이름난 소설가나 전문 전기 작가가 쓴 책이 좋습니다. 뛰어난 문장력과 묘사가 아이들을 책으로 끌어들입니다.
- 전집으로 한꺼번에 나온 책보다는 한 권씩 꾸준히 펴낸 책이 좋습니다. 여성 위인 시리즈, 과학자 시리즈, 세상을 바꾼 여왕 시리즈처럼 출판사에서 기획 의도를 갖고 펴내는 위인 시리즈 또한 꾸준히 한 권씩 펴내는 책이 좋습니다.
- 잘 알려진 사람만큼 숨겨진 위인도 읽어야 합니다. '고선지' '김득신' '존 뮤어' '마이클 패러데이' 가 멋진 인물이라는 사실을 알게 해 주세요.

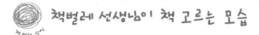
책벌레 선생님이 책 고르는 모습

저는 책을 살 때 뒷부분을 먼저 봅니다. 출판사에서는 책의 뒷면에 본문의 일부를 적어 놓거나 책을 소개하는 글을 싣기고 하고, 뒷날개에 시리즈를 소개합니다. 뒷부분을 보면 출판사의 성향, 작가의 성향, 번역가나 해설자의 해설을 읽을 수 있습니다. 또한 책을 먼저 읽고 평가를 적은 추천사가 있는 책도 있습니다. 책을 먼저 읽은 분들이 책의 내용, 좋은 점, 이 책이 필요한 대상을 알려 줍니다. 추천사는 유명한 분이 써서 책을 드러내는 효과도 있지만, 책 내용에 동의하는 분들이 누구인지 알 수 있습니다. 읽은 느낌과 생각을 짧게 요약한 추천사만으로도 책의 가치를 어느 정도 알 수 있습니다.

두 번째는 지은이를 봅니다. 대체로 책의 앞장이나 앞날개에 지은이 소개가 나옵니다. 지은 책, 작가가 된 과정, 관심사를 봅니다. 내가 아는 책을 썼거나 나와 관심사가 같거나 관심을 끌 만한 설명이 있다면 호감이 갑니다. 지은이의 수상 내역도 살펴봅니다. 실용서라면 이론가보다는 실제 현장에서 일하는 사람을 찾습니다. 이론서라면 학문 경력과 연구 실적을 봅니다. '독서 지도의 실제'를 원한다면 굳이 교수라는 직위를 볼 필요가 없거든요.

세 번째는 언제 처음 펴내서 지금까지 몇 번을 찍었는지 살펴봅니다. 1판 13쇄라면 처음 펴낸 원고를 13번 찍었다는 뜻이고, 2판 24쇄는 처음 쓴 원고를 한 번 고쳐 쓰고 24번 찍었다는 뜻입니다. 단기간에 많이 팔렸는지 오랫동안 꾸준히 팔렸는지 봅니다. 저는 오랫동안 꾸준히 팔린 책을 더 좋아합니다.

다시 뒷부분으로 돌아가서 본문 뒤에 실려 있는 인용한 글과 책 목록을 봅니다. 어린이 책에는 이 부분이 많지 않습니다. 어른을 위한 책을 고를 때 인용 목록을 주로 봅니다. 학자들은 논문을 많이 인용합니다. 책을 많이 인용했다면 자료를 많이 찾아본 사람이니 편협함이 적고 내용이 탄탄합니다. 인용한 주석이 전혀 없으면 작가만의 창작물이거나 양심이 없는 사람일 가능성이 큽니다. 소설을 창작할 때는 인용할 필요가 없습니다. 작가의 글솜씨만 필요합니다. 가장 나쁜 책은 다른 사람 의견을 참고하고도 인용했다는 주석을 넣지 않는 경우입니다. 대체로 외국 작가에 비해 국내 작가의 책은 인용이 적습니다.

다음에는 부록을 읽습니다. 부록이 없는 책이 더 많지만 책과 관련된 연구회나 학자들의 의견, 이름난 지인의 도움 글, 논문 등을 실어 놓는 경우가 있습니다. 어린이 책은 독자 편지, 논술 방법, 독서 퀴즈를 싣기도 합니다. 좋은 정보를 제공하는 부록이라면 본문 내용도 믿을 수 있습니다. 반대로 억지로 꿰맞춘 내용을 '논술'이나 '방법 제시'로 제공한다면 내용도 급히 만들었을 가능성이 높습니다.

어느 정도 책에 대한 정보를 파악했으니 이제 목차를 보며 내용을 확인합니다. 배경 지식이 생겼으니 목차를 보면 구입 여부를 결정할 수 있습니다. 동화나 소설이라면 목차가 큰 도움이 안 됩니다. 지식을 전달하는 내용이라면 목차가 중요합니다. 똑같은 내용이라도 배치 순서를 따라 전달력이 달라집니다. 목차는 광고 효과를 노리고 잘 꾸밀 수 없는 부분이라 가장 중요합니다. 목차를 보고 살 마음이 생기면 여는 글, 마무리 글을 읽어 봅니다. 이 정도 정보를 읽으면 사서 읽어야 할 책인지, 도서관에서 빌려 봐야 할 책인지, 안 봐도 되는 책인지 판단할 수 있습니다.

마지막으로 책장을 넘기며 글씨 크기, 삽화, 글씨체, 색감을 봅니다. 저학년을 위한 책은 글씨가 좀 크고 그림도 적당히 있어야 합니다. 색감이 뚜렷해야 하고 줄 간격이 넓어 다른 줄과 헷갈리지 않아야 합니다. 그림이 빈자리를 채우는 식으로 들어 있는 책은 안 됩니다. 그림도 책에서 중요한 일부입니다. 고학년 책 역시 중간에 생뚱맞은 컬러 그림이 하나만 들어 있다면 공간 채우기를 한 겁니다. 이런 부분들을 살피며 몇 학년에 해당하는 책인지를 파악합니다.

인터넷 서점에서 책을 사면 안내 항목이 여럿 나옵니다. 같은 분야의 베스트셀러, 같은 책을 산 사람이 고른 여러 책, 예상 독자층, 학년별 추천 도서, 같은 작가의 다른 책을 알려 줍니다. 미리 보기 기능이 더해지고 있어 책 내용을 미리 살펴볼 수도 있습니다. 손으로 만져 가며 직접 보지 못한다는 단점이 있지만, 분류하고 분석하여 정보를 제공해서 좋습니다. 독자들이 인터넷 서점에 적어 둔 추천사도 있습니다. 어떤 면에서는 책에 실린 추천사보다 더 낫습니다.

책을 고를 때 가장 중요한 사항을 하나만 고르라면 작가와 인용 작가입니다. 누가, 어떤 책을 참고로 해서 썼는지가 중요합니다. 제 경우에는 고정욱, 김두식, 딕 킹 스미스는 고민할 필요가 없습니다. 잘 모르는 작가일수록 인용 작가를 살핍니다. 사람은 누구나 자기가 좋아하는 사람을 닮습니다. 어떤 작가를 인용했다면 글쓴이가 좋아하거나 글쓴이에게 영향을 준 사람입니다. 그게 누구인지 알면 읽어야 할 책인지 결정할 수 있습니다.

최근 저는 《책 읽기의 달인 호모 부커스》라는 책을 만났습니다. 뒷면에 본문 내용 네 줄과 독서법을 요약한 세 가지 방법이 있습니다. 뒷날개에는 '인문학 인생역전 프로젝트 시리즈'가 소개돼 있습니다. '돈 안 되는' 인문학에 관심을 갖고 출판한 책이니 괜찮아 보입니다. 본문 뒤에 이런 내용의 감사 글이 실려 있습니다. "나는 압니다. 내가 석수장이가 버린 모퉁이 돌이었다는 것을 말입니다. 보잘것없는 자를 귀하다 여겨 갈고 닦아 주신 어른들이 계십니다." 잔잔하면서 마음에 와 닿습니다.

이제 앞부분을 살펴볼까요? 앞날개에는 지은이 소개가 있습니다. '책에 눈멀어 책만 읽으며 살아가려는 한심한 영혼'이라고 되어 있네요. 이 한심한 영혼이 전혀 한심해 보이지 않고 도리어 좋아집니다. 책머리를 보니 책 읽기를 업으로 삼는 사람이 언젠가 꼭 내고 싶은 책이 있답니다. 그게 이 책인가 봅니다. 목차를 보니 책을 왜 읽는지, 어떻게 읽는지 나와 있네요. 이 책을 사야겠습니다.

3.

진짜 독서 감상문을 써 볼까?

같은 것을 여러 번 보는 일은 언제나 새로운 것을 보게 해 준다.
_존 업다이크[62]

독서는 완전한 인간을 만들고
토론은 부드러운 사람을 만들고
논술은 정확한 인간을 만든다.
_프란시스 베이컨[63]

독서 감상문은
책과 나와 세상이 만난 이야기를
스스로에게 들려주는 편지이다.
_권일한

한 고물상이 링컨을 만나 커다란 자루 하나를 내밀며 물건을 사 달라고 애걸했습니다. 링컨이 가만히 보니 모두가 허섭스레기 같았습니다. 하지만 고물상은 포기하지 않았습니다.

"1달러만 주시면 이것 다 드리겠습니다. 제발 좀 사 주세요."

링컨은 물건을 사지 않을 핑계를 대려고 이렇게 물었습니다.

"책도 있습니까?"

"있고 말고요. 몇 권 있습니다."

책이 있다는 말에 링컨은 할 수 없이 허섭스레기가 잔뜩 든 자루를 샀습니다. 자루 밑바닥에는 스토 부인이 쓴 《톰 아저씨의 오두막집》이 있었습니다. 이 책을 읽고 링컨은 노예 제도와 맞서 싸울 결심을 합니다. 평소에도 노예제의 불합리함을 느끼고 있었지만 제도 개선을 위한 실질적인 행동을 하지 못하던 그를 책이 떠민 겁니다.

1862년, 링컨은 남북 전쟁 승리를 축하하는 파티에 스토 부인을 초대해서 이렇게 말했습니다.

"당신이 소설로 그 큰 전쟁을 일으킨 바로 그 조그만 부인이구려! 오늘 나의 영광은 《톰 아저씨의 오두막집》을 쓴 스토 부인의 것입니다. 나는 그녀의 책을 읽고 감동을 받아 옳은 일을 실천했을 뿐입니다."

그야말로 책이 세상을 바꾸었습니다. 링컨은 책을 수단과 도구로 읽지 않았습니다. 글씨를 읽고 줄거리를 요약하지도 않았습니다. 링컨이 책을 읽었고, 책이 링컨을 읽었고, 책을 통해 세상을 읽었습니다.

이렇듯 허섭스레기 사이에 숨어 나를 기다리는 책이 있습니다. 우리는 누군가가 붙들고 친구로 지내자고 하면 기꺼이 받아 줍니다. 책과 친구가 되는 데 걸림돌이 있다면 시간을 내서 오래 사귀어야 한다는 점입니다. 오래 생각하지 않고 읽은 책은 아파트 입구에서 인사만 하는 이웃과 같습니다. 얼굴은 알지만 친근감은 없습니다. 그 사람이 무슨 일을 하는지, 어떻게 사는지 관심도 없습니다. 이런 이웃에 대한 글을 쓰려고 하면 도무지 쓸거리가 생각나지 않습니다. 자주 보긴 했지만 관련된 이야기가 없기 때문입니다.

책도 마찬가지입니다. 생각하지 않고 줄거리만 읽은 책으로는 글을 쓰지 못합니다. 아무런 고민 없이 독서 활동을 하면, 독서보다는 활동에 더 신경 씁니다. 판에 박힌 내용을 짧고 간단하게 쓸 수밖에 없습니다. 작가의 의도, 등장인물의 고민, 감정의 흐름, 자신과의 관련성, 글을 관통하는 주제는 생각지도 못합니다. 독서 감상문이 대부분 줄거리 요약에서 벗어나지 못하는 까닭이 여기 있습니다.

학교에서는 독서 활동이 자연스럽게 몸에 배도록 하지 않고 똑같은 활동을 반복합니다. 제대로 된 방법을 알려 주지 않습니다. 독서 감상문이 무엇이며 어떻게 쓰는지 알려 주지 않고 책을 읽은 느낌을 쓰라고 합니다. 왜 쓰는지도 모르는데 무엇을 쓸지도 알려 주지 않으면 아이들은 편하고 쉬운 쪽으로 쓰기 마련입니다. 독서 감상문은 줄거리를 쓰고, 편지는 형식에 치우칩니다. 스스로 생각할 줄 모르는데 방법도 알려 주지 않으니 독서 활동을 싫어할 수 밖에요. 그래서 인터넷에서 남이 쓴 감상문을 베낍니다.

느티나무도서관 박영숙 관장은 이렇게 말합니다.

"서로 다른 책을 읽고도 똑같은 크기로 네모 칸이 그려진 종이에 독후감을 쓰고 그림을 그리는 걸로 과연 책 읽기를 가르칠 수 있을까? 훈련이 될지는 몰라도 책 읽는 게 즐거워 아이들 스스로 읽고 싶어지는 건 어림없다. 책 읽는 습관을 길러 주려고 들인 노력과 시간이 오히려 아이에게서 책을 빼앗고 말지도 모른다."[64]

많은 독서 활동들은 책 읽기와 글쓰기의 토대도 닦이지 않은 아이들에게 경쟁을 시킵니다. 독서 퀴즈와 독서 골든벨은 몇몇 아이들만의 잔치가 되고, 대다수 아이들은 자신들이 들러리인 줄 알기 때문에 마음을 쏟지 않습니다.

독서 지도는 책에 관심을 갖고 좋아하도록 아이들을 꼬드기는 과정입니다. 아이들이 책을 읽고 글을 쓰고 싶은 마음이 생기도록 해 주어야 합니다. 저는 아이들과 책을 읽고 곧바로 독서 감상문이나 편지를 쓰지 않습니다. 천편일률로 독서 활동을 하면 책을 읽으라고 꼬드긴 효과가 금세 사라집니다.

1. 한 권의 책을 읽은 아이에게

'5분 쓰기'와 '책 읽고 알리는 글' 써 보기

아이들은 어떻게 써야 할지 몰라 글쓰기를 어려워합니다. 저는 쉽고 편안하게 시작합니다. 너무 쉬워서 아이들이 부담을 갖지 않고 쓰는 방법이 '5분 쓰기'와 '책을 읽고 새롭게 알게 된 사실을 알리는 글 쓰기(책 읽고 알리는 글)'입니다.

'5분 쓰기'는 책을 읽은 후 5분 동안 글을 쓰는 활동입니다. 정해진 형식 없이 생각나는 내용을 아무것이나 씁니다. 줄글로 써도 되고, 1, 2, 3 번호를 붙이며 써도 됩니다. 5분 쓰기를 할 때는 거창한 내용을 기대하지 않습니다. 생각나는 대로 '막 쓰는 게' 목표입니다. 그래서 잘하는 사람, 못하는 사람이 없습니다. 5분 동안 쓰기만 하면 모두가 칭찬을 받습니다. 즉, 모든 아이들을 칭찬하기 위해 하는 활동입니다. 5분이 짧을 것 같지만 막상 써 보면 아이들이 굉장히 많이 씁니다. 시간이 정해져 있기 때문에 가장 잘 아는 것부터 차례대로 씁니다. 이 활동을 하면 아이들이 무엇을, 어느 수준으로 읽어 내는지 알 수 있습니다. 굳이 독서 퀴즈를 하지 않아도 아이가 어떤 관점에서 책을 읽고 무엇을 주로 읽어 내는지 알게 됩니다.

'책 읽고 알리는 글'도 5분 쓰기와 비슷합니다. 책을 읽고 새롭게 알게 된 사실을 다른 사람에게 알려 주는 글입니다. 아이가 얼마나 알고 있는지 확인하는 것이 목적이 아닙니다. 전에는 몰랐지만 책을 읽고 알게 된 사실을 찾는 게 목적입니다. 이 방법을 통해 아이 수준을 알 수 있고, 어떤 지식에 관심이 있는지도 알게 됩니다. 중요하지 않은 곁다리 지식에 관심을 갖고 있다면 그렇게 된 이유를 들어 보고, 발전시켜 주어야 할지 고쳐 주어야 할지 정합니다. '5분 쓰기'가 생각나는 대로 뱉어 내는 활동이라면, '알리는 글'은 조금 더 조리 있게 내용을 갖춰 쓰는 것입니다.

두 가지 활동을 하면 아이들은 주로 기억나는 장면을 이야기합니다. 이 사람, 저 사람을 이야기하거나, 관련 장소와 사건을 생각나는 대로 이야기합니다. '가장 감동적인 장면'과는 다릅니다. '감동적'이라고 하면 뭔가 남다른 것, 별난 것을 찾아야 한다고 생각합니다. '기억나는 장면'은 머리에 남은 것, 떠오른 것입니다. 아이들과 독후 활동을 할 때 저는 일부러 귀퉁이 내용을 소개합니다.

"책에 이덕무가 나오잖아. 집에서 부르는 이름이 뭔지 아니? 아증이야, 아증이. 이름이 괴상하지 않니? 난 아증이라는 이름이 가장 기억나!"

"칭기즈 칸이 무서워한 게 있대. 세계 최고의 정복자를 떨게 만든 게 뭘까? 그건 개야. 하루 352킬로미터를 달리는 파발마를 운영한 칭기즈 칸도 개만 보면 무서워했대."

이렇게 책에 나오는 사소한 정보들을 흘립니다. 더러운 똥이나 쓰레기가 나오면 꼭 그걸 이야기하며 너스레를 떱니다. 그러면 아이들은 편한 마음으로 자신이 기억하는 내용을 씁니다.

'5분 쓰기'와 '알리는 글'은 편하고 간단하게 쓰면 됩니다. 완전 초보 수준이 목표입니다. 무엇이든 쓰기만 하면 모두를 칭찬해 줍니다. 책 읽을 때마다 할 필요도 없습니다. 책을 읽고 '무언가를 써 보면 의미 있겠다.' 싶을 때 해 보면 됩니다. 하지만 학교에서 이루어지는 독서 활동의 최종 결과가 이런 모습이면 안 됩니다. 이렇게 쓴 글과 독서 활동 최종 결과물이 별로 다르지 않다면 아이들이 평소에 5분도 고민하지 않고 독서 감상문을 썼다는 뜻입니다. 책을 읽고 몸을 푹 담그는 경험을 한 번도 하지 못했다는 거죠.

아이들이 독서 감상문을 만화 줄거리처럼 적는 이유는 내용만을 읽기 때문입니다. 만화라면 대강의 내용만 읽어도 됩니다. 그렇지만 모든 책을 만화처럼 내용만 보면 안 됩니다. 루쉰이 쓴 《아Q정전》을 줄거리만 보면 읽기 거북합니다. 아Q는 자기도취형 소인배입니다. 루쉰은 누구나 갖고 있는 속물 근성을 아Q를 통해 보여 주고자 합니다. 아Q는 그 시대를 살던 백성의 표상입니다. 루쉰은 아Q의 죽음을 통해 '백성이 살면서 처지가 변하지 않는 한 진정한 변화는 일어나지 않는다.' 는 말을 하고 있습니다.

줄거리만 읽는다면 이런 작가의 의도를 이해하지 못합니다. 아Q
의 삶에 푹 잠겨 시대를 읽으면 독서 감상문도 당연히 달라집니
다. 책과 자신과 세상이 만나 만들어 내는 이야기가 독서 감상문입
니다. 어떻게 하면 독서 감상문이 이런 만남을 표현하게 될까요?

★ 아이와 함께 하는 간단한 독후 활동

• 5분 쓰기 : 책을 읽고 5분 동안 책과 관련된 내용을 쓰게 한다. 정해진 형식
  이나 분량의 제한 없이 쓰기만 하면 칭찬하는 것이 포인트.
• 책 읽고 알리는 글쓰기 : 책에서 알게 된 내용을 다른 사람에게 알려 주는
  글을 쓰게 한다. 아이가 책을 읽고 '새롭게' 알게 된 내용이 무엇인지 찾는
  것이 포인트.
* 읽은 책에 대해 말하기를 힘들어할 때는 아이들이 친근하게 여기는 소재나 중요하지
  않은 정보를 먼저 말해 주면 편안하게 자기 이야기를 한다.
* 책 읽기에 익숙하지 않은 아이들과 함께할 수 있는 활동이지만, 이것은 어디까지나
  준비 운동이며 독후 활동의 최종 결과가 되어서는 안 된다.

아이만의 신선한 생각을 존중해야

책을 많이 읽으면 글을 잘 쓴다고 생각합니다. 일단 많이 읽으
면 쓰는 실력도 좋아지리라 기대해서 독서 지도 역시 다독, 다작
위주입니다. 주제를 바꿔 가며 많이 읽고 많이 쓰게 합니다. 독서
행사에 참가하고 독서 관련 활동도 시킵니다. 독서 지도하는 곳
에 보내서 경험을 많이 하게 시킵니다. 이렇게 하면 잠시, 조금은
실력이 좋아집니다. 하지만 아이가 스스로 책 읽기를 즐기지는

않습니다. 책을 읽으면서 읽지 않는 자유를 꿈꾸고, 글을 쓰면서 글 안 써도 되는 순간을 소망하게 됩니다. 탈출할 순간을 노리는 《빠삐용》의 주인공이 됩니다. 억지로 가진 만남으로 책과 친해지는 아이들도 있지만, 줄거리만 쓰는 독서 감상문에서 벗어나기 어렵습니다.

책과 자신이 어우러진 작품을 만들려면 시간이 걸리고 힘이 듭니다. 뭔가 거창한 걸 하려고 해도 작은 것들이 한데 어우러지지 않고는 만족할 만한 작품이 나오지 않습니다. 쉽고 빠른 길이 있는데 굳이 어려운 길을 가려는 사람이 있을까요?《키다리 아저씨》에서 주인공 주디는 '대부분 사람들은 삶을 경주라고 생각해서 빨리 목적지에 다다르려고 한다. 목적지만 바라보기 때문에 아름다운 경치를 놓친다. 나는 길가에 앉아 행복의 조각들을 산더미처럼 모을 것이다.'[65] 라고 말합니다. 독서 지도도 마찬가지입니다. 삶의 작은 부분들을 모아 주변을 둘러보며 나아가야 합니다. 천천히 스스로 자기 생각을 펼쳐 내서 즐기는 아이가 되게 이끌어 주어야 합니다.

조지 맥도널드가 지은《황금 열쇠》는 특별히 배울 만한 내용도 없고 정리할 줄거리조차 찾기 어렵습니다. 판타지 소설의 아버지인 조지 맥도널드가 썼다니 분명 좋은 작품일 텐데, 분명히 어린이 책인데 저는 도무지 이해할 수 없었습니다. 이 책은 무지개 너머에 있는 황금 열쇠를 찾아가는 이야기지만, 영웅의 모험담도 아니고 방해하는 무리도 없습니다. 저는 읽으면서 머리가 지끈거렸습니다. 그런데 당시 초등학교 1학년이던 제 딸은 이 책을 읽고 또 읽었습니다. 아주 재밌다면서요.

《황금 열쇠》는 분위기를 읽어야 재미를 느낄 수 있습니다. 책 읽기에 대한 고정 관념에 사로잡힌 저는 줄거리, 배경, 분위기, 감동을 순서대로 찾아 읽으려고 했으니 이해하지 못한 것이지요. 그렇지만 아이는 처음부터 배경과 분위기를 통째로 읽었습니다. 황금 열쇠를 들고 무지개 너머로 날아다녔습니다. 저는 딱딱한 독서를 하고 아이는 빠져드는 독서를 합니다. 저도 책을 좋아하지만 아이가 읽는 방식은 아닙니다. 저는 읽고 아이는 느낍니다. 누가 더 책을 좋아하는 걸까요? 분석하는 저보다 경탄하는 아이가 제대로 읽습니다.

복숭아[66]

김찬묵(4, 남)

복숭아는 정말 맛있다.
오늘 저녁 복숭아도 진짜 맛있다.
그런데 아빠는 물렁물렁하다고 맛없다 한다.
딱딱한 건 맛없는데 어른은 왜?
어른이 되면 미각이 달라지나 보다.
난 어른이 되기 싫다.

만약 찬묵이가 쓴 시의 결론이 '딱딱한 복숭아도 골고루 먹어야겠다.'라면 어떨까요? 모범 답안을 찾아 쓰도록 강요하면 틀에 짜인 독서 활동이 남습니다. 저도 처음에는 독서 활동을 하며 아이들의 생각을 짜내는 데 급급했습니다. 어떻게 하는지 모르면 쥐어짜게 됩니다. 쥐어짜 낸 글은 이기적인 독서의 산물이라 감상이 없는 글이 됩니다.

아낌없이 주는 나무[67]

정재영(4, 여)

우리 집 연못 앞에 복숭아나무가 있다. 복숭아나무는 키가 나보다 2배이상 더 크고 가지가 열 개도 넘는데 열매가 2~3개 정도밖에 안 열린다. 나뭇잎도 너무 많아서 탈인데 열매는 아주 조그마한 것이다. 내 주먹보다 조금 더 작다. 우리 집 복숭아나무에게 《아낌없이 주는 나무》를 소개한다.

"복숭아나무야, 아낌없이 주는 나무는 모든 걸 줬다. 그런데 너는 복숭아가 아까우니까 겨우 두세 개 밖에 안 주기냐? 너무한다. 내가 복숭아를 얼마나 좋아하는지 모르는 거구나? 으이구! 아낌없이 주는 나무는 몸뚱이까지 줬는데……. 거기에 비하면 네가 무엇인지 생각이나 비교를 해 봤니? 몸뚱이를 줬니? 네 자신이 어떻게 느껴지는지 몹시 궁금하구나! 너 이제부터 내년에는 복숭아를 많이 열리게 해야 된다. 안 그러면 아빠가 다 나아서 올 때 너 베어 가지고 내 의자나 만들어 달라고 한다. 그러니 《아낌없이 주는 나무》 그 책 읽어서 본받아 봐라! 알았지? 내년에는 열매가 엄청 많이 열리면 좋겠다.

재영이는 제가 마읍분교에 있을 때 1주일에 한 시간씩 함께 글쓰기를 할 때 만났던 아이입니다. 자신이 읽은 책을 가장 필요로

하는 대상에게 소개하라 했더니《아낌없이 주는 나무》를 읽고 글을 썼습니다. 다른 사람이 예상하지 않는 대상을 찾아보라는 말을 자주 하지만 복숭아나무에게 쓰리라고는 상상도 못 했습니다. 대부분 아이들은 줄거리를 잔뜩 쓰고 '나도 아낌없이 주는 나무처럼 다른 사람에게 도움을 줘야겠다.'라고 씁니다. 물론 쓴 내용대로 행하는 아이는 거의 없습니다. 아이들은 독서 감상문에는 결심을 써야 한다고 알고 있습니다. 책을 정말 많이 읽은 아이도 늘 마지막에는 결심으로 돌아갑니다. 그래서 신선함이 없습니다. 결론이 뻔한 글을 읽을 때 기분을 아십니까? 게다가 줄거리도 비슷하다면요? 재영이의 글은 신선합니다. 나무는 당연히 열매가 달려야 하는데 그렇지 못한 복숭아나무를 속 시원하게 질책합니다. 아이다운 신선함이 마음을 두드립니다.

초등학생들의 글이 형식은 서툴러도 더욱 마음을 두드리는 까닭은 '처음의 생각' 대로, '신선한' 그대로 쓰기 때문입니다. 강요받은 마음에서 나올 수 없는 샘물이지요. 글을 100번이라도 고치되 끝까지 간직해야 할 것은 '처음의 생각'과 '처음의 신선함'입니다. 이것을 줄거리 요약이나 허투루 내뱉는 각오 따위와 바꾸지 않도록 해야 합니다.

차라리 비명을 지르는 게 낫다

개구리 한 마리를 두고 해부학자, 세련된 도시 여자, 시골 어린이는 각각 어떤 반응을 보일까요? 해부학자는 칼을 들고 개구리를 해부합니다. 해부학자는 개구리를 죽이고 조각 냅니다. 내장을 꺼내 보고 설명하는 방식으로 개구리를 이해합니다. 세련된 도시 여자는 개구리를 보면 비명을 지릅니다. 여자는 개구리를 보는 것만으로도 소름이 돋습니다. 시골 어린이는 가만히 앉아서 지켜봅니다. 개구리 엉덩이를 건드리며 뛰는 모습을 봅니다. 손바닥에 올려놓고 쳐다봅니다. 아이에게 개구리는 경탄을 일으키는 친구입니다.

불청객[68]

김시현(2, 남)

우리 집엔 불청객이 있다. 그것도 막~~~ 유리에 붙어 있다. 그 불청객은 바로 개구리이다. 매일 밤마다 똑같은 개구리가 찾아오니 궁금해서 배에다가 점을 2개 찍어 놨다. 다음 날…… 그 개구리가 맞다. 헉~ 우리 집 창틀에는 벌레들이 많이 죽어 있는데 설마 그것 때문에 온 건 아닐까? 으~ 매일 오는 개구리! 〈세상에 이런 일이〉 프로그램에 내보내자고 엄마에게 말하고 싶다. 오! 개구리, 왜 자꾸 오는 거야? 개구리 녀석, 엄히 다스릴 게야!

생명을 생명답게 보는 사람으로 어린이를 택했지만 모든 해부학자, 도시 여자, 어린이가 이렇게 반응한다는 말은 아닙니다. 개구리를 보는 순간, 죽이고 파헤치면서 설명하는 사람이 있는가 하면, 경탄하는 마음으로 바라보는 사람도 있습니다. 속을 헤집어 놓으면 확실하게 설명할 수 있겠지만 내장을 보고 경탄하는 사람은 그리 많지 않습니다. 설명은 딱딱합니다. 설명은 대상을 죽게 만듭니다. 즐거운 마음으로 경탄하며 바라보게 만들지 않습니다. 사실을 잘 정리해서 설명한 글은 독서 감상문이 아닙니다. 차라리 비명을 지르는 쪽이 감상문에 가깝습니다.

아이들이 쓰는 독서 감상문은 대부분 내용이 비슷하고 형식적이라서, 판에 박힌 틀을 깨는 아이를 만나면 눈을 들여다보며 칭찬하고 싶습니다. 책을 읽고 느낀 점이 똑같다면 독서 활동이 아이들을 판에 박힌 기계로 만든 겁니다. 이런 아이들은 개구리를 해부해서 장기 구조를 설명하고 마지막으로 "개구리를 사랑해야겠다."라고 한 줄 넣습니다. 기계로 찍어 낸 듯 똑같이 줄거리를 쓰고 똑같이 결심을 적습니다. 책마다 요구하는 행동이 있다는 듯 '열심히 무언가를 하겠다.'고 다짐합니다.

개구리를 해부해서 설명할 수 있는 능력을 가졌다고 개구리를 아는 게 아닌 것처럼, 책 내용을 알고 줄거리를 요약하는 건 감상이 아닙니다. 독서 감상문은 경탄의 표현입니다. '느낌'이 없는 감상문은 책을 해부하는 행위입니다. 책 내용을 쓰더라도 줄거리가 아니라 생각으로 표현해야 합니다.

샬롯의 거미줄을 읽고[69]

유지은(5, 여)

내가 생각한 돼지는 아주 살이 통통 오르고 아주 더러운 모습이다. 그까짓 돼지가 삶의 희망이 어쩐지는 생각을 안 했다. 그런데 엘윈 브룩스

화이트가 쓴 《샬롯의 거미줄》은 그런 고정 관념을 깬다. 돼지가 자기의 삶을 원하고 자신의 삶을 존중해 달라는 얘기를 한다는 것 자체가 고정 관념을 깨는 것이다.

이 책에선 돼지 윌버가 주인공이다. 하찮고 더러운 돼지도 이렇게 주인공이 될 수 있다는 것은 하찮은 사람도 최고가 될 수 있는 희망이 담겨져 있다. 책에서는 삶의 희망이 없는 돼지가 샬롯을 만나 희망을 가진다. 그런데 나는 누구의 도움 없이 희망을 알게 되었을까?

나는 희망이 없었던 적이 있다. 그땐 '내가 없어지면 어떻게 될까?'를 생각하고 무서운 자살까지 생각하고 있었다. 그때 갑자기 나에게 희망이 생겼다. '이건 나에게 코딱지만큼도 안 되는 시련일 뿐이야. 또 내가 죽으면 내 꿈은 누가 이룰 건데? 그리고 내가 나중에 결혼해서 낳을 아기는 그럼 죽는 거야? 나 때문에 생명이 죽는 거네.' 이런 생각을 하자 삶의 희망이 생겼다. 삶의 희망이 생기자 모든 것이 행복하게 보였다.

이 책을 읽다가 그때 생각을 하며 윌버의 상황이 내 상황과 같다고 생각한다. 내가 겪은 상황과 같아서 그런지 나는 윌버의 이야기가 좋다.

내 주변엔 학원을 뱅뱅 도는 아이들이 많다. 그런 아이들은 희망도 없이 살아가는, 부모님의 꼭두각시이다. 나는 부모님의 꼭두각시인 아이들에게 희망을 찾았던 그 상황을 얘기해 주고 싶다. 내가 샬롯이 되어서 희망을 잃은 꼭두각시들에게 희망을 주고 싶다. 그래서 제 2의 윌버가 계속 생기고 나의 주변은 희망으로 가득할 것이다. 아이들에게 내 경험을 이야기하며 희망을 가르쳐 주면 그 아이들은 희망을 가지게 될 것이다. 그리고 희망을 가지게 된 아이는 또 다른 희망 없는 아이에게 희망을 전달해 줄 것이다.

이 글을 쓴 지은이는 《샬롯의 거미줄》을 읽고 '고정 관념을 깬 돼지'를 떠올리고는 희망을 느낍니다. 희망을 말하며 희망을 전해 주는 사람이 되고자 합니다. 샬롯이 윌버에게 희망을 준 것처럼, 잠깐이나마 자살을 생각한 어려움을 이겨 내고 친구를 도와주겠다는 생각을 합니다. 이런 글은 줄거리만 쓴 독서 감상문과 견줄 수 없습니다. 개구리 앞에 앉아 열중하고 있는 아이에게 내장을 꺼내 보이는 건 할 짓이 못 되잖습니까!

아낌없이 주는 친구들[70]

○○○(6, 여)

학교에서 또는 집에서 이따금 혼자서는 헤쳐 나갈 수 없는 일이 생기곤 합니다. 그러면 많은 친구들이 몹시 힘들어하거나 외롭고 쓸쓸해합니다. 어떤 친구는 겁을 먹고 안절부절못합니다. 만약 그때 나에게 다정한 친구가 있어 함께한다면 어떨까?

작은 말 한마디라도 나에겐 큰 힘이 될 거다. 서로 먹고 먹히는 먹이 사슬이 엄연히 존재하는 이 자연계에서 서로에게 도움을 주며 살아가는 동식물들이 있어 우리 마음을 따뜻하게 해 준다. 저마다 생김새도 다르고 사는 곳도 다르고 살아가는 방법도 다르지만 이들은 작고 약한 힘을 합쳐 서로를 지켜 주고 우정을 나누는 것입니다. 내가 알고 있듯 아니, 모든 사람이 알고 있든 자연은 냉혹하지만 또 아름답기도 하다. 이 책에 나온 것처럼 자연에 대한 지식과 함께 더불어 살아가는 지혜와 따뜻한 마음이 나에게 전해질 수 있으면 좋겠다.

독서 감상문은 읽은 책과 나와의 관련성이 가장 중요합니다. 위의 글을 쓴 아이는 학급 문집에 실린 〈아낌없이 주는 친구들〉을 읽고서 친구에 대해 다시 생각했습니다. 좋은 시작입니다. 더 깊이 생각해서 자신과 친구들의 사례를 구체적으로 들었다면 더 좋았겠지요. 자신이 읽은 책의 줄거리는 하나도 소개하지 않았지만 책 내용이 무엇인지 짐작이 갑니다.

만약 독서 감상문이 책을 읽고 줄거리를 쓰는 활동뿐이라면 어떨까요? 책을 읽으며 일어난 생각을 담을 그릇이 없어 우왕좌왕하다가 결국 기껏 떠오른 생각은 접어 두고 그릇만 들고 가는 꼴이 되고 말 겁니다.

2. 무엇을 쓰면 좋을까

쓸 내용을 함께 찾아보기

요즘 학생들은 책을 잘 읽지 않습니다. 미국 대학에서 영문학을 가르치는 교수이자 작가인 게리 슈미트도 이 문제를 절실하게 느낀 모양입니다. 고전을 딱딱하고 시대에 안 맞는, 학자들이나 읽는 책이라고 여기는 사람들 생각이 마음을 아프게 했나 봅니다. 그가 영문학의 꽃이라고 불리는 셰익스피어 작품이 어떤 일을 일으킬 수 있는지 보여 주려고 내놓은 책이 《수요일의 전쟁》

입니다.

주인공 홀링 후드후드는 수요일마다 베이커 선생님과 단 둘만 교실에 남습니다. 홀링은 선생님이 자기를 미워해서 교실 청소를 시킨다고 생각하던 중, 셰익스피어의 작품을 읽게 하자 선생님이 정말 자기를 싫어한다고 확신합니다. 하지만 자신을 죽도록 지겹게 만들려고 건넨 셰익스피어에 빠져들어 셰익스피어가 가르쳐 준 욕을 읊어 대는 지경에 이릅니다. 하얀 깃털이 달린 타이즈를 입고 셰익스피어 연극에 출연하기도 합니다.

이 작품은 뉴베리 아너 상을 두 번이나 받은 작가의 재치 있는 글솜씨가 셰익스피어라는 렌즈를 통해 책 읽기의 즐거움으로 인도합니다. 책과 거리가 먼 소년이 책을 붙들고 성장하는 이야기에 빠져 웃다가 고개를 끄덕이며 정신없이 읽었습니다.

그러다 문득, 이 책으로 독서 감상문을 쓰는 방법을 가르치면 아이들이 쉽게 이해하겠다는 생각이 들었습니다. 그때부터 1주일에 한 번씩 4주 동안 《수요일의 전쟁》을 읽고 토론을 했습니다. 제가 아이들과 함께한 과정을 소개해 드리겠습니다.

★ 독서 감상문에 쓸 내용을 찾아보는 독서 토론

함께 읽은 책 : 《수요일의 전쟁》, 게리 슈미트

(1) 자신의 경험에 비춰 가장 공감 가는 내용은 무엇인가?

(2) 원자 폭탄 훈련, 베트남 전쟁, 벽돌담에 지우개 털기, 셰익스피어 작품 읽기 등은 작가가 어렸을 때 겪은 일이다. 우리가 책을 쓴다면 어떤 일을 적을 수 있을까?

(3) 아빠와 누나는 대부분의 의견이 대립한다. 아빠의 입장과 누나의 입장

을 정리해 보자. 여러분은 누구 편을 들고 싶은가? 왜 그런가?

(4) 책에 나오는 선생님 중에 가장 마음에 드는 선생님은 누군가? 여러분이 겪은 가장 좋은 선생님이나 가장 끔찍한 선생님을 떠올려 보고 설명해 보자.

(5) 책에 나온 셰익스피어 작품 중에 읽어 보고 싶은 책이 있나? 왜 그 책을 골랐나? 없다면 이유는?

(6) 이 책에 나오는 다음 네 문장 중에 가장 마음에 드는 문장을 고르고, 고른 이유와 느낌을 말해 보자.

①나는 집이 텅 빈 느낌이 드는 가장 큰 이유는 누나가 없기 때문이라는 사실을 깨달았다. 뭔가를 좋아하는 것을 처음 알게 되는 때는 바로 그 뭔가가 있던 장소에 없게 된 것이 처음으로 신경 쓰일 때 같다. 그리고 여러분도 알다시피, 아주 잘 알다시피, 텅 빈 느낌은 바깥보다는 마음속의 느낌이다. 이와 같이 우리는 우리가 가진 것을 누리는 동안에는 그것의 가치를 알지 못하고 그것이 부족하거나 사라지게 된 뒤에야 그 가치를 깨닫게 되며, 그제야 우리가 그것을 갖고 있을 때 미처 보지 못한 미덕을 발견하게 된다.

②햄릿은 아무래도 잘못된 장소에서 자기 자신을 찾으려 했던 것 같다. 아니면 그에게 자기 자신을 찾을 필요가 없다고 말해 줄 사람을 만나지 못했거나. 햄릿은 자기 자신을 찾으려고 애쓸 것이 아니라 다른 사람들이 자기의 본모습을 발견하도록 내버려 두어야 했다.

③베이커 선생님은 나를 보았다. 나는 알았다. 선생님이 혼자 있으려고 나를 교장실로 보내지 않으리라는 것을. 함께 촛불을 켠 사람을 떠나보내는 일은 없는 법이다.

④우상은 죽을 때 아주 힘겹게 죽는다. 그냥 조용히 사라지거나, 곱게 늙어 죽거나, 편하게 잠드는 식이 아니라, 불에 타 죽는 식으로 고통스럽게 죽는다. 그리고 우상이 떠나면 우리의 가슴은 숯덩이가 된다. 무엇보다도 괴로운 것은 우상이 떠난 빈자리를 다른 우상이 채울지 확실치 않다는 점이다. 아니면 아예 우리가 다른 우상이 빈자리를 채우기를 바라지 않게 될 수도 있다. 몸속에서 불길이 빠져나가는 고통을 두 번 다시 겪고 싶지 않을 수도 있으니까!

(7) "《맥베스》에서 셰익스피어가 어떤 글보다도 아름답게 표현하고자 한 것은 도대체 뭐예요?"라는 질문에 선생님은 "사람이 권력보다 더 소중하다는 사실, 사람이 욕망보다 더 소중하다는 사실, 자부심이 고집과 결합되면 재앙이 될 수 있다는 사실, 그리고 사랑에 비하면 미움은 작고 하찮은 것이라는 사실"이라고 대답한다. 이 말을 어떻게 생각하는가? 베이커 선생님처럼《수요일의 전쟁》에서 게리 슈미트가 아름답게 표현하고자 한 것을 찾는다면 무엇이라 대답할 수 있을까?

(8) 《로미오와 줄리엣》에 대한 홀링의 독서 감상문이 변한 이유는 무엇 때문일까?

먼저 우리는 이야기를 나누며 공감하는 이유(질문 1)를 말했습니다. 공부, 교우 관계, 부모님과의 관계, 선생님의 태도에 대해 할 말이 많았습니다. 우리가 책을 쓴다면 어떤 경험을 소개할지, 게리 슈미트가 표현하고자 했던 느낌이 무엇인지(질문 2) 이야기했습니다. 책을 쓰게 된다면 일요일마다 모여 독서 토론하는 지금 이 모임을 책에 넣고 싶다는 아이도 있었습니다. 이런 이야기를 나눈 뒤에 "책을 읽고 고개를 끄덕이며 비슷한 경험을 떠올렸지? 책에 나온 아이가 겪은 일을 해 보고 싶지? 책의 내용에 공감하거나 반대하는 의견, 내가 겪은 일 중에 책과 관련되거나 비슷한 일을 적는 게 독서 감상문이야."라고 했더니 아이들은 고개를 끄덕입니다. 1번과 2번 질문을 통해 아이들이 독서 감상문에 써야 할 내용을 찾게 합니다. 토론을 하며 아이들과 함께 찾은 내용은 이것입니다.

독서 감상문엔 내가 겪은 일을 쓴다.

부모님과의 갈등에 대한 질문(3번 질문)에 대해서 아이들은 할 이야기가 참 많았습니다. 가장 좋은 선생님과 끔찍한 선생님에 대해 말할 때(4번 질문)는 자신이 떠올린 선생님 흉내까지 내며 떠들었습니다. 《수요일의 전쟁》에 나오는 셰익스피어의 책(5번 질문)역시 전체 줄거리에 잘 스며들어 있기 때문에 아이들이 관심을 가졌습니다. 이 세 가지 질문만으로도 한 시간 이상 이야기를 나누었습니다. 이렇게 또 다른 독서 감상문 원칙이 등장하게 됩니다. 그러면서 독서 감상문에 들어갈 다른 내용을 찾았습니다.

등장인물이나 이야기에 대한 내 생각을 쓴다.

이어서 《수요일의 전쟁》에 나오는 문장 중에 가장 마음에 드는 문장을 골라 보자고 했더니(6번 질문), 지난주에 '우상과 유행'에 관한 토론을 한 때문인지 ④번을 뽑은 아이가 많습니다. 우상에 대해 열띤 토론을 한참 나누다 "감동적인 부분은 없어?"라고 물었더니 아무도 대답을 안 합니다.

"감동을 받은 부분에 대해서는 할 말 없으면서 우상에 대해서는 왜 이렇게 할 말이 많았을까?"

"지난주에 토론하면서 우상에 대해서 생각했잖아요. 그러니 할 이야기가 많죠!"

그렇지요. 아이들은 처음부터 우상에 대해 할 말이 많았던 게 아닙니다. 이야기를 하면서 배경지식을 이끌어 내는 과정이 필요했습니다. 감동적인 부분, 좋은 문장에 대해서도 마찬가지입니다. 책에 줄도 그어 놓고 생각도 하지만, 혼자서 꺼내지는 않았습니다. '나는 이런 부분에 감동했다.'고 말하는 게 어색하기 때문입니다. 감동한 이야기는 독서 감상문 종이 위에다 생색내듯이 쓰는 문장이었기 때문입니다. 실제 생활에서 감동한 장면이나 훌륭한 문장을 이야기하는 아이들은 없습니다. 그러니 글과 삶이 달라서 꾸며 쓰게 됩니다. 토론을 한 뒤에 감동적인 문장을 찾아 왜 그런지 이유를 말했습니다. 그랬더니 제가 제시하지 않은 문장도 찾아 말하고 느낌을 공유했습니다.

> 책에서 만난 좋은 문장, 감동적인 부분을 쓴다.

《수요일의 전쟁》에서 주인공 홀링은 베이커 선생님에게 셰익스피어가 왜 《맥베스》를 썼는지를 묻습니다. 이 질문에 대한 선생님의 답변을 어떻게 생각하느냐고 묻는 질문(7번 질문)에 대해 한 아이는 《내 영혼이 따뜻했던 날들》에 등장하는 '작은 나무의 할아버지'가 가르친 자부심을 말합니다. 사령관의 관점[71]으로 본 맥베스입니다.

우리는 셰익스피어가 《맥베스》를 쓴 이유를 선생님이 왜 이렇게 말했는지 이야기하면서, 게리 슈미트가 《수요일의 전쟁》을 쓴 이유를 함께 찾아보았습니다. 그랬더니 대학 교수인 저자가 만난 학생들이 '책을 별로 안 읽는다. 읽어도 겉핥기로 읽는다. 책을 수단으로 읽어 저자의 의도를 모른다.'는 사실을 발견하게 됩니다. 저는 아이들에게 이렇게 정리해 줍니다.

"이게 오늘 이야기한 것 중에 가장 중요한 내용이야. 도대체 작가들은 왜 책을 쓸까? 어떤 목적으로 책을 쓸까? 무엇을 전하고 싶은 걸까? 이걸 생각하면 독서 감상문이 달라진단다. 자부심 때문이라고 생각한다면 그렇게 쓰렴. 학생들이 책을 잘 안 읽는 현실에 대한 대안이라고 생각한다면 그 내용으로 독서 감상문을 쓰는 거야. 할 말이 많지 않을까?"

> **작가의 의도, 작가가 책을 쓴 이유를 쓴다.**

이 책에서 홀링은 《로미오와 줄리엣》을 읽고 독서 감상문을 쓰는 숙제를 합니다. 그런데 여자 친구에게 배신을 당하고 난 후에 쓴 내용과 오해가 풀리고 나서 고쳐 쓴 내용이 완전히 달라집니다.(8번 질문) 똑같은 책을 읽고 쓴 독서 감상문이지만, 며칠 사이에 내용이 완전히 달라진 건 '내가 겪은 일' 때문입니다. 독서 감상문에서 가장 중요한 요소는 '나' 입니다. 책을 읽는 독자의 마음이 감상문에 영향을 주지 않는다면 제대로 읽은 것이 아닙니다. 아이들과 함께 이런 이야기를 나누다 보면 자연스럽게 독서 감상문을 쓰는 원칙을 떠올릴 수 있게 됩니다.

> **독서 감상문은 내 마음을 반영한다.**

이렇게 아이들과 《수요일의 전쟁》을 함께 읽고, 홀링과 베이커 선생님이 수요일마다 읽은 책을 통해 이야기를 나누고 나서야 아이들은 독서 감상문에 무엇을 써야 할지 '알게' 됩니다. 아이들에게 쓰는 방법을 알려 주는 것만으로는 안 됩니다. 아이들이 직접 해 봐야 합니다.

핵심 내용에 초점을 맞춰 줄거리 쓰기

작가는 책을 쓸 때 생각을 온 사방으로 펼칩니다. 온갖 낱말과 문장, 생각을 바닥에 늘어놓고 '모았다 흩었다'를 되풀이합니다. 그러면서 덩어리를 만들어 하나의 이야기를 완성합니다. 구성이라는 뼈대에 살을 붙이고 옷을 입혀 이야기를 만드는 것이지요. 이것을 소설에서는 플롯이라고 하고, 초등학교에서는 줄거리라고 합니다. 독자는 저자와는 반대로 움직입니다. 옷을 벗겨 내고 살에 덮여 보이지 않는 뼈대를 찾아내야 합니다. 세부 묘사를 들어내고, 털과 옷, 살과 피부 속에 숨은 골격을 찾아내 핵심 내용을 요약해야 합니다.

책 내용을 자신이 이해한 방식으로 적어 내는 게 줄거리 요약입니다. 줄거리 요약이 독서 감상문을 쓰기 위한 활동이라고 오해하는 건 진짜 감상이 무엇인지 모르는 겁니다. 줄거리는 전체 내용을 파악하고 주제를 찾기 위한 활동입니다. 줄거리 요약은 감상을 위한 소재 찾기가 아니라 핵심 내용에 초점을 맞추는 과정입니다.

먼저 아이들에게 줄거리를 150~200자로 쓰게 합니다. 200자라고 하면 길 것 같지만 막상 써 보면 굉장히 짧습니다. 실제로 200자를 쓰라고 하면 너무 짧아서 쓰기 어렵다고 합니다. 아이들 대부분은 책의 앞부분 내용부터 시시콜콜 요약합니다. 책 내용을 절반쯤 소개하면 벌써 200자가 넘습니다. 무엇을 써야 할지 몰라 갈팡질팡하기 때문에 내용이 계속 길어집니다. 요약할 능력이 없으면 목차에 있는 소제목을 간단하게 요약해서 연결하면 됩니다. 중요한 내용을 많이 쓰고 배경 부분을 조금 쓰면 더 낫죠.

다 쓰고 나면 아이들이 쓴 요약문을 잘 보이는 곳에 1주일 정도 걸어 둡니다. 제대로 쓰지 못한 아이는 잘 쓴 친구 것을 보고 배웁니다.

1주일 뒤에는 '요약하기 대회'를 엽니다. 예선전은 100자로 줄이기! 책을 읽은 아이라면 대부분 예선을 통과할 수 있습니다. 탈락한 아이들이 심사를 하면서 자기들에게 부족한 부분을 배웁니다. 다시 1주일 뒤에 열리는 본선은 50자로 줄이기! 전체 내용을 50자로 줄이는 일은 힘듭니다. 마지막 결선은 20~30자로 줄이기입니다. 주제를 찾는 과정입니다.

한준이와 엄마가 시골에 내려가지만 한준이는 모두 맘에 안 들어 하고 물에 빠지자 달래 덕에 살아나 달래와 친해지고 큰 개 새끼 2마리가 자기가 준 스트레스 때문에 죽자 새끼를 묻어 주고 사과한다.

○○○(4, 여)

이 책은 엄마가 죽은 뒤부터 말을 안 하는 달래와 한준이가 점점 친해 지는 이야기다. 김나리(4, 여)

윗글은 《쇠똥 굴러가는 날》을 줄인 글입니다. 첫 번째 아이는 중요한 내용을 모두 줄거리에 넣으려다 보니 107자가 되었습니 다. 주제를 찾지 않고 이야기를 줄여 썼기 때문입니다. 나리는 책 이 무엇을 말하는지 정확하게 썼습니다. 이렇게 내용의 요약하는 활동을 먼저 하면 독서 감상문에 줄거리만 길게 쓰지 않습니다. 책의 줄거리가 아니라 '죽은 뒤부터 말을 안 하는 달래와 한준이 가 점점 친해지는 이야기' 즉, '친해지는 이야기' 라는 렌즈를 통 해 재해석해서 씁니다. 그럼 독서 감상문도 누군가와 친해지는 이야기로 씁니다. 책을 읽고 찾아 낸 내용을 자기 삶과 연결 지어 씁니다. 당연히 좋은 독서 감상문이 나옵니다.

잎싹은 자기의 인생과 운명에 굴복하지 않고 스스로의 힘으로 바꾸어 놨다. 유승민(5, 남)

승민이는 《마당을 나온 암탉》을 딱 30자로 요약했습니다. 승 민이가 바라본 《마당을 나온 암탉》은 도전하는 인생입니다. 감상 문을 쓴다면 도전하는 인생에 대해 쓸 것이고, 논술도 도전하자 는 내용으로 쓰겠지요. 뼈대를 찾았으니 새로운 살을 붙이면서 자신이 흠뻑 들어간 글을 쓸 겁니다. 줄거리만 쓰는 글이 결코 나 올 리 없습니다. 글의 뼈대가 '도전하는 인생' 이니까요.

내 생각과 다른 생각을 엮어서 써 보기

　문장 이어 쓰기는 책에 관한 내용을 여러 사람이 한 문장씩 돌려 가며 쓰는 몸 풀이 활동입니다. 내 생각과 친구 생각을 함께 엮어서 생각의 범위를 넓히는 방식입니다. 네 명이 하면 네 문장이 되고, 여섯 명이 하면 여섯 문장이 됩니다. 방법은 이렇습니다.

★ 문장 이어 쓰기 방법
(1) 4~6명씩 둥글게 앉는다.
(2) 책에서 읽은 내용을 바탕으로 각자 공책에 한 문장씩 쓴다. 책 내용을 요약해도 되고 읽은 느낌을 써도 된다.
(3) 동시에 같은 방향으로 돌린다. 자기 공책은 오른쪽 친구에게 주고 자신은 왼쪽 친구 공책을 받는다. 처음에는 꼭 동시에 돌려야 한다. 그래야 순서가 바뀌지 않고 진지하게 쓴다.
(4) 받은 공책에 쓰인 문장을 읽고 이어서 연결 문장을 쓴다. 대부분 아이들은 앞사람이 적은 문장에 댓글을 쓴다. 이렇게 하면 내용 연결이 어색해진다. 앞사람이 쓴 내용을 자신이 썼다고 생각하고 내용이 이어지도록 문장을 써야 한다.
(5) 다 쓰면 같은 방식으로 공책을 돌리고, 새로 받은 공책에 계속 이어 쓴다.
(6) 자기 공책이 돌아올 때까지 되풀이한다.

　이 활동에서는 첫 문장이 중요합니다. 한 아이가 '이 책에는 쇠똥구리가 나온다.'고 썼습니다. 책을 읽지 않았거든요. 《쇠똥 굴러가는 날》이니 쇠똥구리가 나오리라 예상하고 썼습니다. 이어서 쓰는 다른 아이들도 한준이가 나온다, 진달래가 나온다, 심지어 큰 개가 나온다고 이어서 적었습니다. 이걸 보며 함께 웃었습니다. 등장인물은 확실하게 알겠네요. 쓴 아이는 공책을 돌려받고 쇠똥구리, 한준이, 진달래, 큰외삼촌, 큰 개가 나오는 이 책을 읽어야겠다고 했습니다.

처음에는 주로 등장인물, 장소, 중요 사건을 적습니다. 그래도 좋습니다. 사람마다 관점이 다르기 때문에 완전히 새로운 내용을 쓰는 아이도 있는데, 그냥 그 내용을 바탕으로 삼아 문장을 만들어야 합니다. 그러면 새로운 이야기가 나옵니다.

이렇게 몇 번을 해 보면 아이들이 느낌을 씁니다. 소망을 쓰고 감정을 드러냅니다. 자신이 쓴 한 문장으로 간단하게 시작하지만 나중에 자신에게 돌아온 글은 처음 쓴 글과 완전히 다를 수도 있습니다. 이 활동을 바탕으로 독서 감상문을 쓰면 줄거리를 쓰는 아이가 확 줄어듭니다. 친구들과 함께 만든 글에는 새로움이 들어 있으니까요.

★ 문장 이어 쓰기의 예

• 대상 도서 : 《마당을 나온 암탉》

1. 잎싹이 초록머리를 지키려고 하는 것처럼 동생을 보호해야겠다.
박민영(5, 남)

2. 나도 오빠를 보호해야겠다. 박교영(5, 여)

3. 동생과 언니나 오빠를 보호하려면 어떻게 해야 할까? 김수연(5, 여)

4. 지켜봐야 한다. 유지은(5, 여)

5. 하지만 어려운 일에 처하는데도 지켜보아야 하는가? 유승민(5, 남)

6. 어려운 일에 따라 대처해야겠다. 김수빈(5, 여)

7. 가족을 위해 내가 필요할 땐 어려운 일도 해 줘야겠다. 양원화(6, 여)

8. 나는 지금도 어려운 일을 충분히 한다고 생각한다. 안정민(5, 여)

《마당을 나간 암탉》을 읽고 민영이는 책의 내용이 아닌 자기 다짐을 적었습니다. 민영이와 교영이는 1분 간격으로 태어난 쌍둥이 남매입니다. 1분 차이인데도 교영이는 민영이에게 깍듯이 오빠라고 합니다. 집에서 민영이는 오빠의 책임감을, 교영이는 동생의 태도에 대해 자주 들어서인지 남매가 쓴 문장에는 자기 이야기가 들어 있습니다.

세 번째 문장을 써야 할 때 제가 옆에서 조건을 줍니다.

"이번에 쓰는 친구는 질문 형식으로 써 보자."

다섯 번째 문장을 쓰기 전에 제가 또 끼어듭니다.

"이번에는 앞 사람이 쓴 내용을 뒤집어서 써 보자. 반대를 하거나 글의 방향을 바꾸는 거야."

이렇게 아이들이 이어서 쓰는 도중에 접속사 넣기, 제시하는 낱말이나 의성어 넣기, 책 내용 전혀 넣지 않기, 다른 책 내용 인용하기, 사람을 소개하는 내용 넣기, 자기 고민을 슬쩍 끼워 넣기 등을 제시하면 내용이 한없이 넓어집니다. 이것만으로도 수많은 생각을 펼칠 수 있습니다. 자기가 시작한 글이지만 처음에 자기가 예상한 글이 아닙니다. 친구들이 나를 위해 만들어 준 글입니다. 이렇게 글을 써 보면 생각이 사람마다 얼마나 다른지, 처음 의도한 글과 얼마나 바뀌었는지, 글을 얼마나 다양하게 쓸 수 있는지 알 수 있습니다.

문장 이어 쓰기는 여럿이 함께 글을 쓰기 때문에 여러 사람 생각이 드러납니다. 미처 생각하지 못했던 내용을 만납니다. 새로운 느낌도 갖게 되고 예상하지 못한 이야기를 돌려받습니다. 줄거리 요약하기에서 마지막으로 쓴 문장을 시작 문장으로 쓰도록 제안해 보세요. 책과 관련된 이야기를 곁들여 '서로 다른 생각을 알아보자.'고 해 보세요. 그러면 조금이라도 자기만의 생각에서 벗어나게 될 겁니다. 문장 이어 쓰기에 적혀 있는 내용을 바탕으로 독서 감상문을 쓰면 다른 사람 생각에 도움을 받아 좀 더 나은 글을 씁니다.

3. 다양한 독서 감상문 써 보기

이름뿐인 독서 감상문 = 책 + 나 - 나 = 책

저는 아이들이 독서 감상문을 쓰기 전에 신데렐라 얘기를 지루하게 해 줍니다. 아이들이 다 아는 이야기라고, 유치하다고 떠들어 대도 무시하고 계속 말합니다. 마지막으로 "신데렐라가 행복하게 살았대. 앞으로 나도 꾸준히 노력해야겠다!"라고 말하고 이렇게 묻습니다.

"이 독서 감상문 어때?"

아이들이 깔깔대며 웃습니다. 웃기다는 생각이 드는 게 당연합니다. 독서 감상문에는 줄거리도 필요합니다. 하지만 너무 줄거리만 쓰기 때문에 처음에는 줄거리를 아예 쓰지 말라고 합니다. 그럼 아이들은 무얼 쓸지 모르겠다고 합니다. 이때 저는 독서 감상문을 이해시키기 위해 제 마음대로 지어낸 김득신 선생님 이야기를 해 줍니다.

"책 한 권을 몇 번까지 읽을 수 있을까? 우리나라에서 책 한 권을 11만 3천 번 읽은 사람이 있어. 바로 김득신 선생님이야! 이분은 《백이전》만 11만 3천 번을 읽었어. 어려서 머리가 나빠 글을 제대로 읽지도 못했다고 해. 열 살에 글을 읽기 시작했고 59살이 되어서야 성균관에 입학했어. 보통 위인들은 열 살, 최소한 열다섯 살 전에 성균관에 입학하는데 말이야. 하지만 정말 미련하게 책을 읽었어. 1만 번 이상 읽은 책 이름을 써 놓는 공책이 따로 있었어. 나중에는 효종 임금도 칭찬할 정도로 시를 잘 쓰게 되었어.

하지만 머리가 정말 나빴으니 좋지 않은 일도 많이 겪었을 거야. 아무리 책을 읽어도 머리에 남는 게 없어 집에서 쫓겨났어.(실제로는 김시민 장군의 손자로 좋은 환경에서 자랐습니다. 나중에 독서 감상문을 설명하기 위해 제가 지어낸 이야기라고 말하면 아이들이 이해합니다.) 거지로 살아야 하니 누가 밥을 주겠어? 깡통 들고 다니며 밥을 얻어먹었어. 겨우 밥을 먹을 때는 밥과 김치만 먹었어. 김치는 아주 조금밖에 없을 수 없었지. 그러니 독서 감상문을 쓸 때도 '밥-김치' 감상문을 썼어. 밥은 줄거리이고 김치는 느낌이야. 줄거리만 잔뜩 쓰고 맨 끝에 느낌을 간단하게 쓰는 거지.

우리가 쓰는 대부분의 독서 감상문과 비슷해. 이렇게 쓰는 건 이름뿐인 독서 감상문이야. 책을 읽은 내 이야기가 없으면 그건 줄거리 요약이지 감상문이 아니야. 다 아는 신데렐라 이야기를 지겹게 듣는 것과 같은 느낌인 거지."

아이들이 줄거리만 잔뜩 쓰는 까닭은 독서록과 학습지 영향이 큽니다. 시중에 팔리는 독서록은 줄거리 15줄, 느낌 5줄 정도 쓰는 칸을 미리 만들어 놓습니다. 아이들은 여기에 줄거리를 쓰고 느낌을 덧붙이며 독서 감상문은 이렇게 쓰는 거라고 배웁니다. 이름뿐인 독서 감상문을 쓰게 되는 겁니다. 심지어 학교에서 이런 형식으로 학습지를 만들어 주기도 합니다. 그러면 아이는 줄거리를 잔뜩 쓰고 "참 많은 것을 느꼈다.""참 재미있었습니다." "나도 착한 어린이가 되겠다."라고 덧붙여 쓰지만, 사실은 아무것도 느끼지 못했습니다. 독서 감상문은 '책과 나'의 만남인데 나는 빠져 있습니다. 그 결과 책만 남습니다. "책 + 나 − 나 = 책"이 됩니다.

저는 수업 중에 질문을 합니다.

"용수철을 이용하여 장난감을 만들려고 하는데 어떻게 하면 될까?"

장난으로 이렇게 대답하는 아이들이 꼭 있습니다.

"잘하면 돼요!"

"열심히, 부지런히, 최선을 다해서 만들면 돼요!"

이런 대답은 차라리 모른다고 말하는 것보다 나쁩니다. 느끼지 못했기 때문에 그냥 '참 많이 느꼈다.'고 합니다. 어떻게 하는지 모르기 때문에 '잘, 열심히, 최선을 다해서 하면 된다.'면서 적당히 넘어가려고 합니다. 늘 '참 많이 느꼈다.'고 쓰는 것은 사실 전혀 모른다는 뜻입니다.

까막눈 삼디기를 읽고[72]

① 삼디기는 글을 읽을 수 없어서 친구들에게 놀림 받았다. ② 나는 달리기를 못해서 가끔 친구들에게 놀림을 받는다. ③ 나는 삼디기보다 잘하고 싶다. ④ 삼디기는 보라 때문에 글을 읽을 수 있었다. ⑤ 나는 태민이 때문에 달리기를 잘할 수 있었다.

이 아이는 독서 감상문이랄 수 없는 글을 썼습니다. 너무 짧아서 내용이 전달되지 않습니다. 그래도 줄거리만 잔뜩 쓰는 아이보다 기대를 더 가집니다. 자기 생각을 쓸 수 있다면 소망이 있습니다.

답글 : 너무 급하게 글을 썼구나. 내용은 참 좋아. 놀림받는다는 사실을 자기 이야기와 연결 지었구나! 그런데 이야기를 연결 지어 쓰기보다는 연관된 문장을 이것저것 늘어 썼어. 생각을 연결 지어 쓰려면 일기부터 차근차근 자주 써 봐야 해. 노력해서 자세하게 쓰려고 하면 달라질 거야! 어떤 뜻인지 잘 모르면 길게 쓰면 돼. ①, ② 내용을 연결 지어서 자세하게 써야 해. 어떻게 놀림받았고 그때 마음은 어땠지? 갑자기 ③ 잘하고 싶다는 이야기가 나오지. ④와 ⑤도 보라와 태민이가 삼디기와 나를 어떻게 도와주었는지, 그때 마음은 어떠했는지 써야 해. 글은 써내는 게 아니고 마음을 표현하는 거야. 생각을 많이 해 봐야지. 퀴즈 맞추기처럼 정답도 없어. 열심히 노력해 보자.

이렇게 답글을 써 주고 고쳐 쓰게 합니다. 하지만 아이는 제가 써 준 답글을 보고도 어떻게 고쳐 써야 할지 모릅니다. 늘 이 정도 분량으로 이렇게만 써 왔거든요. 짧게 쓰는 아이에게 '자세하게 써라.'는 말은 불을 꺼 놓고 길을 찾아가라는 말과 비슷합니다. 다시 써 와도 똑같은 수준입니다. 모파상 역시 플로베르를 찾아가 문학 지도를 부탁했을 때 이 아이와 비슷했습니다. 플로베르가 묘사하라고 한 모습은 한 시간이 지나도 변하는 게 없는 단순한 광경이라 몇 줄밖에 쓰지 못했습니다.[73] 하지만 연습을 하면서 탁월한 작가가 되었습니다.

저는 처음 쓴 각 문장을 늘여서 쓰라고 합니다.

"① 삼디기는 글을 읽을 수 없어서 친구들에게 놀림받았다." 이 문장을 세 문장으로 늘여 씁니다. "② 나는 달리기를 못해서 가끔 친구들에게 놀림을 받는다." 이 문장 역시 세 문장으로 늘여 씁니다. 누가 어떻게 놀리는지, 그때 기분은 어떤지, 아이는 다른 친구를 놀리지 않는지 쓰게 합니다.

나머지 문장도 마찬가지로 새로운 내용을 덧붙이지는 말고 원래 문장을 설명하라고 합니다. 이 방법이 뉴베리상 수상 작가인 게일 카슨 레빈이 《행복한 글쓰기》에서 말한 세부 묘사[74]입니다. 이렇게 하면 처음 쓴 글과 내용은 같지만 좀 더 나은 글이 됩니다.

헬렌 켈러를 읽고[75]

OOO(4, 여)

헬렌 켈러는 태어나서 동네에서 제일 예쁘다고 소문도 났다는데. 그리고 안타깝게도 눈이 봉사여서 앞도 못 보고 너무 불쌍하다. 헬렌 켈러는 느낌으로 다 알고 공부했다고 합니다. 느낌으로 느낄 수 있었던 것은 그를 가르쳐 준 한 분의 선생님이 계셨다는데 헬렌 켈러는 너무 대단하다. 줄거리는 선생님이 말하지 말라고 그랬는데.

헬렌 켈러도 장애인 중 장애인 어느 선생님의 가르침으로 희망을 가지고 노력을 해서 결국 해내고 마는 헬렌 켈러 너무 대단하다. 희망은 우리에게, 소망은 나에게, 믿음도 여전히 나에게 있습니다. 그중 나에게는 희망이 없는 것 같다.

이 아이는 자신의 느낌으로 독서 감상문을 시작했지만 쓸 말이 없어 줄거리로 돌아왔습니다. 그러다가 '아차, 선생님이 줄거리 쓰지 말라고 했는데.' 하며 다시 느낌으로 돌아옵니다. 마지막 문장이 의문을 남깁니다. 왜 스스로에게 희망이 없다고 할까요? 아이는 자신감이 부족합니다. 제가 일기장에 써 주는 말을 보물처럼 아끼고 고마워합니다. 《헬렌 켈러》를 읽고 희망 없는 자신을 표현했으니 줄거리를 쓴 감상문보다 좋습니다.

독서 감상문 쓰기를 몇 번 하면 느낌을 많이 써야 한다는 부담을 갖습니다. 생각을 많이 써야 좋다고 들어 생각을 짜냅니다. 그래도 줄거리 쓰는 습관을 버리지 못해 줄거리 쓰다가 '아, 생각을 많이 써야지!' 하며 생각을 씁니다. 다시 줄거리로 돌아갔다가 생각을 끼워 넣고 줄거리, 생각이 이어집니다. 잘 쓰고 싶지만 여전히 어떻게 쓰는지 모르는 아이에게 제 마음대로 지어낸 김득신 선생 이야기를 해 줍니다.

"지난번에 말한 김득신 선생님이 군대에 갔어.(역시 제가 지어낸 이야기입니다.) 군대에 가면 밥 한 그릇에 반찬 세 가지를 먹어야 해. 어떻게 먹을까? 밥을 먹고, 반찬 하나 먹고, 또 밥을 먹고, 반찬 하나 먹고 그러겠지. 밥은 줄거리이고 반찬은 생각이야. 줄거리를 간단하게 쓰고 느낌을 쓰고 다시 줄거리를 쓰고 느낌을 쓰는 거야. '밥 – 김치' 감상문보다는 낫지만 크게 다르지 않지? 줄거리 대신 책을 읽은 까닭, 가장 기억나는 부분, 보고 들은 말, 비슷한 책을 쓰는 독서 감상문도 있어. 예를 들어 책을 읽은 까닭, 줄거리, 기억나는 부분, 줄거리, 느낌을 이어서 쓰는 거야. 독서 감상문을 하나 들려줄게. 1학년이 쓴 거야. 잘 듣고 선생님 질문에 대답해 볼래?"

해와 달은 오누이[76]

이태화(1, 남)

나는 호랑이를 볼라 했다. 왜 볼라 했냐하면 호랑이가 좋아서 책에서 나왔다. 책에서는 호랑이가 걸어 다녔다. 진짜 호랑이는 기어 다니는데 책에서 나오는 호랑이는 걸어 다녔다. 그런데 맨 마지막에 호랑이가 하나님한테 빌어서 동아줄이 나왔다. 올라가던 동아줄은 올라가다 떨어졌다. 거기가 제일 재미있다. 아이들이 살아난 게 제일 많이 마음에 든다. 나는 아이들이 살고 엄마가 살고 있으면 좋겠다. 엄마가 호랑이한테만 안 들켰으면 엄마는 호랑이한테 안 잡히고 아이들이랑 같이 살아서 행복하게 살았으면 좋겠다. 나는 호랑이가 불쌍하다. 그런데 나쁜 호랑이다. 나쁜 호랑이가 아니었다면 엄마도 안 잡아먹히고 아이들도 엄마랑 같이 살아서 행복하게 살면 좋겠다. 호랑이가 좋은 호랑이라면 엄마가 살아서 행복하게 살 것 같다. 호랑이는 동아줄이 끊어져서 호랑이도 불쌍하다. 아빠가 있었으면 엄마가 살 수 있는데 아빠가 없어서 엄마가 호랑이한테 잡아먹힌 거다. 호랑이도 불쌍하고 엄마도 불쌍하다. 둘 다 불쌍하다. 엄마는 잡아먹혀서 불쌍하고 호랑이는 동아줄이 끊어져서 불쌍하다. 그래서 둘 다 불쌍한 거다. 나는 해와 달은 오누이를 읽었다.

초등학교 1학년 태화가 쓴 독서 감상문을 읽어 주고 나서 물어 봅니다.

"이런 내용을 독서 감상문으로 썼는데 이건 잘 쓴 독서 감상문 일까?"

"잘 쓴 거예요. 아닌가……?"

"이 글은 쥐어짜 낸 걸까, 정말 느낌을 쓴 걸까?"

"쥐어짜 낸 게 아니에요."

"우선 줄거리가 나오지. 여기에 책을 읽은 이유와 가장 마음에 든 부분, 자기만의 느낌을 썼어. 이 정도면 정말 잘 쓴 거야. 모두들 호랑이는 마땅히 죽어야 한다고 생각하지만, 태화는 그런 틀에서도 벗어났거든. 그냥 생각나는 대로 썼고 짜임새가 부족하긴

해도 틀에 박힌 독서 감상문보다 훨씬 좋아. 글 전체를 하나로 이어 주는 연결 고리, 즉 주제가 있는 글이면 더 좋겠지."

실제로 태화는 어떻게 써야 하는지 의식하지 않고 독서 감상문을 썼습니다. 그래서 책을 읽은 느낌이 그대로 살아 있습니다. 감상에는 정답이 없습니다. 이 글을 읽고 다른 부모님이 '너무 순수하고 귀한 마음'이라고 다시 감상문을 보냈습니다. 그러고 보면다시 감상을 일으키는 감상문이 진짜 좋은 감상문입니다. 하지만태화가 쓴 글은 시작입니다. 완성은 아닙니다.

비빔밥 독서 감상문 = 책 + 나

판에 박힌 독서 감상문을 '밥 - 김치' '밥 - 반찬, 밥 - 반찬'을먹는 것에 빗대어 설명한다면, 잘 쓴 독서 감상문을 설명할 때는'비빔밥'의 비유를 듭니다.

"너희들, 비빔밥 먹어 봤지? 비빔밥에는 여러 가지 재료가 한꺼번에 들어가 섞여서 새로운 맛을 내잖아. 원래 밥과 다르게 변하지만 맛은 끝내주지! 독서 감상문은 책 내용과 내 삶, 생각이버무려져서 새로운 걸 만들어 내는 거야. 반드시 줄거리를 쓰지말라는 건 아니야. 중요한 건 책을 통해서 새로운 생각을 가지게되는 거지."

이렇게 설명하고 다른 아이가 쓴 독서 감상문을 보여 줍니다.이 글은 수연이가 《샬롯의 거미줄》을 읽고 쓴 독서 감상문입니다. 조금 길어도 소개해 보도록 하겠습니다.

김수연(5, 여)[77]

내가 사는 이유는 뭘까? 바로 가족이다. 난 가족이 없으면 슬프다. 또 괜한 불안감이 생긴다. 하지만 가족이 있으면 의욕도 생기고 편안하다. 그럼 윌버의 삶의 이유는 뭘까? 샬롯을 만나기 전 윌버는 살아가는 이유가 없고 삶의 목표도 없었다. 뿐만 아니라 윌버는 사람들에게 잡아먹힌다는 불안감에 휩싸여 있었다. 그랬던 윌버에게 희망과 삶의 이유를 준 것은 샬롯이다. 샬롯은 인간보다 똑똑하다. 샬롯은 무작정 윌버와 친구가 되지 않았다. 샬롯은 윌버가 괜찮은 돼지인지, 친구가 되면 좋을지 생각하고 친구가 되었다. 이 한마디로 알 수 있다.

"친구를 원하니, 윌버? 내게 네 친구가 되어 줄게. 하루 종일 너를 지켜봤는데 네가 마음에 들었어!"

윌버는 샬롯과 친구가 된 뒤부터 걱정도 안 하고 하루하루를 즐겁게 지냈다. 난 친구를 사귈 때 아무런 생각을 하지 않는다. 일단 친하게 지내다가 나랑 맞지 않는다 싶으면 조금씩, 조금씩 멀어져 간다. 이런 것보다는 샬롯이 더 나은 방법 같다. 그래서 6학년 새 학기 때는 이런 방법을 써 볼 것이다. 요즘은 친구 없는 애들이 거의 없어서 내가 맘에 들건 말건 상관하지 않을 것 같지만 말이다.

뉴스에서 보면 회사가 부도나서 자살을 하는 사람들이 있는 반면에 부도가 나도 새로운 일자리를 찾아서 노력하는 사람들도 있다. 또 자신의 부모님이 돌아가셨다고 삶의 의욕을 잃어서 부모님 뒤를 따라가는 사람도 있다. 이런 사람들은 생각이 짧거나 아니면 부모님을 너무 사랑했던 사람일 것이다. 물론 부모님을 사랑하는 현명한 사람은 이렇게 울기만 하면 하늘에 계시는 부모님이 더 슬퍼하실 거라고 다짐하여 더 희망차게 살 것이다.

오늘 아침, 학교에 가려고 집을 나서는데 검은 양복을 입으신 사람들이 울면서 계단에서 내려왔다. 엄마가 사람이 돌아가신 것 같다며 조금 있다가 가라고 하셨다. 그 사람들 중에서는 "나 이제 어떻게 사나? 흑흑흑"하는 사람도 있고 "괜찮아, 울지 말어. 이러면 우리가 더 힘들어져!" 하며 오히려 격려를 하는 사람도 보았다. 나는 마음이 울컥 하며 울렁거렸다. 왠지 슬펐다. 그 모습을 보니 나도 희망이 있는 건지 없는 건지 모르겠다. 말은 '망했다.' 하면서 생각은 '할 수 있지 못하는 게 어딨어?' 한다. 이래서 사람들은 나보고 내성적이라고 하는 것 같다.

샬롯은 내성적이지도 외향적이지도 않다. 속으로는 생각을 굉장히 많이 하면서도 윌버에게는 말해 주지 않는다. 그러면서도 할 말은 다 한다. 샬롯 같은 친구가 있으면 답답할 것 같다. 그렇게 중요한 내용을 나에게 말해 주지 않으면 꼭 날 믿지 않는 것 같기 때문이다. 그래서 난 요즘 한 명의 친구에게 마음을 열려고 한다. 그 친구는 이미 마음을 연 것 같아서 이제 마음을 열려고 한다.

난 윌버와 샬롯이 부럽다. 요즘은 사람을 완전히 믿으면 안 된다고 생각한다. 사람을 완전히 믿었다가 손해 보는 사람이 한두 명이 아니기 때문이다. 친구에게 중요한 비밀을 말했는데 그 친구가 절대 말하지 않는다고 했지만 비밀을 말한 적도 있다. 좀 크게 말한다면 엄청 가수가 되고 싶은 사람이 어찌하다가 길거리 캐스팅이 되었는데 기껏 돈 가져오고 친구들에게 다 말했는데 사기꾼이다. 이래서 사람들이 사람을 완전히 믿으면 안 된다고 한다. 하지만 난 윌버와 샬롯처럼 서로를 믿고 싶다. 비록 샬롯이 죽었지만 윌버와 샬롯의 우정이 영원하면 좋겠다. 난 샬롯과 윌버처럼 영원히는 아니더라도 지금 내 친구들이 나를 기억해 줘서 어른이 되어서도 친하게 지내고 싶다. 내 우정이 영원히 깨지지 않기를 바란다.

보통 아이들은 '나도 샬롯처럼 친구를 도와주어야겠다.' 정도만 씁니다. 하지만 수연이는 자신이 어떤 태도로 살아가야 하는지에 대해 고민하며 글을 썼습니다. 책과 수연이 마음이 잘 어우러져 풍성한 의미를 전해 주고 있습니다.

책과 내가 더해진 독서 감상문은 책을 통해서 나와 이웃과 세상을 보는 글쓰기입니다. 선글라스를 끼고 보면 세상이 선글라스 색깔로 보입니다. 책 역시 마찬가지입니다. 내가 읽은 책으로 세상을 보는 거지요. 수연이는 샬롯이 윌버에게 살아가는 이유를 준 것처럼, 자신을 살아가게 하는 이유가 무엇인지 생각합니다. 이것이 좋은 독서 감상문이지요.

저는 다달이 문집을 만들고 그때마다 문집에 대한 독서 감상문을 씁니다. 아이들은 평소 제가 가르쳐 주는 것보다 문집을 보며 더 많이 배웁니다. 친구들이 쓴 글을 읽으며 친구 생각을 읽습니다. 서로 다른 느낌을 읽으며 차이를 배웁니다. 물론 저도 교실에서 문장 쓰는 법, 개요 짜는 법, 다듬고 완성하는 법, 무엇보다 쓸 만한 내용을 찾는 법을 가르칩니다. 하지만 아이들을 정말 잘 가르치는 건 제가 아니라 문집입니다. 제가 가르치는 것보다 훨씬 풍성한 가르침이 친구들 글에 들어 있습니다.

문집을 읽고[78]

○○○(6, 여)

엄마가 없다. 이럴 땐 문집을 봐야 한다. 아직은 문집을 자세하게 읽어 보지 못했다. 일기를 쓰면서 문집을 읽고 있다. 선영이 글이 보인다. 선영이는 글을 참 잘 쓰는 것 같다. 어떻게 저렇게 긍정적이면서도 자기 생각을 잘 표현하는지…… 한덕이도 보면 괜찮은 것 같다. 얼굴을 보면 싫다. 하는 행동, 말…… 에휴, 싫다. 형태 글이다. 형태는 말도 귀엽고 얼굴도 귀엽고 글도 귀엽다. 대근이 글. 오늘 생각한 건데 그렇게 싫던 대근이가 귀엽다. 달라는 것은 다 준다. 멍청한 순댕이다. 신애 글이다. 가장 재미있는 글이다. '흰머리' '엄마 죽지 마' 정말 재미있다. 내 글이다. 몇 장 넘겨보니 나온다. 난 꼭 내 글을 읽고 지나간다. 이상하다. 한 장 넘겨 보니 내 글이 하나 더 있다. 읽어 보니 '아이들의 희망을 갉아먹지 말아야지!'라는 말이 있다. 들으면 좋은 말인데 희망이 무엇을 의미하는지 모르겠다. 희망, 희망 모르겠다. 빛날 희자인가? 국어사전을 찾아봤다. 빛날 희자는 아니다. '어떤 일을 이루고자 또 그걸 얻고자 하는 바람'이라고 쓰여 있다. 아, 이제야 알겠다. 우리가 바라는 것이나 원하는 것을 없애지 않겠다는 뜻이다. 맞는지는 모르겠다. 그냥 느낌이다.

첫 번째 문집에서 선생님 글을 봤다. 차라리 실망하더라도 더 많이 기대하고 싶다고 그랬다. 무리다. 우리에게 더 많이 주고 더 많이 기대한다는 것은…… 인간은 악에서 헤어날 수 없는 곳까지 왔다. 아직 순진할 것만 같은 아이들에게 실망이 이만저만이 아닐 것이다. 질투하고 시기하고 싸우고 울고 이 자체가 순진하고 어린 가시라고 생각할 수 있지만 나는 아니라고 생각한다. 독거미의 거미줄에 걸리고 말았다. 거미가 벌레를 잡아먹는 그때 우리는 죽음을 맞이하는 것이다. 악과 선이 갈라진다. 세상에서 가장 아름다운 이야기처럼 그 이야기에 나오는 천진난만한 아이처럼 그렇게 아름답다면…… 죽는 것은 없을 것 같다. 하지만 악과 선의 한계는 어디이며 무엇이 기준인지 모르겠다. 도대체.

아이는 문집에 실린 친구 글을 읽고 나름대로 재해석합니다. 친구들 글에 대한 생각을 짧게, 짧게 표현하다가 '기대' '희망' 에 대해 생각합니다. 그리고 선과 악으로 나갑니다. 이건 '나는 어떤 존재인가?' '나는 왜 살아가는가?' 를 찾아가는 과정입니다. 과정을 거치는 아이는 결과만으로 평가당한다고 해서 결코 넘어지지 않습니다. 좋은 독서 감상문은 훌륭한 배움을 남깁니다.

주제가 있는 독서 감상문 : 책이 읽은 나, 내가 읽은 책

독서 감상문은 책을 읽고 느낌을 적는 글입니다. 책에 대한 이야기만 있는 독서 감상문은 대상은 있지만 대상을 보고 느끼는 주체가 없으므로 감상문이라 할 수 없습니다. 쓰는 사람과 책이 어우러진 글을 써야 하지만 쉽지 않습니다. 줄거리만 쓰는 감상문은 이미 다른 사람들이 만들어 놓은 것을 정리하는 겁니다. 정답을 찾아내듯 쓴 글은 자신이 들어 있지 않습니다.

감상문은 문제 해결을 위한 수단이 아닙니다. 책과 내가 만나는 지점을 찾아 그곳에 글로 흔적을 남겨 놓아야 진짜 감상문입니다. 성적을 높이기 위해 문제 풀이에 매인 아이들은 교사에게 받은 과제를 풀어야 할 문제로 봅니다. 독서 감상문조차 문제 풀듯이 풀어내려고 합니다. 즉, 찾아내야 할 정답을 가정하고 글을 씁니다. 차라리 논술을 가르치기가 더 쉽습니다. 무언가 주장해야 한다는 사실은 알고 있으니까요. 그에 비해 '감상'을 가르치는 것은 훨씬 어렵습니다. 독서 감상문을 지도할 때 저는 대체로 다음 순서를 따릅니다.

> ★ 독서 감상문을 쓸 때 부탁하는 내용
> 1. 줄거리를 쓰지 말자 책 내용을 요약하지 말고 자기 이야기를 해 보자.
> 2. 도덕책이 원하는 정답을 쓰지 말자 책을 읽고 난 생각이나 생각은 다양해야 해. 실제로 느껴지기 전에는 "나는 이 책을 읽고 참 많은 것을 느꼈다. 이제부터는 최선을 다해서 정직하게 열심히 살겠다!"라고 쓰지 말자.
> 3. 쥐어짜 낸 독서 감상문을 피하자 책을 읽고 '그냥 재미있다.'는 생각만 들면 줄거리만 읽은 거야. 그런 책은 다시 읽으며 할 말이 생겨야 해. 끝까지 생각이 나지 않는다면 차라리 감상문 쓰기를 피하는 게 나아.

　이렇게 말하면 아이들은 날개를 잃은 새처럼 어디로 가야 할지 몰라 당황합니다. '비빔밥 독서 감상문'이 좋은 것 같지만 어떻게 써야 하는지 모릅니다. 한 번도 책과 자신, 세상을 비벼서 생각하고 글로 써 본 적이 없기 때문입니다.

　이때 '주제 독서 감상문'을 알려 줍니다. 먼저 책을 읽고 주제를 찾게 합니다. 국어 시간에 중심 문장을 찾고 중심 내용을 찾는 정답 찾기와는 다릅니다. 책을 읽고 가장 와 닿는 낱말을 하나 고릅니다. 《안네의 일기》를 읽었다면 '일기, 성장, 우정, 사랑, 외로움, 괴롭힘, 차별, 편견과 같은 낱말들을 고릅니다. '독일'이나 '유대인'도 주제어로 삼을 수 있습니다. 국어 교사가 뽑는 주제어가 아니라 읽은 아이가 뽑는 주제어이므로 정답이 있을 수 없습니다.

그런 다음 글을 씁니다. '일기'를 주제어로 정한 아이는 《안네의 일기》를 가지고 일기에 대한 글을 쓰면 됩니다. 책 내용도 쓸 것이고 자신이 쓴 일기, 일기에 관련된 추억, 지겹게 억지로 쓴 일기 등을 모두 엮어서 글을 씁니다. 아이가 일기라는 낱말을 주제어로 정한 까닭은 일기에 대해 나름대로 생각을 했다는 말입니다. 즉, 쓸거리를 찾았다는 뜻입니다. 그렇다면 줄거리만 쓸 수 없습니다. 쓰고 싶은 이야기가 있으니까요. 독서 감상문을 가르치며 아이들이 가장 쉽게 받아들이고 결과도 좋았던 방법이 주제 독서 감상문입니다.

이렇게 구체적으로 어떻게 써야 할지를 알려 주면, 아이들의 글쓰기가 달라집니다. 주제 독서 감상문을 가르치기 전까지는 저 역시도 아이들이 스스로 쓰고 싶어 하는 내용은 평소보다 몇 배의 분량으로 글을 쓴다는 사실을 몰랐습니다.

행복[79]

대상 도서 : 《소리 공책의 비밀》

박아영(5, 여)

나는 자신이 원하는 것을 하는 것이 진정하고 참된 행복이라고 생각한다. 지금 내가 가족들과 함께 즐겁게 살아가고 있는 것처럼 사람들의 행복은 모두 다르다. 어떤 사람들은 돈이 많으면 행복하다고 하고 청소하는 것이 행복하다고 말하는 사람도 있다. 행복이란 무엇 무엇을 해야만 있는 것이 아니다. 나에게 아무것도 아닌 것이 누군가에게는 행복이 될 수도 있다. 내 동생에게 가장 행복한 일은 무엇일 것 같냐고 물었는데 동생은 "나는 내가 가지고 싶은 장난감을 가지면 행복할 것 같아!"라고 했다. 과연 이것은 행복일까? 행복이 될 수도 있겠지.

하지만 우리 동생에게는 아니다. 가지고자 하는 장난감을 가끔 사 주면 짧으면 일주일, 길면 한 달 정도 간다. 동생이 어려서 그런지 장난감 이야기가 나온 것 같다. 그냥 말하면 동생이 모를 것 같아서 내가 동생에게 말하고자 하는 것이 목까지 올라왔다가 마음으로 갔다. 나는 마음속으로 나지막이 속삭였다. '만약 네가 가지고 싶은 장난감을 다 가지고 가족들과 바꾸면 어떻게 되겠니?' 내가 생각하기엔 동생이 생각하는 행복은 단지 야망에서 끝나는 것 같다. 야망이 과연 행복일까?

나는 아니라고 생각한다. 행복은 단지 생각이 아닌 지금 처해 있는 상황이라고 생각한다. 《소리 공책의 비밀》이라는 책에 나오는 주인공인 먹이도 그렇게 보였다. 엄마, 아빠도 없는 먹이, 듣지 못하는 먹이, 사람이 생각하기엔 정말 불쌍한 먹이! 이런 사람한테 행복이란 것이 있는가? 지금 이 세상에 먹이가 있다면 '부모 없는 자식' '장애인' 이런 말을 떠올려 피해 가는 사람들이 많겠지만 진정으로 따뜻한 마음을 가진 사람은 먹이를 도와줄 것이다. 이것 또한 행복한 일이 될 수 있다.

도서관에서 《소리 공책의 비밀》이란 제목을 보았을 때 공책에서 어떻게 소리가 나올까 궁금증이 생겨 읽게 되었다. 하지만 내용은 예상과 전혀 달랐다. 부모님이 없고 소리를 들을 수 없는 먹이가 주인공이다. 먹이는 소리를 듣지는 못하지만 풍물놀이를 아주 잘한다. 먹이보다 못 하는 아들 진성이만 가르치려는 상쇠 어른의 잘못된 생각 때문에 먹이는 힘들어하다가 비가 엄청 많이 오는 날 강물에 뛰어들었다. 그런데 먹이를 힘들게 하던 상쇠어른의 아들인 진성이가 구해 주고 먹이가 쓴 소리 공책을 보고 먹이의 마음을 알게 되었다. 진성이는 먹이와 친하게 지내게 된 것이 진짜 행복이고 먹이는 진성이가 살고 있는 마을에서 풍물놀이를 다시 할 수 있게 되어 행복하다.

내가 보기엔 먹이가 풍물놀이를 할 수 있다는 자체가 행복한 것이라고 생각한다. 보통 사람 같으면 꽹과리를 치되, 잘 안 되면 연습으로 끝나겠지만 먹이는 공책에 아주 섬세한 동작까지 그려 넣어 '소리 공책'을 만들고 꾸준히 연습했기 때문이다.

가끔 친구들에게 행복하냐고 물으면 행복하지 않다고 하는 친구들이 있다. '왜?' 하면 뭐 엄마한테 혼났다, 엄마가 잔소리를 했다고 말한다. 이것이 행복하지 않을까? 그렇지 않다. 엄마는 자식에게 관심을 갖고 사랑하기 때문에 혼내고 잔소리를 하는 것이다. 이것은 자신도 모를 행복이 된 셈이다. 친구들에게 "모든 사람들은 '행복'이란 낱말을 가지고 있어. 너희들이 말하는 '행복하지 않다.'는 말은 있을 수 없어. 너희들의 행복은 마음 한구석에 이미 크게 자리 잡은 것 같아!"라고 말했다.

동물들에게는 행복이란 낱말이 얼마든지 들어갈 수 있다. 하지만 대부분의 동물들은 생각을 못한다. 그래서 행복하다고 느끼지 못한다. 원숭이 같은 경우도 마찬가지이다. 원숭이 엄마가 자식을 독립시킬 때 그 아기는 엄마 품에서 떠나기 싫을 것이다. 그렇게 떨어지면 막상 뭘 해야 할지 모르지만 원숭이 엄마는 스스로 삶을 개척하고 훌륭한 원숭이가 되길 바라는 것 같다. 사람들은 잘 모르는 것 같다. 자신의 마음 한구석에 행복이란 낱말이 벌써 깃들어 있다는 사실을…….

아영이는 책 이야기를 할 때마다 《소리 공책의 비밀》을 말했습니다. 이 책을 아주 좋아해서 평소보다 두 배나 길게 글을 썼습니다. 주제를 행복으로 잡고 쓰지 않았다면 아영이도 줄거리를 요약하고 느낌을 몇 줄 쓰고 말았을지 모릅니다. 책을 읽고 마음을 움직인 주제를 찾아서 글을 쓰면 아이들은 책, 자기 자신, 주제가 어우러지는 글을 씁니다. 주제 독서 감상문을 쓸 때 저는 딱 한 가지 요령만 알려 줍니다.

"주제를 가지고 글을 쓰되, 책과 나, 세상이 하나의 주제 안에서 어우러져야 해. 희망이 주제면 희망에 대해 책이 하는 이야기, 내 이야기, 세상 이야기를 엮어 내는 거야. 희망을 주제로 쓴다면 희망에 대한 생각, 희망과 관련된 경험, 희망이 주는 영향, 희망이 필요한 곳에 대해서 쓰게 되는데, 이 모든 게 책과 나, 세상 안에 있는 이야기인 거지."

차별[80]

OOO(5, 여)

휴게소 화장실은 장애인 화장실도 포함되었다. 난 그 문을 열려 했을 때 사람들이 원망스러웠다. 아무리 힘으로 밀어 봐도 꿈쩍도 안 했다. 바로 옆에 있는 보통 일반인들의 화장실 또한 손으로 열고 들어가는 것이었다. 기대하지 않았다. 솔직히 말하면 이 문 또한 열리지 않았으면 했다. 문이 열렸을 때 난 화장실 안으로 들어온 상태였고 굳게 닫혀 있는 장애인 화장실에게 미안해졌다. 난 세상에서 차별이 가장 무서운 것이라 생각한다. 내가 겪은 일들 중 역시 가장 세상에 원망스러울 때 또한 차별이기 때문이다.

우리는 우리가 장애인을 돕고 있다고 생각할 것이다. 하지만 장애인 입장에서는 어떨까? 일반인들이 말로만 도와주고 있다 생각할 것이다. 그리고 우리는 도와주었다 생각해도 장애인은 오히려 고통 받고 있을 것이다. 우리가 장애인이라고 생각해 보자. 자신들을 위해 만들어진 화장실이 남들이 쓰는 경우가 많고 아예 사용조차 불가능하도록 막아 놓은 현실 앞에서 아무도 기뻐하지 않는다. 우리는 미처 이런 점까진 생각 못한 것이다. 앞으론 우리가 먼저 입장을 생각하고 대처해야 한다.

나는 그저 편하게만 살고 있기 때문에 차별에 대해 느끼지 못한다. 하지만 내가 몸이나 정신이 불편한 장애인이었다면 어땠을까? 그 무섭고 두렵고 두려운 '차별'을 받아들일 수 있었을까? 사람들은 이미 장애인에게 아주 큰 도움을 주고 있다 생각한다. 하지만 난 우리들이 장애인의 마음을 완벽히 이해하지 못했다는 생각이 든다. 만약 완벽히 이해했다면 이러한 일이 생겼을까? 장애인들은 더 당당해지고 자신에게 부끄러워하지 않았을 것이다. 우리들이 장애인을 낯설어하고 신기해하는 이유는 이런 현실에 나설 힘이 없는, 두려움에 휩싸여 있는 장애인들이 모습을 점점 감추어 가고 있기 때문이다. 앞으로는 장애인들을 말로만 가족이 아닌 이해하고 보듬어 줄 수 있는 가족이 되어야 한다는 생각이 든다.

이 글은《아주 특별한 우리 형》을 읽고 쓴 주제 감상문입니다. '차별'을 주제로 정했습니다. 책의 줄거리가 하나도 없어 어떤 내용의 책을 읽었는지 알 수 없습니다. 그래서 완성된 독서 감상문은 아닙니다. 그럼에도 불구하고 이 글은 매우 잘 썼습니다. 책을 읽고 생각한 차별을 자신과, 세상과 잘 연결 지어 썼습니다. 글을 쓴 아이의 오빠는 장애가 있었습니다. 근이영양증으로 근육이 점점 굳어 갑니다. 이 글을 쓴 다음 해에 아이 오빠는 하늘나라에 갔습니다. 아이가 글을 쓰던 시기에 오빠는 꼼짝도 못하고 누워 있었습니다. 차마 그 이야기를 할 수 없어서 오빠 모습이 보일 듯 말듯 감추며 글을 썼습니다. 다른 아이가 썼다면 책 내용이 전혀 없다고, 생각이 명확하게 전달되지 않았다고 했을 겁니다. 하지만 아이를 알기에 글에 손을 댈 수 없습니다. 형식적으로 줄거리를 요약하고 마음에 없는 표현을 뱉은 게 아니라는 걸 알기 때문에 고쳐 쓰자는 말을 못 했습니다.

마당을 나온 암탉[81]

○○○(6, 여)

나는 이 책을 희귀병을 앓고 있는 친구들에게 읽어 주고 싶다. 알을 품고 낳을 수도 없는 잎싹의 큰 소망처럼 그 친구들도 소망을 가져서 건강을 찾으면 좋겠다는 생각이 들어서이다. 잎싹이 깐 알에서 나온 아기처럼 남과는 다르게 태어난 친구들이라고 소망을, 꿈을 가지지 말라는 법은 없지 않은가? 우리들이 '삐약삐약'거릴 때에 '꽥꽥'거리면 그런 것이 억울하고 슬플 거라고 생각된다. 어쩌면 그 친구들이 닭장에 갇혀 있을 때에 잎싹처럼 우리보다 더 큰 소망을 가지고 있을지도 모른다. 아픔에 눌려 있으면서도 모든 것을 우리보다 더 넓게 봤을지도……. 이 책을 그 친구들이 읽어 본다면 자신들 이야기처럼 10번, 20번도 더 읽지 않을까 생각이 든다.

아이가 이듬해에 《마당을 나온 암탉》을 읽고 쓴 글입니다. 아픈 오빠를 어떻게 표현할지 몰라 '삐약삐약' 거릴 때 '꽥꽥' 거린다고 썼습니다. 마음이 참 아팠습니다. 이런 게 진짜 감상입니다. 아이가 책을 읽고, 책이 아이를 읽어 내는 경지이지요. 이런 글에 대해서는 아무 말도 하지 않습니다. 칭찬조차 못 하고 그냥 아이를 바라보기만 합니다.

> ★ 주제 독서 감상문 지도 방법
> 1. 책을 읽고 나서 가장 와 닿는 낱말을 하나 고르게 한다.(중심 문장을 찾는 것이 아니라, 아이에게 가장 와 닿는 표현을 찾는 것이 관건.)
> 2. 와 닿는 낱말을 주제어로 두고 독서 감상문을 쓰게 한다.
> 3. 주제를 가지고 글을 쓸 때 책과 나, 세상이 주제 안에 어루어져야 한다는 사실을 알려 준다.

책을 소개하는 독서 감상문 = 책 + 너

앞서 소개한 감상문을 쓴 아이는 《마당을 나온 암탉》을 희귀병을 앓고 있는 친구들에게 소개하고 있지만, 사실은 오빠에게 쓴 글입니다. 움직일 수 없어 천장만 바라보며 눈물 흘리는 오빠에게 희망이 있을 거라고 생각하며 썼습니다. 소개는 대상을 염두에 두고 시작합니다. 대상을 이해하지 못하면 소개할 수 없습니다. 또한 소개할 내용을 알지 못하면 역시 소개하지 못합니다. 책과 대상을 모두 잘 알고 글을 써야 마음이 전달됩니다.

책 소개는 '책과 너'를 향한 마음이 글에 스며들기 때문에 좋은 독서 활동입니다. 하지만 안내가 부족하면 소개 역시 책 줄거리와 관련 정보 소개로만 그칩니다. 쓸거리를 찾을 때까지 길을 보여 주어야 무엇을 어떻게 쓸지 알고 글에 붙잡힙니다. 만약 책 소개 활동을 아이들이 재미없고 지루하게 여긴다면, 책을 소개받는 사람이 '너'라고 부를 수 있는 대상이 아니기 때문입니다. 정해지지 않은 누군가에게 책을 소개해야 하니까 뭉뚱그려 내놓을 수밖에 없습니다.

구체적으로 쓰려면 책을 소개받을 사람이 자세하게 떠올라야 합니다. 어떤 책이든지 필요한 사람이 있습니다. 내가 읽은 책을 꼭 필요로 하는 사람을 찾다 보면 책과 그 대상을 하나로 묶어 이해하게 됩니다. 책을 읽고 도움을 받을 다른 사람과 연결되어야 '아, 그렇구나!' 하는 감동을 표현합니다.

마지막 잎새[82]

김송림(5, 여)

나는 이 책을 ○○○ 선생님에게 소개한다. 내용을 간단히 말하면 존시라는 아이는 폐렴에 걸려 살 희망을 잃은 아이다. 그런데 25년 동안 위대한 걸작을 그리겠다는 베이먼은 담벼락에 그림을 그렸는데 존시는 그것을 보고 힘이 되어서 병이 나을 수 있었다는 내용의 글이다. ㅇㅇㅇ 선생님과 무엇이 관련이 있냐 하면 ㅇㅇㅇ선생님 아버지가 아프시다는 소리를 들었다. 그래서인지 ㅇㅇㅇ선생님은 학교에 오시면 힘이 없으시다. 눈도 부으시고 우리에게 억지웃음을 지으시고…….

선생님은 베이먼처럼 힘을 내셔서 존시가 아닌 아버지에게는 울음을 보여드리면 안 돼요! 그럼 만약 아버지가 보시면 오히려 힘들어하시니까요. 만약 상황이 바뀌어서 ㅇㅇㅇ 선생님이 아버지에게 온갖 힘을 쓰셔서 아프면 안 되잖아요. 힘이 있는 분은 자기 몸부터 챙기셔야죠! 아버지는 꼭 다시 일어날 수 있을 거예요. 그러니까 저희들, 또 가족들을 위해서는 힘내세요. 그리고 이 책 한 번 읽고 기운 내세요.

송림이는 담임 선생님에게 《마지막 잎새》를 소개합니다. 선생님 아버지가 많이 편찮으셨습니다. 돌아가시기 몇 달 전에는 계속 중환자실에 계셨지요. 병간호를 하면서 몸도 마음도 지쳐 가는 선생님 모습을 안타깝게 바라보며 책을 건넵니다. '선생님, 힘내세요!'라는 마음을 담아서요. 이때의 《마지막 잎새》는 힘들어하는 선생님을 바라보는 아이가 힘들어하는 아버지를 바라보는 선생님에게 힘을 주는 책입니다. 따뜻하지요.

시현이는 《두리누리 경제》를 읽었습니다. 시현이가 사는 곳은 전교생이 열 명인 산촌입니다. 매일 학교까지 2킬로미터 이상을 걸어오는 시현이는 산과 들에서 뛰어노는 재미에 빠져 돈을 쓸 일이 없습니다. 콧구멍만 한 가게가 하나 있지만 과자 몇 개 외에는 살 게 별로 없습니다. 반면 엄마는 일을 하기 위해 차를 타고 시내까지 출퇴근을 하시니 돈을 쓸 일이 많습니다. 시현이 눈에는 엄마가 이 책을 꼭 읽어야 할 사람으로 보입니다. 그래서 경제에 관한 내용을 절약으로 연결해서 엄마에게 소개합니다.

두리누리 경제를 엄마에게[83]

김시현(2, 남)

엄마, 냉장고도 있는데 또 김치냉장고를 사서 자리만 채워요? 그냥 냉장고에 넣으면 되는데……. 먹으면 냉장고가 비워지잖아요! 그런데 엄마는 왜 사기만 하세요? 엄마, 사는 것도 중요하지만 아끼기도 중요해요. 그냥 냉장고에서 꺼내 먹으면 자리가 비어서 김치를 넣으면 몇 백만 원 절약이잖아요! 아무리 좋은 제품이라도 돈 절약하는 생각을 하고 돈을 써야 돼요! 그리고 엄마, 날마다 그렇게 큰돈을 쓰시려면 우리 용돈이나 푸짐하게 주는 게 나아요! 호호. 엄마 그리고 매일 돈 없다면서(따지는 중) 그때도 피자 사 주셨잖아요! 돈 없다고 용돈도 안 늘려 주시면서 엄마는 살 건 다 사잖아요! 그리고 어린이들만 '돈은 아껴 써야 된다. 아껴 써야 된다!' 이러면서 어른들만 그렇게 많이 쓰잖아요. 이제 어른들도 경제라는 걸 알고 꼭 필요한 것만 사고 저축 좀 해야 돼요. 그렇게 소비만 하면 계속 주머니에 돈털털이가 되잖아요. 어린이들만 돈 아끼라 하지 말고 제발 어른들이 모범을 보여 주세요. 그래야 어린이들이 보고 배우죠! 아니면 그렇게 사는 걸 좋아하는 사람들이 별로 없어지죠! 그리고 사는 것도 유행이에요. 제가 언제 목요일에 버스 타고 가 보니 분식점에 사람이 너무 북적거려서 찡겨서 아팠어요. 엄마, 이제 소비만 하지 말고 저축 좀 하세요. 엄마가 소비를 멈추면 한 사람이 소비를 멈추고 또 그 사람이 멈추면 점점 소비가 적어질 거예요. 제발 어린이들만 자꾸 돈 아끼라 하지 말고 제발 먼저 해 주세요. 꼭이요!

이렇게 책을 소개해 줄 대상을 정하는 순간, 아이는 글을 쓸 동기와 쓰고 싶은 내용을 찾았습니다. 내가 읽은 책을 필요로 하는 누군가가 있다는 사실이 얼마나 좋을까요? 공교롭게도 시현이 형도 같은 책을 소개했습니다. 바로 시현이에게요! 시현이가 과자사 먹는데 용돈을 너무 많이 쓴다고 형이 이 책을 시현이에게 권했습니다. 엄마는 시현이에게 이 책을 소개받고, 시현이는 형에게 소개받아서 서로 많이 웃었답니다.

편지로 쓰는 독서 감상문 = 책 + 우리

아이들은 편지를 편하게 생각합니다. 대상이 명확하기 때문에 할 이야기를 정하기 쉽습니다. 앞서 소개한 시현이도 편지로 독서 감상문을 썼지요. '이 책이 누구를 살릴 수 있을까?' 생각하며 편지 형식으로 독서 감상문을 쓰면 글이 달라집니다. 어떻게 써야 상대방이 잘 들어줄까 고민합니다. 대상이 있다는 말은 내 생각을 떠오르는 대로 적기만 할 수 없다는 말입니다. 이해하고 받아들일 상대를 고려해서 써야 합니다. 그래서 제가 가장 좋아하는 독서 활동이 '주제 독서 감상문'과 '편지로 쓰는 독서 감상문'

입니다.

편지는 쓰는 이와 받는 이가 있습니다. 둘 사이의 관계가 있고 전달해야 할 정보도 있습니다. 편지는 소식을 전하는 글이라고 하지만, 소식이 아니라 마음을 전합니다. 소식은 문자 메시지나 이메일에게 맡겨도 됩니다. 편지는 전하고 싶은 이야기를 친밀한 관계에 담아서 보내는 표시입니다. 한 번도 만난 적 없는 작가, 내 문제를 해결해 줄 수 있을 것 같은 사람, 우상으로 삼은 연예인에게 편지를 왜 보낼까요? 편지라는 좋은 그릇에 내 마음을 담아 상대방과 연결되는 관계를 만들고 싶기 때문입니다. 마음을 담아내는 그릇으로 편지만큼 좋은 게 또 있을까요?

① 등장인물이나 작가에게 편지 쓰기

'등장인물에게 편지 쓰기'는 독서 활동으로 많이 하는 활동입니다. 하지만 등장인물은 편지를 읽을 수 없습니다. 답장도 보내지 않습니다. 그래서 편지가 형식적인 질문으로 끝납니다.

이 문제를 해결하기 위한 방법은 스스로 질문하고 스스로 답을 찾는 편지를 쓰는 겁니다. 등장인물을 통해 자신에게 편지하는 거지요. 지루하고 따분하기 짝이 없는 인물에게 "당신은 나만큼 지루한 사람이네요. 아니, 나보다 더하네요. 그래서 당신이 좋아요. 나도 정말 따분하거든요."라고 쓰면서 사실은 자기 이야기를 하는 겁니다.

'작가에게 쓰는 편지' 역시 주로 감사 표현을 하거나 궁금한 내용을 물어봅니다. 억지로 쓴 편지에는 질문이 많습니다. 아무도 대답해 주지 않는다는 사실을 아니까 형식적인 질문으로 채웁니다. 아이 마음에 더 깊이 들어가기 위해서 "네가 한 질문을 듣고 편지 받는 사람은 어떤 대답을 할까?"라고 묻지만 "나는 작가가 아니니까 몰라요. 나도 궁금해서 쓴 거예요!"라고 합니다. 더 묻지 말라고 귀를 막고 답안지만 내미는 꼴입니다.

그렇다면 작가가 듣고 있다고 상상해서 쓰지 말고, 진짜 작가에게 편지를 보내면 어떨까요? 어떤 내용을 쓰라고 열심히 가르치는 것보다 '실제로 작가에게 편지를 보내는 방법'이 훨씬 좋습니다. 작가들은 아이들에게 들려줄 이야기를 쓰는 분들이기 때문에 답장을 보내 주기도 합니다. 교사가 먼저 작가에게 연락해서 아이들 편지에 답장을 써 줄지 물어보고 편지를 써도 됩니다. 올해 저는 아이들이 쓴 시를 보내 드리고 정호승 시인에게 메일을 받았습니다. 정말 멋지지 않습니까?

제 얘기를 듣고 다른 선생님 한 분이 강릉대학교에서 학생들을 가르치는 교수이자 작가인 분을 초대해서 그분이 실제로 교실에 왔습니다. 바닷가에 있는 작은 학교라 한 학년에 한 반뿐이고, 아이들도 20명이 채 안 되는데 말이지요. 아이들은 깜짝 놀랐습니다. 작가가 교실에 찾아오다니요! 이런 경험을 하고 나면 아이들 편지가 달라집니다. 내 편지를 받는 사람이 우리 교실에 찾아올지도 모르거든요.

공책에 편지를 쓰고 덮어 버리지 말고, 우표를 붙여서 세상을 향해 날려 보내야 합니다. 그러면 편지가 나에게 되돌아오는 경험을 할 수 있습니다. 그게 아이들의 마음을 움직이지요.《프리덤 라이터스 다이어리》에 나오는 아이들이 변화한 이유는 즐라타가 아이들이 쓴 편지에 답장을 하고 방문을 했기 때문입니다.

맨발의 기봉이 책 주인공에게[84]

○○○(5, 남)

맨발의 기봉아, 안녕!

내가 너를 알게 된 것은 텔레비전에서야! 너의 모습을 꼭 책으로 읽고 싶어서 엄마에게 조르고 조른 후에야 이 책을 살 수 있었어.

기봉아, 너는 뛰고 웃고 뛰고 운다고 하였지! 마지막에 달리는 너의 아름다운 모습이 너무나 감동적이었어. 그리고 나는 효도하는 너가 세상에서 제일 부러워. 우리 엄마는 항상 잘 웃으시지 못해! 내가 교통사고로 많이 다쳤기 때문이야. 지금도 많이 아파서 병원에 다니고 있어. 얼굴이 부딪쳐서 더 심해. 눈에서는 눈물이 계속 나오고 큰 흉터도 있어. 그래서 내 마음은 따돌림당하는 우리 학교 1학년 은주보다 더 아프단다.

너는 엄마 틀니 때문에 달린다고 하였지. 나도 마찬가지야! 나는 엄마가 편하게 살 수 있게 웃으면서 살 수 있게 하기 위해서 열심히 공부하고 있어. 그리고 엄마에게 항상 오늘 있었던 재미있는 얘기를 해 주며 재롱을 부려. 또 열심히 달려서 엄마가 편하게 살 수 있게 해 줄 거야! 나도 학교 육상 대표여서 잘 달리거든. 우리 가족은 너희 가족처럼 아빠와 떨어져 살아! 너는 아빠가 돌아가셨지만 우리 아빠는 서울에서 따로 살아. 언젠가 다시 만날 수 있겠지!

너는 아빠의 향기가 나서 뒤를 돌아본 적이 있지만 나는 없었어. 그래서 나는 내 기도가 하늘에 닿아서 아빠에게도 전해졌으면 해. 그러면 네가 웃는 것처럼 내 마음속에도 웃음꽃이 필 텐데. 우리 학교에도 너와 많이 닮은 6학년 누나가 있어. 그 누나가 열심히 뛰는 모습을 보면 왠지 너가 생각나서 괜히 아무 이유 없이 나 혼자 감동을 받는단다. 그 누나도 너처럼 아빠 없이 살아. 그래도 누나는 웃음을 잃지 않아. 누나가 말을 잘 못 알아듣고 좀 바보스럽게 행동해서 다른 형들이 조금 괴롭히기도 하는데 그래도 늘 웃어. 그 누나 웃음을 보면 내가 다 행복해지는 것 같아. 해가 하루하루 반복해서 나오는 것처럼 네 웃음도 하루하루 끊이지 않고 나오도록 열심히 살아! 나도 힘들 때마다 너 생각하며 웃을게.

그럼 오늘도 열심히 달려!

2007년 10월 4일

이 글을 쓴 아이 얼굴에는 큰 흉터가 있습니다. 교통사고가 아이 가족에게 큰 상처를 남겼습니다. 하지만 아이는 늘 웃습니다. 성실하고 책임감 있고 예의 바릅니다. 아이는 《맨발의 기봉이》를 읽으며 힘을 냅니다. 편지를 쓰며 기봉이와 하나가 됩니다. 아이가 쓴 편지에는 기봉이 이야기보다 자신의 이야기가 더 많습니다. 기봉이에게 편지를 쓰며 자기를 들여다본 겁니다.

여기서 한 가지 주의할 점이 있습니다. 책에 나오는 인물에게 편지를 쓸 때, 아이들은 주인공에게 편지를 써야 한다고 생각합니다. 주인공에게만 편지를 써야 한다고 생각하고 편지 내용도 잘 포장합니다. '주인공은 중요하다. 주변 인물은 곁다리다. 중심 인물을 찾고 중심 내용을 찾아야 한다.'고 배웠기 때문입니다. 책의 주인공은 대부분 명확한 특징을 갖고 있습니다. 다른 사람보다 용감하거나, 지혜롭거나, 착하지요. 그래서 편지 내용이 그 특징에 맞춰지기 쉽습니다. 그래서 주인공에게 편지를 쓰면 '당신은 용감해요. 나도 용감해지고 싶어요.' '어떻게 그렇게 용감하세요? 비결을 알려 주세요.' '용기가 있어 성공했죠. 저도 용기를 갖고 성공하고 싶어요.' 라는 내용을 벗어나지 않습니다. 저는 아이들에게 이렇게 이야기합니다.

"편지를 반드시 주인공에게 써야 하는 건 아니야. 숨어 있는 주인공들도 있어. 책에 나오는 동물이나 장소, 건물에게 편지를 써도 좋아. 중요한 건 편지 쓰는 대상을 향한 마음이야. 일부러 대상을 정하지 말고, 책을 읽으면서 가장 마음에 들어온 누군가에게 편지를 써야 해. 특히 나와 닮았거나 견주어 볼 수 있는 사람이 좋아."

무조건 주인공에게 편지를 쓰기보다 주변에 있는 사람, 중요하지 않은 것 같지만 그 사람이 없으면 이야기가 껄끄러워지는 사람에게 쓰는 편이 좋습니다. 책의 내용이 기초가 되어야 하지만, 무엇보다 중요한 것은 글을 쓰는 아이 자신이 편지에 함께 있어야 한다는 사실입니다. 이 사실을 아이들에게 거듭 알려 주는 것이 중요합니다.

② 책이 필요한 사람에게 편지 쓰기

우리는 유치환 시인의 〈행복〉을 들으며 감탄합니다. 시대가 변해서 '에매랄드빛' '우체국' 심지어 '편지'에 대한 생각도 달라졌습니다. 요즘 아이들은 이런 시가 있는지조차 모릅니다. 그래도 누군가 자신에게 쓴 편지를 받으면 굉장히 좋아합니다. 교사가 보기엔 정말 유치하게 쓴 두세 줄짜리 편지인데도, 편지를 받은 아이들은 방긋 웃습니다.

편지는 힘이 셉니다. 사람을 일으키고 활기를 줍니다. 편지는 사람을 살립니다. 내가 읽은 책, 지금 쓰는 편지가 누군가를 살릴 수 있다면 편지 쓰는 행위는 어두운 거리에 가로등을 켜는 것과 같습니다. 가까운 곳에 내 편지를 받고 힘을 낼 누군가가 있습니다. 가족 중에도, 아는 사람 중에도, 내가 모르는 사람 중에도 소망이 필요한 사람이 있습니다. 내가 읽은 책과 지금 쓰는 편지가 상대를 살린다고 생각하면 내용이 달라집니다. 글을 잘 쓰기 위해 쓰는 것이 아니라 한 사람을 아끼고 사랑하며 쓰는 글이기 때문입니다.

아이들은 '이 책은 네가 읽으면 도움이 되는 책이야. 그러니 꼭 읽어 봐.' 라는 말을 자주 듣습니다. 강요의 대상이 됩니다. 그런데 필요한 사람에게 책을 소개하는 활동은 자신이 누군가에게 책을 권하는 입장에 섭니다. 어른의 자리에 서는 것이지요. 게다가 책이 필요한 사람을 찾는 건 책 내용을 대상과 연결 지어 주는 것입니다. 꼭 필요한 사람에게 자신이 알고 있는 내용을 설명하면 글이 쉽게 써집니다. 아이들은 자기만 아는 내용을 잘 모르는 사람에게 설명해 주듯 신이 나서 글을 씁니다. 앞서 설명한 '책 소개하기'를 편지 형식으로 바꾼 거라 생각하면 됩니다.

○○○(3, 남)

어머니, 어머니 칭찬을 많이 받아야겠어요. 어머니는 매일 마음이 나쁜지 날 계속 때리잖아요. 엄마는 《까막눈 삼디기》를 읽어서 나에게 칭찬을 해 주세요. 왜 보아야 하냐면 난 칭찬이랑 격려가 없어서 난 마음이 아플 거예요. 틀린 건 화내지 말고 마음을 다스리면서 틀렸다고 해 주세요. 책에 있는 연보라는 참으로 착하고 도울 줄 아는 아이에요. 그리고 희망을 많이 가졌어요. 어머니는 때리려고 할 때 참으세요. 어머니는 희망이 없으신 거예요. 포기하지 말아 주세요. 연보라를 닮아 가려고 노력해 주세요. 그렇게 해 주시면 전 커서 좋은 사람이 될 것 같아요.

이 글을 쓴 아이는 주의가 산만합니다. 책보다 장난을 더 좋아합니다. 1주일에 한 번씩 만나 글을 써도 줄거리조차 겨우 써냈습니다. 책을 꼭 읽어야 할 사람에게 편지를 쓰는 날, 이 글을 써 왔습니다. 물론 아이의 엄마가 날마다 아이를 때리는 건 아닙니다. 하지만 속마음을 과장되게라도 표현하게 된 건 '엄마가 이 책을 읽고 연보라처럼 친절하게 도와주면 좋겠다.'는 마음을 표현할 방법을 찾았기 때문입니다. 그래서 저는 아이에게 이런 답글을 써 주었습니다.

답글: 이 글만 보면 엄마가 아주 나쁘게 생각되겠지만 좋은 분이란 걸 ○○○도 알지? '엄마가 ○○○에게 희망을 가졌으면 좋겠다.'는 마음으로 쓴 것 같아. 하지만 엄마들은 모두 자녀들에게 희망을 갖고

있어. 표현을 거칠게 하는 거야. 그래도 이 글을 읽으시면 ○○○ 마음을 알아주시고 희망을 표현해 주실 거야!

아래에 소개하는 글은 돌아가신 할머니에게 쓴 편지입니다.

할머니께[86]

변주영(5, 여)

할머니! 지금 가을에서 겨울로 넘어가려는 날씨에요. 제가 맛있다고 계속 먹다가 배탈이 나 약을 챙겨 주셨잖아요. 저는 이 날씨쯤 할머니의 손맛이 너무 그리워져요.

전 할머니에 대한 애착이 남달랐어요. 할머니는 저에게 소중하신 분이기도 하지만 불쌍하신 분으로 남겨져 있어요. 제가 요즘 읽고 있는 책이 있는데요. 《똥 싼 할머니》예요. 이 책에 나오는 할머니는 치매와 다른 병이 같이 와서 불쌍해요. 우리 할머니는 병은 안 걸리셨지만 행복을 많이 못 느끼시고 가 버리셔서 누구보다도 불쌍하신 것 같아요. 할머니 살아 계실 때 삼촌 때문에 많이 고생하셨죠? 할머니가 돌아가셨다는 전화는 가짜라고 믿고 또 믿었는데 울음을 참을 수는 없나 봐요.

할머니가 돌아가셨다는 기억을 겨우 잊으려고 할 때 또 하나의 충격이 와 버렸어요. 저에게 친근하게 다가와 준 말동무 삼촌이 돌아가셨대요. 삼촌은 장례식도 못 했어요. 자식도 없고 그냥 어른들이 얘기를 해 주지 않으셨어요. 전 삼촌이 돌아가신 후 며칠 뒤에 산소에 갈 수 있었어요. 삼촌은 할머니와 가깝게 묻혔잖아요. 할머니는 그때 기분이 어떠셨나요? 전 아직 그 기분을 이해하지 못할 것 같아요. 할머니, 삼촌은 정신병원에도 들락날락 했어요. 그런데도 어른들은 삼촌 걱정 안 했어요. 저는 어른들이 삼촌을 미워하시는 줄로만 알고 있었어요. 하지만 삼촌이 돌아가시자 무뚝뚝하던 아빠도 눈물이 맺혔다는 말을 엄마한테 들었어요.

삼촌 무덤 위에는 백일홍이라는 나무를 심었어요. 꽃이 한 번 피면 백일 정도 핀대요. 지금은 백일홍에 나뭇잎이 생기기 시작해 꽃봉오리가 생겼어요. 전 어서 꽃이 피면 좋겠어요. 꽃이 피면 삼촌의 죽음을 지우고 기도할 수 있을 거 같아요.

할머니, 저 지금 너무 힘들어요. 학원, 스트레스, 친구들의 삐짐 등이 바늘로 변해서 콕콕 제 심장을 찌르는 것 같아요. 잦은 아픔, 스트레스 모두 딛고 잘 지내는 모습 앞으로 보여 드릴게요. 전 할머니와 삼촌의 웃는 모습이 보고 싶어요. 늘 제가 웃고 저랑 관련된 사람들을 제가 웃게 만들면 할머니도 웃음 보여 주실 거죠?

제가 차가 오는지 모르고 나가려고 할 때 저는 작은 이모가 잡아 준지 알았어요. 이모한테 전화해서 고맙다고 말하니까 이모가 잡아 준 게 아니래요. 할머니께서 잡아 주셨죠! 고맙습니다. 할머니, 세상에서 가장 긴 여행을 마치고 돌아오실 거죠! 전 할머니가 자랑스러워요. 여행을 다니며 절 지켜봐 주세요. 사랑합니다. 할머니!!

돌아가신 할머니는 편지를 읽지 못합니다. 하지만 아이 부모님은 문집에 실린 편지를 읽고 '주영이가 이런 생각을 하는구나!' 하며 이야기를 나누셨답니다. 편지를 읽고 위로받을 가족들이 어딘가에 또 있을 겁니다. 주영이도, 같은 고민을 하는 아이들도 위로받습니다. 책을 읽고 편지를 쓰게 해 주세요.

③ 나 자신에게 편지 쓰기

　가장 좋은 책은 자신이 들어 있는 책이라고 했습니다. 가장 좋은 감상문은 자신을 오롯이 표현한 글입니다. 자신에게 쓰는 편지 역시 참 좋습니다. 책을 읽으면 정보를 얻고 정답을 찾는 유익도 있습니다. 하지만 자신을 발견하는 게 가장 큽니다. 도덕 시간에 아무리 반성을 하고 결심을 해도 변하지 않습니다. 자신을 돌아보지 않고 도덕규범만 들이댔기 때문이죠. 스스로 생각해야 변화를 위해 스스로 노력하게 됩니다.

　이 활동은 책을 많이 읽고 독서 활동도 자연스럽게 할 수 있을 때가 되면 합니다. 무엇보다 아이들이 저와 눈빛이 통하게 될 정도로 친해져서 속마음을 드러낼 정도가 되어야 합니다. 가을쯤이 좋겠지요. 지금까지 읽은 여러 책 중에서 가장 마음에 남은 책으로 스스로에게 편지를 씁니다. 자신의 장점과 단점을 먼저 쓴 뒤에 편지를 써 보자고 하면 좀 더 쉽게 합니다.

박세미(5, 여)[87]

내 장점 : 여러 가지 책을 읽는다. 긍정적인 생각을 하는 편이다.

　　　　이해심이 깊다.

내 단점 : 동생이랑 잘 싸운다. 한 번 읽은 책을 잘 안 읽는다.

좋아하는 책 : 슬픈 책 (읽으면 왠지 후련해진다.)

안녕? 세미야! 이번에 내 자신에게 편지를 써 보려고 해. 난 여러 가지 책을 읽은 것이 너무 만족스러워. 하지만 한 번 읽은 책을 잘 안 읽는다는 단점이 너무 큰 것 같아. 난 단점을 극복할 수 있는 힘이 있다고 믿어. 이해심이 많아. 그래서 친구 관계도 좋지. 그리고 두 친구가 싸우면 무조건 편만 드는 것도 아니지.

그런데 동생이랑 있을 때는 왜 장점을 이용하지 못하니? 재정이와 너무 가까워서 잘 싸우는 건지도 모르겠어. 지구상에 사이좋은 남매도 많아. 그러니까 이해심이 깊은 마음으로 동생을 더 많이 이해하기를 바라.

내가 가진 단점과 장점은 처음부터 그렇지는 않은 것 같아. 어릴 때부터 단점을 장점으로 바꿔 보려는 시도조차 하지 않은 것 같아. 그래서 단점이 점점 마음속에서 커 가서 지금의 우리가 만들어진 거지. 내가 가진 긍정적인 생각은 정말 중요한 것 같아. 싫어하는 것도 한번 해 볼까? 하는 긍정적인 생각으로 내 자신을 바꾸는 거야. 앞으로는 내 자신을 떳떳하게 이겨 내기를 바래~ 그럼 안녕.

이런 과정을 거치면 아이들은 자신에게 편지 쓰는 것을 조금 더 편안하게 여깁니다.

무기 팔지 마세요, 나에게 소개하기[88]

김시영(5. 남)

시영아, 너는 《무기 팔지 마세요》라는 책을 읽어 봐라. 너의 막 나오는 말이 무기가 되어서 가슴에 총을 쏘거나 어떨 때는 핵폭탄을 날리기도 해서 큰 상처를 입은 사람도 있으니 말이야! 앞으로는 총을 날려야 되는지 생각을 하고 말해라. 그 무기는 너무 강력하단다. 그리고 그 무기를 다른 사람에게 팔지도 말아라. 그 사람이 다른 사람에게 무기를 사용할 수도 있으니깐 말이야. 그러니 그 무기는 팔지도, 사용하지도 말고 버리는 게 좋을 거야! 당장 버려! 그래서 남에게 피해를 입히지 말아라. 책에 나오는 것처럼 작은 아이가 실천을 해서 미국에 있는 사람들도 같은 마음을 가졌듯이 너도 그 무기를 버리면 다른 사람도 무기를 버릴 수 있을 거야! (그 무기 나한테만 있을 수 있음.) 그럼, 이 말을 실천으로.

이처럼 아이들은 시영이처럼 반성하기도 하고, 자기 자신을 위로하기도 합니다. 격려도 하고, 칭찬도 합니다. 도전하라고도 하고, 쉬라고도 합니다. 책이 아이를 말하고 아이가 책을 말합니다.

④ 독서 나눔으로 편지 주고받기
편지 쓰기를 응용한 활동으로 '독서 나눔 활동'이 있습니다. 《아침 독서 10분이 기적을 만든다》[89]에서 요시다 겐이치라는 초등학교 교사가 '마음의 무지개'를 소개하는 내용을 보고 배운 방법입니다.

'마음의 무지개'는 다른 지방에 있는 학생에게 책 소개 글을 쓰는 활동인데, 멀리 떨어진 지역에 있는 선생님들이 아이들 글을 나누자고 약속하고 편지를 주고받습니다. 같은 책에서 다카다라는 아이는 편지 쓰기 활동을 하면서 "마음의 무지개는 마음과 마음을 이어 주는 제 2의 인터넷이다."라고 썼습니다. 편지를 주고받는 것은 인터넷으로 이메일을 주고받는 것보다 힘듭니다. 그래서 더 기쁘고 즐겁습니다.

독서 나눔은 먼저 우리 반 아이들이 책 소개나 독서 감상문을 써서 다른 지역의 친구들에게 보내고, 편지를 읽은 아이들이 답장을 보내는 방식입니다.

처음에 서로를 소개만 해 주면 아이들이 자유롭게 글을 주고받습니다. 한 달에 한 번 편지 쓰는 날을 정해서 글을 쓰고 한꺼번에 보낼 수도 있습니다. 수학여행이나 현장 학습을 그곳으로 간다면 더 좋겠지요.

저는 실제로 '독서 나눔 활동'이라는 이름으로 서울에 있는 아이들과 편지 나눔을 시도했습니다. 우리가 먼저 책을 소개하는 내용을 보냈습니다. 얼마 뒤 서울 아이들이 답장을 썼습니다. 그런데 이 활동을 할 때 제가 학급 담임이 아니라 꼼꼼하게 답장을 챙겨 보내지 못했습니다. 독서반에서 만든 문집을 보냈지만, 그건 편지가 아니어서 흐지부지되고 말았습니다. 실제로 답장을 계속 주고받는다면 인터넷보다 속도는 엄청나게 느리겠지만 아이들은 기쁘게 기다릴 겁니다. 기다릴 수 있다는 게 얼마나 아름답습니까?

독서 나눔은 아니지만, 배움과 경험이 한데 어우러지는 경험을 한 적이 있습니다. 도덕 시간에 봉사 활동에 대해 배울 때, 실제로 불우 이웃 돕기 성금을 모았습니다. 모금함을 만들어 시장에서 모금을 하고, 사할린 땅에 강제로 끌려갔다 고국에 돌아오신 할머니들이 모여 사는 곳으로 보냈습니다.

몇 달 뒤에 수학여행을 가게 되었는데, 아이들에게 의견을 물었더니 사할린 할머니들을 보러 가자고 합니다. 그래서 그곳으로 수학여행을 다녀왔습니다. 놀이동산도 좋지만 할머니들이 계신

춘천으로 수학여행을 다녀온 아이들은 할머니를 잊지 못했고 저는 그 아이들을 잊을 수가 없네요.

★ 독서 나눔 활동 방법

1. 교사가 멀리 떨어진 다른 지역 교사에게 연락해 책 나눔을 제안한다.
2. 한 달에 한 번, 편지 쓰는 날을 정해서 글을 쓰고 한꺼번에 보낸다.
   (아이들이 자유롭게 주고받을 수도 있다.)
3. 수학여행이나 현장 학습을 해당 학교가 있는 곳으로 가면 더욱 좋다.

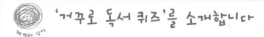
'거꾸로 독서 퀴즈'를 소개합니다

독서 퀴즈는 간편하고 여러 사람이 참여할 수 있지만 독서 감상문과는 관련이 없습니다. 내용을 얼마나 이해하고 있는지 알아보려고, 내용을 자세하게 보라는 의미로 독서 퀴즈를 냅니다. 하지만 저는 독서 퀴즈를 좀 다르게 사용합니다. 책을 읽기 전에, 배경지식을 넓히기 위해 '거꾸로 독서 퀴즈'를 냅니다. 거꾸로 퀴즈는 책을 읽지 않고 맞추는 퀴즈입니다. 아이들은 답을 전혀 모르기 때문에 예상하고 추측해야 합니다. 어차피 모두가 답을 모르니 틀려도 전혀 부담이 없습니다.

여러분이 읽지 않은 《내 친구에게 생긴 일》에 대한 독서 퀴즈를 내 보겠습니다. 한번 맞춰 보세요. 정답은 있지만 정답 찾기가 중요한 게 아니라 예상하기가 목적입니다. 그럼 해 볼까요?

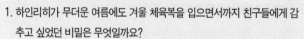

★ 독서 퀴즈 (예) 《내 친구에게 생긴 일》

1. 하인리히가 무더운 여름에도 겨울 체육복을 입으면서까지 친구들에게 감
   추고 싶었던 비밀은 무엇일까요?

   　　　　　　　　　　　　　　　　　　　　아빠에게 학대를 당하고 있다는 것

2. 하인리히의 일을 율리아가 부모님께 말씀드려도 부모님은 당장 무엇을
   하려고 하지 않았습니다. 왜 그랬을까요?

   　　　　　다른 사람 일에 함부로 나서거나 끼어들면 안 된다는 생각 때문에

3. 하인리히 이웃들은 왜 경찰에 신고하지 않았을까요?

   　　　　　　　　　　　　　　　　　　　　자신의 일상이 방해받지 않아서

4. 하인리히가 가장 소중하게 여기는 물건은 무엇인가요?

   　　　　　　　　　　　　　　　　　　　　　　　　　　율리아 오빠

"왜 여름에 겨울 체육복을 입을까"라는 질문에 아이들은 "엄청 큰 멍이 있다." "신체의 비밀이 있다." "옷이 없다." "부끄럼이 많아 살을 보이지 않으려고 한다." 등의 대답을 했습니다. 그러다가 한 아이가 "맞아서 그런 것 아닌가요?"라고 물었습니다. "그렇다."고 대답하니 맞춘 기쁨과 맞추지 못한 안타까움이 뒤섞이면서 다들 '왜 그 아이는 멍이 들도록 맞았을까? 누구에게 맞았을까?'를 궁금해합니다.

이런 방식으로 여섯 가지 퀴즈를 다 풀고 나면 호기심이 생깁니다. 책을 읽고 싶어 합니다. 이제는 책의 내용을 예상하는 글을 써 봅니다. 주인공에게 생긴 일이 어떤 내용일지 써 보는 것이지요. 이때 글의 형식은 자유롭게 쓰도록 하고, 내용은 퀴즈에 근거해서 쓰도록 합니다.

김나리(3 ,여)[90]

하인리히는 율리아와 친구이다. 둘 다 어머니가 돌아가셔서 둘이 마음을 잘 이해하고 아주 친했다. 그런데 율리아는 하인리히한테 궁금한 것이 많았다. 여름에도 겨울 체육복을 입는 것과 강아지 인형을 끼고 사는 것이다. 그래서 율리아는 하인리히에게 물어보았다. 하인리히는 사실대로 말했다. "아빠가 너무 슬픈 일이 있어서 허리띠로 바닥을 쳤는데 걸어가는 나한테 맞았어."라고 말했다. 또 강아지 인형은 엄마가 돌아가시기 전에 사 준 인형이라고 말했다. 하인리히의 사정을 들은 울리아는 하인리히를 더 잘 이해해 주고 좋아해 주었다. 둘은 커서도 사이좋은 친구가 되어서 행복하고 즐거운 하루를 보냈다.

이 글을 쓴 아이가 예상한 내용은 실제 책 내용과 비슷합니다. '거꾸로 독서 퀴즈'를 통해 미리 내용을 예상해 보면, 책을 읽다가 퀴즈와 관련된 내용을 만날 때마다 기뻐하며 더 꼼꼼하게 읽습니다. 하인리히가 마치 친구라도 되는 것처럼, 자신인 것처럼 책을 읽습니다. 자기 예상과 같은지 다른지 생각하며 읽고 글을 쓸 때도 자기 삶과 더 연결하려고 합니다.

《해바라기를 사랑한 고흐》는 고흐가 그린 그림을 소개하면서 고흐의 삶을 풀어 가는 책입니다. 미술을 좋아하는 아이가 아니라면 공부에 도움이 된다는 이유로 읽을 뿐이지만, '거꾸로 퀴즈'를 하고 글을 쓰면 아이들은 창작력을 발휘하여 이야기를 지어냅니다. 고흐가 그린 그림을 바탕으로 고흐의 삶을 재구성하는 겁니다. 대부분의 아이들은 그림과 화가를 잘 연결하지 못합니다. 화가의 삶과 고민이 그림에 나타난다는 걸 생각하지 않고 그림을 따로 떼어서 봅니다. 작품을 바탕으로 화가의 삶을 생각하며 글을 쓴 뒤에 책을 읽으면 다른 관점으로 읽게 됩니다. 그림과 작가의 삶이 연결된다는 걸 이해합니다. 화가가 선택한 색깔이 왜 그 색이어야 하는지 이해합니다.

김수연(4, 여)[91]

고흐는 고갱과 친한 친구였다. 그런데 고흐와 고갱의 집안 살림이 가난해지자 고흐와 고갱은 헤어졌다. 얼마 뒤 고갱이 고흐한테 오자 고흐는 물감으로 그림을 그리고 있었다. 고갱은 화가 났다. '자신은 종이 살 돈도 없는데 고흐는 물감으로 그리고 있다니.'라는 생각 때문이다. 하지만 고흐는 탕기 영감을 도와준 대가로 받은 물감인데 그것도 모르고 고갱은 고흐에게 화를 낸다. 그러자 고흐는 또박또박 반박을 했다. 그러자 고갱이 화가 나서 집을 나섰다. 얼마 뒤 고흐는 '의리 없는 놈'으로 소문이 나 있었다. 결국 소문에 시달리던 고흐는 귀를 잘랐다.

수연이는 고흐가 귀를 자른 이유를 헛소문 때문이라고 생각했습니다. 아이의 상상력이 엿보이는 대목입니다. 아이들은 같은 퀴즈를 풀고도 서로 다른 이야기를 만들어 냅니다. 고흐가 노란색을 좋아한다는 퀴즈 정답을 붙들어 노랑에 대한 글을 쓰는 아이, 탕기 영감을 중심으로 글을 쓰는 아이도 있습니다. 친구들 이야기를 모두 듣고 책을 건네주면 어떻게 반응하는지 아세요? '야! 탕기 영감이다!' '진짜 노란 집이네!' '고흐 그림 색깔이 진짜 그렇네!'라며 신나게 떠들어 대는 모습을 만나실 겁니다.

4.
책벌레 수준 높이기

지금까지 불행을 겪었지만 가장 큰 불행은
20대에 책을 마음껏 읽지 못했다는 것이다.
_정호승[92]

나는 책 읽는 방법을 배우기 위해 80년이라는 세월을 바쳤지만
아직까지도 잘 배웠다고 말할 수 없다.
_괴테[93]

학문이 아이 몸에 배어들고 넉넉해지면
특별히 순서에 따른 독서의 단계를 강구하지 않아도 된다.
_다산 정약용[94]

나는 이 책 속에 있다. 나는 이 책 속에 살아 있다.
그러나 이 책은 자기 단어들의 힘을 남용하는 일이 없을 것이다.
이 책은 당신의 손아귀에 있기 때문이다.
이 책에 거듭거듭 질문을 하기 바란다.
당신은 이 책을 언제나 마음대로 활용할 수 있다.
당신의 모든 질문에 대한 답이 언제나 이 책의 행 속
또는 행 사이 어딘가에 적혀 있을 것이다.
_베르나르 베르베르[95]

1. 책을 완전히 소화하는 방법

《책 속에 들어 있는 99가지 책 이야기》에는 이테리우스라는 로마 시대 부자가 나옵니다. 그는 책 읽기에는 게으르면서도 지적 허영심은 대단해서 노예를 200명 뽑아 각자 한 권씩 책을 암기하게 했습니다. "일리아스"를 부르면 담당 노예가 나와 《일리아스》를 암송합니다. 노예는 외운 내용을 읊조리고 이테리우스는 듣기만 하면 됩니다. 살아서 움직이는 이동 도서관입니다. 노예와 이테리우스에게 책은 도구 상자입니다. 책을 읽으며 깊이 생각하고 자신이 변하는 경험과는 거리가 멉니다. 노예는 주인에게 해를 입지 않으려고 억지로 외워서 읊어 댑니다. 외우지 않으면 죽는다는 사실을 두려워하며 강제로 머리에 집어넣은 지식에 불과합니다. 주인도 마찬가지입니다. 노예 책을 데리고 다니지만 자랑삼아 들고 다니는 장식에 불과합니다. 노예 책은 마음에 간직할 수 없고 삶에 적용할 수도 없습니다. 애초에 그럴 마음으로 산 책이 아니니까요.

노예 책은 사라졌지만 여전히 책을 노예처럼, 이테리우스처럼 읽는 사람이 많습니다. 외우지 않으면 죽는 절박한 상황은 아니지만 노예처럼 책을 붙들고 있습니다. 대학에 가기 위해, 강압에 못 이겨 억지로 책을 봅니다. 이테리우스의 자리에 부모나 교사, 성적이 앉아 강요합니다. 그럼 아이들은 내용을 읽기만 합니다. 책에 있는 지식을 머리에 담기만 할 뿐 흠뻑 빠져들지 않습니다.

책은 벗 중의 벗입니다. 현명한 선택을 할 수 있도록 도와주고, 아픈 마음을 보듬어 줍니다. 홀로 있어 쓸쓸할 때 시간을 함께 나누며, 쫓기듯 사는 순간에는 여유를 가지라고 말해 줍니다. 책 안에 들어 있는 생각을 알아 가는 과정이 얼마나 좋은지요! 그렇지만 내가 책을 제대로 읽어야 책도 마음을 열고 열매를 내줍니다.

아이들이 책 읽기를 싫어하는 이유는, 책을 읽는 진짜 이유를 찾기 전에 목적 달성을 위한 수단, 일회성 행사용으로 먼저 만났기 때문입니다. 책 읽기의 참된 가치를 잃고, 요령으로 일회성 독서 활동 프로그램을 하면 친구가 되지 못합니다. 순간적인 성취에 매여 필요할 때 찾는 도구 상자로 전락하고 맙니다. 그러면 책과 깊이 만나지 못하고 책이 나를 바꾸지도 못합니다. 아이들을 뜻 없이 책을 읊어 대는 노예로 만들지 말아야 합니다. 책과 자신이 만나는 과정을 맛보게 해야 합니다.

김하람(4, 남)[96]

난 책을 매우 싫어한다. 읽기가 귀찮기 때문이다. 예전부터 책은 그림만 보고 넘기고 엄마가 읽어 주거나 라디오로 들었기 때문에 듣는 것만 좋아한다. 난 엄마가 책을 읽으라 해서 억지로 읽는다. 오늘 독서반 선생님이 《보이》라는 책을 읽어 주셨는데 정말 실감나게 책을 읽어 주셨다. 화를 내는 목소리면 소리를 지르며 아주 재미있게 읽어 주셨다. 그 책 속으로 빠지는 느낌이었다. 책에 빠져드니까 더욱더 실감났다. 그제서야 난 내가 책을 싫어하는 진짜 이유를 깨달았다. 이유는 내가 책을 실감나게 읽지 않아 책 속에 빠져들지 못했기 때문이다. 이제 책을 읽는 자세를 바꿀 것이다. 책을 실감나게 읽으며 책 속으로 빠져들 것이다. 난 책을 읽는 이유가 엄마가 읽으라고 해서 억지로 읽는 것이었지만 지금은 재미있고 책 속으로 들어가 놀 수 있기 때문이다. 이젠 책을 그냥 읽는 게 아니라 들어가 놀 것이다.

하람이는 책을 좋아하지 않습니다. 복도에서 육상 선수처럼 뛰고, 자기가 시작한 장난이 싸움이 되게 만듭니다. 그런데도 용하게 스스로 독서반에 옵니다. 하람이가 글을 두 쪽씩 쓰는 모습을 보면 정말 놀랍습니다. 분명히 지루하고 몸이 근질거릴 텐데 어떻게 참을까 싶습니다. 하람이가 쓴 글을 읽으며 저는 책을 읽어 주는 게 아이들에게 얼마나 좋은지 깨닫습니다. 노예처럼 입으로 읊어 대지 않고, 책을 맛보고 서서히 몸을 담그고 젖어 들다 보니 책이 주는 맛을 알게 된 것이겠지요.

내용을 아는 건 얕은 물가에 발만 담그는 겁니다. 지은이가 어디에 관심이 있어 이런 책을 썼는지를 아는 수준까지 가야 합니다. 책이 말하는 바가 역사인지, 역사라면 어떤 태도로 역사를 바라보라는 건지 알아야 합니다. 한 권의 책이 온통 '배려'에 관한 것을 담고 있기도 하지만 꿈과 소망, 입양, 다문화, 책임감, 다양한 관점 등을 모두 담기도 합니다. 책을 한 번 읽고 '이건 꿈을 가지라는 얘기다.' 하고 단정 짓고 덮어 버리면, 책이 외치는 소리를 들은 게 아닙니다. 책을 읽을 때는 책의 내용과 맞붙어 씨름해야 합니다.

'책'과 '내'가 객관적 거리를 유지하면 깨달음이 없습니다. 거리를 깨뜨리고 만나야 합니다. 책이 꿈을 이야기한다면 내 꿈을 생각해야 합니다. 책이 입양을 말한다면 입양에 대해 내가 알고 있는 수준, 내 생각, 사회적 관심도를 알아야 합니다. 책을 알고 나를 연결한 뒤에 한데로 뭉쳐 작품을 만들어야 합니다. 물과 진흙이 섞여 도자기가 나오듯 책과 나를 섞어야 합니다. 작가와 만나고 시대와 만나고 자기 자신과 만나는 독서 활동은 사람을 변하게 합니다.

사령관의 관점으로 보자

2차 대전이 한창이던 1944년, 아르덴 숲 전투에 참가했던 병사들 증언을 담은 다큐멘터리를 본 적이 있습니다. 포병은 포를 쐈고, 운전병은 운전을 했고, 보병은 참호를 파고 총을 쐈다고 합니다. 어떤 사람은 하루 종일 참호 속에 숨어 있다가 탱크가 지나가면 중화기로 탱크를 파괴시켰다고 자랑하고, 별다를 것 없는 똑같은 전투를 치렀다고 말하는 병사도 있었습니다. 병사들은 그 전투가 얼마나 중요한지 몰랐습니다.[97] 그들이 치른 전투는 '히틀러 최후의 도박'이라고 불리는 '불지 전투'였습니다.

눈앞에 보이는 것만 읽어 내는 병사는 누가 알려 주기 전에는 '불지 전투'의 의미를 모릅니다. 위대한 승리는 평범한 사람들이 자신에게 주어진 직무를 충실하게 수행할 때 성취되지만, 누가 어디에서 직무를 수행해야 위대한 승리가 이루어지는지는 사령관이 결정합니다. 날마다 똑같은 전투를 치러 낸 병사는 나중에 전투의 의미를 알고 나서야 "나도 불지 전투에 참여했어. 정말 치열했지!" 말할 수 있겠지만 실은 자신이 어떤 일을 했는지 모릅니다. 전체를 바라보며 전략을 짜는 사령관의 관점으로 바라보지 않았기 때문입니다. 책도 마찬가지입니다. "나도 그 책 읽어 봤어. 주인공이 장운이잖아!"라고 말하지만 실은 책이 가진 의미를 모릅니다. 전체를 내려다보며 배경, 인과 관계, 작가, 주제를 아는 건 생각도 못 합니다. 걸어온 길을 한눈에 바라보지는 못하고 바로 앞만 바라보며 걸어갈 뿐입니다.

책을 엄청나게 읽는 아이들을 여럿 만났습니다. 다독의 경지에 올라 틈만 나면 책을 읽습니다. 책을 많이 읽으니 이해력이 좋아지고 박학다식해집니다. 독서 활동에 답도 잘 씁니다. 당연히 학교 공부도 잘합니다. 하지만 글을 쓰면 별 차이가 없습니다. 자신이 느낀 것을 쓰지 못하고 정답을 찾아 씁니다. 책을 읽으며 만들어 놓은 형식이 아이를 가둡니다. 너무 무거운 껍질을 만들었기 때문에 오히려 엉금엉금 걸을 수밖에 없는 거북이와 같습니다.

황소를 분석하고 부위별 이름은 외우지만 등에 타는 모험은 하지 않는 것이지요. 줄거리와 지식을 짊어지고 가지 말고, 책 내용을 소화해 내 것으로 만들어 날아올라야 합니다. 그래야 걸어온 길도 보이고 책이 주는 의미도 알 수 있습니다.

황소는 2할 정도의 뼈 무게로 400킬로그램이 넘는 제 몸무게의 하중을 불편 없이 견디며 균형을 잡습니다.[98] 사람의 힘으로 감당할 수 없는 힘찬 달음박질의 원동력은 2/10 분량의 뼈에서 나옵니다. 책에도 살과 뼈가 있습니다. 작가는 뼈대를 만든 뒤에 살을 붙입니다. 뼈대에 무엇을 붙이느냐에 따라 등급이 달라집니다. 반대로 독자는 뼈대를 보기 전에 살을 발라내야 합니다. 살이 붙은 모양을 보고 뼈대가 어떻게 생겼을지 생각합니다. 뼈대에 덧붙여진 내용을 넘어서면 작품을 지탱하는 뼈가 보입니다. 그걸 찾아야 합니다. 대부분의 독서 활동은 황소의 살을 파악합니다. 겉으로 드러나는 부분에 집중하는 겁니다. 퀴즈를 풀고 줄거리를 간추리면서 살을 찾습니다. 《백경》과 《노인과 바다》에서 똑같이 '고래 잡는 기술'을 찾는 셈이지요.

책벌레들은 작가가 의도한 주제와 구조, 책을 쓴 까닭, 내 마음을 움직이는 원동력에 관심을 갖습니다. 그러기 위해서는 핵심을 바라보는 눈이 있어야겠지요. 책을 읽을 때 자신의 수준보다 조금 높은 책과 맞붙어야 실력이 늡니다. 그래서 아이들에게 책을 추천할 때 재미있는 책들 사이에 조금 어려운 책을 하나 끼워 넣습니다. 그 책의 뼈대를 찾으면 다른 책은 쉽게 이해합니다. 그렇게 독서 수준이 한 단계 높아지는 것이지요.

윌리엄 시드니 포터는 너무나 가난해서 목동, 우편배달부, 점원, 직공을 전전했습니다. 29세에 은행 출납계원이 되지만 공금을 횡령하고 감옥에 갑니다. 법정으로 가던 중에 탈출했다가 다시 잡혀 41세에 석방됩니다. 폐결핵, 간경화, 당뇨병으로 48세에 죽습니다.

이 사람이 지은 책은 누구나 다 압니다. 〈마지막 잎새〉 〈크리스마스 선물〉을 포함하여 300편이 넘는 단편 소설을 썼습니다. 오 헨리라는 가명을 쓸 수밖에 없었던 그는 체포될 줄 알면서도 아내의 마지막 순간을 지키기 위해 탈옥합니다. 여덟 살 딸의 생활비를 위해 감옥에서 단편 소설을 씁니다. 그가 쓴 소설의 주인공들은 범죄자, 도둑, 거지, 수배자, 노숙자, 무능한 화가 등 밑바닥 인생들이었기 때문에 냉담한 평가를 받습니다. 그렇지만 그는 "뉴욕시에서 알 만한 가치가 있는 사람은 400명뿐이지!"라는 말에 "뉴욕시에서 알 만한 가치가 있는 사람은 400명이 아니라 400만 명이라네!"라고 반박하며 단편 소설을 내 놓습니다. 작품의 제목이기도 한 '400만 명'은 당시 뉴욕시 인구수입니다.[99] 그는 너무나 가난해서 크리스마스 선물을 살 돈조차 없는 사람을 주인공으로 내세워 그런 처지에 있는 사람들에게 단편 소설 〈크리스마스 선물〉을 나눠 줍니다. 사람을 너무나 사랑하고 가난한 사람에게 희망이 되어 주고 싶었던 윌리엄 시드니 포터를 안다면 그의 작품을 줄거리로만 읽을 수 없습니다. 그의 작품은 그 자체로 하나하나 가치가 높지만, 이 사람을 알고 나면 작품이 더욱 가슴을 저미게 됩니다.

작가는 시대의 영향을 받는 시대의 산물입니다. 또한 시대를 깨뜨리는 망치입니다. 시대를 알아야 책을 깊이 이해할 수 있고, 작가가 시대를 어떻게 살아갔는지 알고 나면 작품에 더 깊이 들어가게 됩니다. 우리는 현재를 살고 있는 내 눈으로 작품을 보기 전에 당대를 살았던 사람들 눈으로 읽어 낼 수 있어야 합니다. 이런 것을 '석의'라고 합니다. 역사적 배경이 담긴 글, 오래전 쓰인 경전을 읽을 때는 당시 상황에서 해석해야 합니다. 21세기 한국인의 눈으로 보기 전에 1세기 로마, 15세기 아시아, 19세기 아프리카인의 눈으로 상황을 바라보는 것입니다.

찰스 디킨스는 어린 시절을 가난하게 보냅니다. 할아버지는 하인이었고 아버지는 돈 문제로 감옥에 갑니다. 학교에는 다니지 못했고, 열두 살 때부터 공장에 다닙니다. 하지만 틈나는 대로 고전을 읽고 글을 썼습니다. 일찍부터 사회의 모순과 가난한 사람들의 비극적인 실상을 깨달아서 가난하고 억압받는, 그래서 더 억울한 사람들을 주인공으로 등장시켰습니다. 부자들이 칠면조 요리를 먹는 동안 하루 끼니를 걱정하며 노동에 시달리는 아이들의 이야기를 썼습니다. 《올리버 트위스트》는 이런 배경을 바탕으로 한 작품입니다. 시대와 배경, 작가를 알면 《크리스마스 캐럴》 또한 단순한 '유령 이야기'로만 읽지 않습니다.

박지원의 《열하일기》 역시 '하루를 반성하는 일기'가 아닙니다. 백성을 생각하는 마음의 기록이고 북학 사상의 표현입니다.

왜 박지원의 눈에 '호질 이야기'가 번쩍 띄었는지, 술집 벽에 적힌 글을 친구까지 불러 옮겨 적어야 했는지 느껴야 《열하일기》를 제대로 읽은 겁니다. 개혁적인 정조 임금조차 문제 삼은 박지원의 문체는 사실 사상의 문제입니다. 이걸 알기 위해서는 시대를 알아야 합니다.

제가 가장 좋아하는 책인 성경은 철저하게 석의를 해야 합니다. 성경을 모르는 사람들은 교회에 다닌다는 이유만으로 가게에 "네 시작은 미약하였으나 네 나중은 창대하리라."라고 걸어 둡니다. 작은 가게로 시작하지만 나중에는 돈도 많이 벌고 큰 회사 사장님이 될 거라는 믿음의 표현으로 생각합니다. 하지만 이 구절은 물질적인 성공과 전혀 상관이 없습니다. 앞부분에 나온 "네가 만일 하나님을 부지런히 구하며 전능하신 이에게 빌고 또 청결하고 정직하면 정녕 너를 돌아보시고 네 의로운 집으로 형통하게 하실 것이라."를 빼 버리고 듣기 좋은 뒷부분만 적은 겁니다.

'요나 이야기'는 아이들뿐 아니라 어른들까지 재미있게 듣는 성경 이야기입니다. 요나는 하나님의 말씀대로 행하기 싫어서 가라는 곳으로 가지 않고 도망갑니다. 그러다 큰 고기 배 속에서 3일을 지내고 전쟁광이 모여 사는 도시 '니느웨'에 보내집니다. 이곳에 도착한 요나가 '니느웨가 멸망할 것이다.'라고 외치자 사람들은 모두 요나 말을 믿습니다. 자기들이 약탈한 작은 나라에서 온 사람이 근거도 없이 '너희 나라가 망한다.'고 외치는데 전쟁광들이 눈물을 흘리며 뉘우칩니다. 그냥 읽으면 허무맹랑하게 들릴 이야기지요. 과연 그럴까요?

고고학자들이 니느웨를 발굴할 때 '큰 물고기가 입을 벌리고 있고 안에서 한 사람이 나오는 그림이 그려진 동전'을 발견했습니다. 니느웨에는 오래전부터 물고기에서 나온 사람이 니느웨를 구할 거라는 신탁이 전해 왔다고 합니다. 요나가 등장하기 몇 년 전인 기원전 765~769년 사이에 무서운 전염병이 돌았고, 기원전 763년 6월 15일에는 개기 일식이 있었습니다. 당시 사람들은 전염병과 일식을 신의 진노라고 받아들였습니다. 그러니 요나가 니느웨에 와서 외치는 말을 믿을 수밖에요. 이것이 석의입니다. 당시 시대를 알면 요나 이야기를 정확하고 깊이 있게 이해합니다.

고전 명작은 당시 시대를 반영하여 시대 속에서 나온 작품입니다. 《걸리버 여행기》나 《주홍 글씨》 또한 시대를 이야기하는 작품입니다. 《걸리버 여행기》는 관점이 다르다는 이유로 상대를 적으로 생각하는 당시 사회를 비꼰 작품입니다. 이런 작품들은 시대를 관통하여 지금까지 진실을 전하고 있기에 명작이 되었습니다. 그러니 작품을 읽으며 작가의 마음, 시대와 배경을 읽지 못한다면 제대로 읽어 낸 게 아닙니다. 배경을 읽어야 작품이 내 것이 됩니다.

책을 읽기 전에 반드시 작가 소개를 먼저 읽으세요. 작가가 언제, 어디에서 살았는지 알아보세요. 그 시대 사람들은 어떻게 살았는지, 작가가 그 시대 어느 위치에서 누구와 어울려 살았는지도 알아보세요. 그런 다음 책을 읽으면 맛이 달라집니다. 작가 스스로 쓴 어린 시절 이야기나 자서전, 전기문을 함께 읽으면 더욱 좋겠지요.

　6학년 독서반에서 《아주 특별한 우리 형》을 함께 읽은 적이 있습니다. 저와 아이들이 한 달 동안 이 책에 풍덩 빠져서 이야기를 나누었습니다. 책을 읽고 토론하며 '내 눈에 보이는 장애인이 별로 없어서 장애인이 백 만이나 되는 줄 모른다.' '주인공 종민이를 통해 사람들의 편견을 보았다.' '장애인의 깨끗한 마음을 읽었다.'는 감상을 말했습니다. 우리는 '장애인이 집에서 가족과 함께 살아야 하는지, 전문 시설에서 치료를 받으며 지내야 하는지'에 대해 토론하고 논술을 써 보았습니다. '장애인을 친구로 보고 잘 대해 주어야 한다.'는 정도로 쉽고 빠르게 결론을 내리지 않고, 장애인의 마음을 살펴보려 했습니다.

　이 활동을 마칠 무렵에 저자인 고정욱 님이 쓴 다른 책 읽어 본 적이 있느냐고 물으니 누군가 《가방 들어 주는 아이》를 말합니다.

　"두 책의 공통점이 무엇일까?"

　"장애인이 나온다는 거 아닌가요?"

　"맞아. 그렇다면 왜 고정욱 님은 장애인 이야기를 주로 쓸까?"

　겉핥기로 책을 읽으면 이런 질문에 대답을 못 합니다. 질문 자체를 중요하게 받아들이지도 않습니다. 대답을 해 줘도 지식으로 머리에 남기고 의미는 간직하지 않습니다. 우리 아이들은 한 달 내내 《아주 특별한 우리 형》을 만났기 때문인지 "그분이 장애인 아닌가요? 가족 중에 장애인이 있지 않나요?"라고 되묻습니다.

"왜 그렇게 생각하지?"

"장애인을 잘 이해하고 그들을 위해 글을 쓴다면 장애인과 관련된 특별한 경험이 있는 사람이겠죠! 안 그러면 어떻게 이런 글을 쓰겠어요?"

이 대답을 듣고 '아이들이 《아주 특별한 우리 형》을 제대로 읽었구나.' 생각했습니다. 실제로 고정욱 님은 자신이 장애인이기 때문인지 장애인 이야기를 주로 씁니다. 장애 관련 단체에서 일하며, 곁에 있는 장애인 이야기를 듣고 책으로 씁니다. 한 번도 동화를 써 보지 않은 장애인 학생들에게 글 쓰는 법을 가르쳐《에베레스트를 오른 얼큰이》라는 책을 내도록 도와주기도 했습니다. 네 손가락의 피아니스트 희야가 쓴 책도 이분이 편집을 했습니다. 내친김에 아이들에게 고정욱 님의 다른 책들을 읽어 보라고 했습니다.

이렇게 우리는 고정욱 님을 읽었습니다. 《오체불만족》을 이야기하고 닉 부이치치[100]와 딕 호이트[101] 영상을 봤습니다. 내용을 넘어 저자의 마음을 읽어 내니 글이 달라집니다. 불쌍하다는 한 마디로 끝내지 않고 이해하려 합니다. 한 사람을 몽땅 읽으면 한 사람을 깊이 만납니다. 한 명의 작가를 사귑니다. 문장, 표현, 낱말 선택, 이야기를 이끌어 가는 사건 전개를 이해하게 됩니다.

작가는 생각을 글에 쏟아 내어 자신이 고민하고 기대하는 세상을 드러냅니다. 이렇게 쓴 책은 당연히 작가를 말합니다. 장 발장을 용서한 신부의 선한 행동을 보여 주기 위해서라면《레 미제라블》은 200쪽이면 될 겁니다. 빅토르 위고는 왜 프랑스 혁명과 워

털루 전투까지 담아 2천 쪽이 넘는 글을 썼을까요? 장 발장과 은촛대 내용을 《레 미제라블》의 전부라고 생각한다면 빅토르 위고가 가슴을 칠 겁니다. 줄거리를 파악하는 수준을 뛰어넘어 빅토르 위고를 읽어야 합니다.

저도 처음에는 좋은 내용, 재미있는 이야기가 담긴 책들을 주로 읽었습니다. 그렇지만 이런 읽기로는 제가 발전하고 있다는 느낌이 들지 않았습니다. 정말 좋은 책을 만나고 작가를 몽땅 읽으면서 비로소 자란다는 느낌을 가졌습니다.

유명 작가 스티븐 킹이 친구 작가인 에이미에게 물었습니다.

"작가들과의 만남을 가진 뒤에 사람들이 한 번도 하지 않는 질문이 무엇인가요?"

"문장에 대해서는 아무도 안 묻더군요!" [102]

사람들은 스티븐 킹이 기발한 내용을 잘 지어내어 글을 잘 쓴다고 생각합니다. 하지만 그것만이 아닙니다. 스티븐 킹이《유혹하는 글쓰기》라는 창작론 책에 친구와의 대화를 넣은 까닭은 그가 문장을 중요하게 여긴다는 사실을 보여 줍니다. 작가의 특징은 문장에 가장 잘 드러납니다. 죽죽 늘어지는 서술형 문장을 잘 구사해서 감정을 끌고 가는 사람이 있는가 하면, 대화체로 긴박감을 주는 사람도 있습니다. 문장이 곧 작가 자신입니다. 줄거리와 분위기를 넘어서면 문장을 읽게 됩니다. 작가의 독특한 문체에 맛을 들입니다. 그러기 위해서는 작가를 통째로 읽어야겠지요.

한 사람을 몽땅 읽는 것은 단편적으로 책을 한 권씩 읽는 것과 다릅니다. 이렇게 읽으면 한 사람의 인생관을 읽게 됩니다. 재미있는 책 한 권을 읽는 수준을 넘어 '한 사람에게 배우는 것' 입니다. 영국 작가 서머싯 몸은 톨스토이를 자기 것으로 삼기 위해 톨스토이가 쓴 중요 작품을 모조리 몇 번씩 베껴 썼다고 작가 노트에 적었습니다. 몸은 톨스토이 한 사람을 몽땅 읽은 셈입니다. 정을병은 플라톤을 읽었고, 율곡은 주자를 몽땅 읽었습니다. 김굉필은 소학을 끼고 살며 평생 소학의 가르침을 지키고 잊어버리지 않아 소학 동자라는 별명을 얻었습니다. 알렉산더는 《일리아스》를 끼고 살았습니다. 존 스타인벡이 쓴 소설은 대부분 성경에서 나왔습니다.

그렇지만 아이들은 작가에 대해서는 잘 생각하지 않습니다. 퀴즈 대회를 할 때는 작가를 외우지만 평소에는 그냥 내용만 봅니다. 책의 세상으로 들어가 함께 춤을 추고는 마지막 장을 덮는 순간 빠져나갑니다.[103] 학교에서 책을 꽤 읽는 아이들에게 물어봐도, 좋아하는 책은 말하지만 작가는 잘 모릅니다. 그래서 저는 아이들에게 "작품을 넘어 작가를 만나라."고 합니다. 앤서니 브라운을 만나고 권정생을 만나라고 합니다. 제 딸은 아스트리드 린드그렌, C. S. 루이스, 로알드 달, 라이먼 프랭크 바움 팬입니다. 글씨만 빽빽하고 400쪽이 넘는 두꺼운 책도 자신이 좋아하는 작가가 썼다면 잠자는 시간까지 미뤄 가며 읽습니다. 한 사람의 작가에 빠지게 되면 아이는 저절로 책에 빨려 들어갑니다.

작가를 책으로만 만날 것이 아니라 직접 찾아다니면 더 좋습니다. 권정생 선생님 집을 찾아가고, 섬진강을 찾아가세요. 제 작은 딸 서진이는 《어린이를 위한 토지》를 읽고 서희 아가씨에게 반해

버렸습니다. 그리고 화개 장터와 토지 세트장에 갔습니다. 현장
학습으로 갔다면 그냥 옛날 집이 많은 곳이라 생각하겠지만, 책
을 읽고 가니 전혀 다릅니다. 우리가 밟는 곳이 서희 아가씨가 밟
았던 곳이고, 길상이가 밟았던 곳이라 생각하니 마음가짐이 다릅
니다. 기념품 가게는 지나치고 서희 아가씨가 살던 집에 담긴 이
야기를 찾습니다. 곱추 병수가 서희 아가씨를 훔쳐보던 구멍을
찾아 담을 기웃거리고, 토지 문학관에 들어가 꼼꼼하게 살핍니
다. 집으로 돌아오면 다시 한 번 《토지》의 세계에 빠집니다. 작품
도 읽고, 작품 세계도 찾아다니고, 작가의 기념관도 찾아가세요.
그렇게 한 사람을 몽땅 읽으면 아이에게 한 사람의 삶과 인생관
이 스며듭니다. 이게 진짜 독서입니다.

　2011년 5월, 우리 가족은 수원에 여행을 갔습니다. 2박 3일 동
안 수원 화성을 살펴봤습니다. 우리 가족 여행을 들은 주변 사람
들은 "나도 수원 화성에 갔었는데 몇 시간이면 충분하던데?" 하
십니다. 우리는 화성에 가기 전에 2주일 동안 정약용과 수원 화성
에 관한 책을 읽었습니다. 정약용을 알고 가니 볼 게 아주 많습니
다. 화성 열차를 타고, 몇 시간씩 걷고, 밤에 야경을 구경하며 성
곽 위를 또 걸었습니다. '4대문' '봉돈' '암문' '동북공심돈'을 설
명하지 않아도 아이들은 "아빠, 저기 암문이야!" "연무대가 저기
구나!" 하며 쉬지 않고 이야기합니다. 화성 박물관에서 놀고, 무
예 24기 공연을 놀라며 보고, 장용영 수위의식을 신나게 구경했
습니다. 한 사람, 한 도시를 알아 가는 재미가 어찌나 쏠쏠한지
남들은 하루면 다 보는 곳을 2박 3일 동안 보고도 아이들은 이렇

게 말합니다.

"아빠, 우리 수원 화성에 또 가요. 다 봤는데 '봉돈'만 못 봤잖아요. 꼭 다시 보러 가요!"

작가에 관심을 가지면 작가에 대해 알아보고 문장의 특징을 찾고 작품을 집중해서 읽습니다. 그러면 서서히 작가와 같은 마음이 됩니다. 왜 이런 작품을 썼는지, 자신이라면 어떻게 글을 썼을까 생각합니다. 그러면서 한 사람의 인생을 이해합니다. 작가를 이해하고 등장인물이 그런 모습일 수밖에 없는 까닭을 압니다. 이쯤 되면 자기 문장을 만들어 냅니다. 어떻게 표현하는지 알고 있으니 대충 '참 많은 것을 느꼈다.' 라고만 쓰지 않습니다.

스티븐 킹은 '다른 사람을 읽어야 나를 읽는다. 다른 사람의 문장에 빠져 보지 않은 사람은 남들이 빠질 만한 문장을 쓰지 못한다.' 고 했습니다. 작가를 읽어야 합니다.

한 가지 주제를 섭렵하기

한문으로 '보다' 는 말은 보통 견見, 시視, 관觀을 씁니다. 견見은 눈으로 보는 행위를 말합니다. 시視는 자세히 살피고 조사해 보는 것으로 견見보다 마음을 더 기울여 보는 것입니다. 목적을 두고 보는 것이지요. 관觀은 새가 높은 곳에 앉아 한곳을 계속 응시할 때 새의 머리에 새겨지는 형상으로, 단순히 보는 행위를 뛰어넘어 생기는 관점을 나타냅니다.

그냥 책을 보는 것은 견見입니다. 동화책을 읽고, 만화책을 읽고, 위인전을 읽습니다. 내용과 줄거리를 말할 수 있습니다. 그럼 본見 겁니다. 궁금한 점이 있어 찾아보면 시視입니다. 손연자 작가가 누군지 찾아본다거나, 같은 시대를 다룬 다른 책을 찾으면 자세히 살펴본視 겁니다. 한 가지 주제에 대해 파고들다 보면 주제를 섭렵하게 됩니다. 이런 안목을 관觀이라고 합니다. 책을 오래 읽어야 관이 생깁니다. 오래도록 동화를 좋아한다거나 과학책을 즐겨 읽는 습관이 생기면 자기만의 관점으로 책을 봅觀니다.

사람마다 개성이 있어 책을 두루 읽기보다 마음에 맞는 종류를 주로 읽습니다. 검색도 하고 귀동냥도 해서 같은 주제를 찾아 읽습니다. 정보를 저장하는 수준을 넘어 안목이 생기고 그 분야의 전문가가 됩니다. 책뿐만 아니라 취미나 특기, 직업도 마찬가지입니다. 사람은 누구나 자신이 좋아하는 쪽으로 끌리기 마련입니다. 취미가 특기가 되고 어느 정도 경지에 오르면 자기 관점이 생깁니다.

이 과정에서 여러 작가를 만납니다. 같은 주제를 말한다 하더라도 사람마다 관점이 다릅니다. 한 주제에 대한 여러 작가의 견해를 섭렵하다 보면 관점의 차이가 보입니다. 서로 상반되고 모순되는 견해를 찾을 수 있습니다. 그러면서 주제를 바라보는 시각이 어디에서 충돌하는지, 각 의견의 장단점이 무엇인지 알게 됩니다. 주제에 대한 지식을 넘어 평가하는 안목까지 생기게 되죠.

저는 글쓰기와 독서 활동에 대한 관觀이 있습니다. 지금까지 아이들이 쓴 글을 10만 편 이상 읽었고, 수만 편에 답글을 써 주었고, 수천 시간 글을 다듬고, 수백 번 문집을 만들면서 저절로 관점이 생겼습니다. 내 생각을 다듬고 다른 사람과 어떻게 다른지, 무엇이 부족한지 명확하게 하기 위해 글쓰기, 독서 관련 책을 100권 정도 읽었습니다. 다양한 생각을 가진 작가들의 견해를 읽으며 제 생각과 견주어 보고 제 관점을 명확하게 했습니다. 그제야 할 말이 생깁니다.

이름난 작가나 학자일수록 철저하게 주제를 섭렵합니다. 앨빈 토플러는 《미래 쇼크》를 쓰기 위해 359권, 《제3의 물결》을 쓰기 위해 534권, 《권력 이동》을 쓰기 위해 580권이나 되는 참고 서적을 읽었습니다. 톨스토이는 《전쟁과 평화》를 쓰기 위해 작은 도서관 하나 분량의 참고 자료를 모았습니다. 정을병은 주제를 정하면 섭렵할 때까지 읽습니다. 분재와 난초에 대한 책을 읽다가 난초에 대한 책을 썼습니다. 명상에 관심이 있어 책을 읽다가 명상 책도 썼습니다. 의학에도 전문가요, 한글 기계화에도 전문가입니다. 호기심에서 시작한 독서가 몇 십 권, 몇 백 권 되면서 책을 내는 수준까지 이르렀습니다. 피터 드러커도 3~4년을 주기로 주제를 바꿔 가며 책을 읽는다고 합니다.[104] 한 가지 주제를 섭렵하는 겁니다.

아이들도 처음에는 여러 종류의 글을 읽지만 점점 한 가지 주제로 나아가게 됩니다. 같은 작가의 책을 계속 찾아 읽는다거나 같은 내용을 다룬 책을 찾아 읽습니다. 꼬리에 꼬리를 무는 독서법입니다. 다만 아이들은 한 가지 주제에 빠지면 헤어나지 못합니다. 편식의 늪에 빠져 계속 한 가지만 찾습니다. 그러니 저학년 때는 여러 분야의 책을 골고루 읽고 독서 습관이 자리 잡은 뒤에 주제별 읽기를 해야 합니다.

우연히 똑같이 2학년인 두 아이의 대화를 들었습니다. A는 서울에 사는 아이이고, B는 저와 함께 책을 읽는 아이입니다.

> A : 너는 어떤 책 좋아해?
>
> B : 나는 동화책 좋아해. 재미있는 이야기를 많이 읽어.
>
> A : 우리 오빠는 역사 책, 과학 책을 좋아해. 그래서 지식이 풍부해!
>
> B : 그건 그냥 지식일 뿐이잖아. 생각이 길러지는 건 아니지!
>
> A : 동화는 창의력을 길러 주지만 그래도 지식이 더 좋아!

A는 암기를 잘하고 지식이 많습니다. 그래서 오빠의 책 읽기도 지식이라는 관점에서 바라봅니다. B는 제게 영향을 받은 아이라서 생각을 더 중요하게 말합니다. A는 지식에 대해서는 자신 있기 때문에 지식을 중요하게 말합니다. 지식은 A를 끌어당깁니다. 역사에 자신 있다면 역사가 아이를 끌어당깁니다. 굉장한 장점이지만 주제별 읽기의 함정이 있습니다. 많이 아는 건 정말 중요하지만 너무 일찍 여기에 빠지면 헤어 나오기가 어렵습니다. 차근차근 생각하며 배워야 할 때 폭포처럼 쏟아붓기만 하면 압력을 이겨 내지 못합니다.

초등학생 때는 인문, 사회, 과학, 예술, 역사, 문학, 동화를 골고루 읽게 하세요. 고학년이 되면 주제별 읽기를 하되, 한 곳에만 빠지지 말아야 합니다. 문학을 기본으로 읽으면서 과학 3개월,

예술 3개월, 역사 6개월 이런 식으로 기간을 정하고 읽어 보세요. 요일마다 주제를 정해 돌아가며 읽기를 해도 좋습니다. 생각의 폭을 넓힌 뒤에, 넓고 긴 도로를 뚫어 놓은 뒤에, 가고 싶은 접속 도로를 만들어야 합니다. 기본이 다져진 뒤에 한 우물을 파도 늦지 않습니다. 그래야 편협함을 피하게 됩니다. 아이가 스스로 파내야 할 한 우물을 찾게 도와주세요. 단, 우물을 파는 시기가 너무 이르면 우물 안에 뛰어드는 개구리가 될 수 있으니 조심해야 합니다.

책으로 자신을 읽어 내기

《해바라기》[105]는 나치가 세운 죽음의 수용소에서 살아 나온 유대인 이야기입니다. 출간된 지 65년이 지났지만 충분히 읽을 가치가 있는 책입니다. 이 책은 반인륜적인 범죄의 역사를 다루거나, 독일이 저지른 만행을 사실로 전달하는 데 그치지 않습니다.

사이먼 비젠탈은 2차 세계 대전이 끝날 무렵 나치에 의해 89명의 일가친척이 학살당하고 겨우 살아남습니다. 렘베르크의 야노프스카 집단 수용소에 갇혀 있던 어느 날, 간호사의 요청으로 독일 병사가 누워 있는 방에 들어갑니다. 병사는 죽기 전에 마지막으로 자기 고백을 들어줄 유대인을 찾았답니다. 병사는 당시 소비에트 연방의 도시였던 드네프로페트로프스크에서 위장 폭탄에 독일군 30명이 죽자 화가 난 독일군들이 유대인 300명을 교회에 몰아넣고 기름을 뿌리고 불을 붙여 죽였다는 이야기를 합니다. 자신도 그 자리에서 유대인들을 죽였다며 용서해 달라고 합니다. 아이를 안고 뛰어내리는 아버지를 향해 총을 쏘았는데 아이 얼굴을 잊을 수 없다고 말합니다. 지금도 그들의 모습이 눈에 보인다며, 자신의 죄를 회개하고 싶다고 했습니다. 이야기를 들은 사이먼 비젠탈은 병사의 손을 놓고 나와 버렸습니다. 그리고 '용서는 피해를 입은 당사자만이 할 수 있다.'는 생각과 '그가 정말 용서를 구한 것이라면 들어주어야 하지 않았나?'라는 생각 사이에서 고민합니다. 수용소에서 벗어난 뒤 사이먼 비젠탈은 철학자, 종교 지도자, 이름난 석학들에게 이 이야기를 들려주며 질문합니다.

"내가 그 사람을 용서해야 했습니까?"

이렇듯 《해바라기》는 용서에 대해 묻는 책입니다. 용서는 특정 시대를 뛰어넘는 주제입니다. 지금도 많은 사람들이 용서를 붙들고 신음하고 있습니다. 이미 굳어져 피가 흐르지 않는 상처를 밤마다 다시 뜯어내며 절규하고 있습니다. 보스니아에서, 세르비아에서, 르완다와 시에라리온에서, 캄보디아와 소말리아에서. 그리고 부모와 자식 사이에서.

'용서'라는 낱말을 편한 마음으로 지나칠 사람은 없습니다. 《해바라기》는 비젠탈의 행적을 넘어 나 자신을 읽게 만듭니다. 비젠탈의 목소리로 용서를 말하다가 자기 목소리를 냅니다. 이 순간 책은 나 자신을 보게 하며 나를 자유롭게 놓아 보내 줍니다. 책을 통해 자신을 바라보건, 자유롭게 풀어 놓건 책은 상관하지 않습니다. 용서라는 문제로 끙끙대던 마음, 용서를 생각조차 하지 않은 마음에 폭탄을 던집니다. '쾅' 하는 순간, 고민과 문제거리가 생각 밖으로 뛰쳐나와 흩어집니다.

《너도 하늘말나리야》를 읽은 아이가 그저 슬프다고만 한다면 책에서 자신을 읽은 게 아닙니다. 《어린 왕자》는 책을 읽은 사람이라면 누구나 자신을 들여다보게 합니다. 초등학교 1학년 아이에게도, 중학생에게도, 고등학생과 어른들에게도 들려줄 이야기를 가지고 있습니다. 자신을 읽게 하는 책이 진짜 책입니다.

사실 작가를 읽는 건 어렵습니다. 작가 읽기에 발을 내딛지 못하는 사람도 많습니다. 한 가지 주제를 섭렵하기도 마찬가지로 어렵습니다. 하지만 자신을 읽어 내는 것은 책 한 권으로도 할 수 있습니다.

책에서 발견한 나[106]

황민(3, 여)

나는 내가 누군지 모른다. 즉 내 성격을 모른다는 것이다. 그 이유는 내가 보통 사람하고 다르다는 것이다. 내가 딴 여자애들보다 발표를 더 많이 하고 성격도 이상해서다. 동생 지우는 남자고 난 여자다. 어떤 사람들은 동생과 내가 성격이 바뀌었다고 한다. 동생은 여자도 아닌데 다소곳이 앉는다. 하지만 난 다리를 조개처럼 쫙쫙 벌리고 앉는다. 그리고 동생은 겁이 많다. 강아지도 무서워한다. 나는 겁이 별로 없다. 친구들한테 무서운 얘기를 해 달라고 조른다. 또 귀신이나 드라큘라도 꼭 한번 만나 보고 싶다. 그게 나의 이상한 모습이고 그렇게 할 수밖에 없다. 아마 그럴 거다. 아무리 책을 찾아봐도 성격이 비슷한 등장인물이 없는 것 같다.

아, 드디어 찾은 것 같다. 어떤 책에 어떤 남자애가 있다. 그 애는 성격이 급하고 화도 잘 내는 데다가 남에게 책을 읽어 주는 것도 좋아한다. 가끔은 소리 지르는 걸로 스트레스를 푼다. 그 모습이 꼭 나와 닮았다. 그 남자애는 내가 누군지 알려 주었다. 나만 성격이 이상한 게 아니었다. 그 남자애도 이상하다. 드디어 나 자신을 찾아냈다. 역시 내가 외계 행성에서 온 게 아니다. 정말 다행이라고 생각한다. 책을 더 많이 읽어서 책 속에 있는 또 다른 나를 더 찾아보고 싶다.

민이는 남다른 독특함을 가진 아이입니다. 그 특별함이 다른 사람을 당황하게 할 때도 많습니다. 주변 사람들이 자신을 독특하다고 하고, 남과 다르다는 말을 많이 해서 고민이 많았던 모양입니다. 이 글을 쓰던 날, 아이 얼굴이 평소와 달라서 글을 다시 살폈습니다. '책에서 이상한 남자애 하나 찾았다고 이렇게 좋아할 수가 있을까?' 의아하기도 했지만, 민이에겐 정말 중요한 순간이라는 생각이 들었습니다. 민이가 느낀 기쁨은 책에서 자신을 읽는 기쁨이라는 생각이 들었습니다.

저는 어느 날 갑자기 자신이 들어 있는 책을 만나 책에 빠져드는 아이들을 여럿 만났습니다. 책을 좀 읽는 아이들에게 물어보면 어김없이 '나를 발견한 책'을 말합니다. 제가 소개해 준 책에서 자신을 발견하고 단번에 속을 내놓은 아이도 있었습니다. 엄청난 감동을 받은 게 아닙니다. 그저 자기와 닮은 사람이 말하면 아이들은 금세 마음의 벽을 허물고 그 말을 듣게 됩니다. 책이 문장과 낱말을 휘둘러 나를 깨뜨리는 경험을 해야 합니다. 《몽실 언니》를 읽은 아이는 참기 힘든 일을 견뎌 내지 못하는 자신과 달리, 고난을 견뎌 내며 사랑을 잃지 않는 아이를 만납니다. 《몽실 언니》를 읽고 자신을 읽습니다. 《찰리와 초콜릿 공장》에서 달콤한 초콜릿만 먹지 않습니다. 욕심에 전 모습, 제멋대로인 모습, 이기적인 욕구를 통제하지 못하는 모습, 영상 매체에 찌든 모습을 읽어 내며 자신을 깨뜨립니다.

이런 독서는 눈앞에 보이는 목적만을 바라보는 읽기를 뛰어넘습니다. 자신에 대한 이해, 인격 성숙과 지혜로까지 나아갑니다. 인격이 성숙하고 지혜로운 사람은 올바른 판단을 합니다. 주변이 어둡고 폭풍우가 쳐도 제대로 길을 찾는 판단력을 잃지 않는 사람이 성숙하고 지혜로운 사람입니다. 어떤 형편에 처하든지 스스로 자신을 읽어 냅니다. 바람에 흔들리지 않는 뿌리 깊은 나무가 됩니다.

저도 처음에는 끼워 맞추기에 급급한, 편협한 책 읽기를 했습니다. 내 생각이 옳다고 주장하며 지식을 앞세웠습니다. 책이 지식으로 다가올 때는 머리는 커지지만 마음은 갈수록 차가워졌습니다. 책을 읽으면 마음이 넓어지고 차분해지고 포용력이 커진다는데 그렇지 않았습니다. 문장과 내용을 읽고 나를 다시 읽어 내야 하지만 그렇게 못 했습니다. 책에서 나를 읽어 내면서 얼마나 '허영에 빠진 책 읽기'를 했는지 깨달았습니다.

글씨를 빨리, 많이 읽는 수준을 넘어 내가 책을 읽고 책이 나를 읽는 순간은 황홀합니다. 책을 읽고 편견을 버립니다. 나와 다른 사람을 미워하는 마음을 버립니다. 왜곡된 논리를 버리도록 책이 방향을 잡아 줍니다. 세상 이치가 깨달아지고 사람을 이해하게 됩니다. 당연히 비난할 대상이라도 그럴 수밖에 없는 생각의 바탕을 이해하며 용납합니다. 상대를 비난하더라도 상대방을 이해하고 말하면 미워하지 않게 됩니다. 사람이 아니라 의견을 반대하게 됩니다.

삶을 변화시키지 못하는 가르침은 진짜 가르침이 아닙니다. 책을 읽으며 자신을 읽으면 변합니다. 이것이 책 읽기에서 정말 초점을 두어야 하는 중요한 부분입니다. 독서 활동의 목표는 삶을 변화시키는 가르침입니다. 자신을 읽어 내는 것까지 나아가야 합니다. 그러기 위해서는 책을 읽는 것으로 그치지 말고 토론을 해야 합니다.

2. 즐거운 독서 토론 시간

좋은 책은 두 번 만들어진다고 합니다. 우선 작가의 손끝에서 명작이 탄생합니다. 독자가 손댈 수 없는 영역입니다. 두 번째는 독자에 의해 만들어집니다. 작가가 아무리 좋은 작품을 만들어도 독자가 자기 것으로 만들지 않으면 헛일입니다. 다 읽고도 내 것으로 만들지 않은 책은 산더미처럼 밀려오는 정보에 휩쓸려 버립니다. 수동적으로 받아들인 지식은 새로운 가치를 만들어 내기가 어렵습니다.

그래서 책을 읽고 다른 사람과 의견을 나누며 다시 생각해야 합니다. 아이들은 일방적인 가르침보다는 함께 말하고 공감하는 것을 좋아합니다. 내 생각과 친구들 생각을 나누며 재해석하고 선택해야 합니다. 주어진 자료는 자료로만 보관하는 게 아니라 이것을 사용해서 무엇인가를 새롭게 만들 때 가치가 있습니다. 데이터 습득 능력보다는 데이터 처리와 활용이 더 중요합니다. 《논어》 위정편에서 공자는 '배우기만 하고 생각하지 않으면 오묘한 진리를 이해할 수 없고 생각만 하고 배우지 않으면 위태로운 사상에 빠지게 된다.'고 했습니다. 정보 습득력과 더불어 분석, 요약, 비판, 상상, 추리, 판단, 재해석, 활용하는 능력이 있어야 합니다. 책을 내 것으로 엮어 내는 데 가장 좋은 활동이 토론입니다. 토론은 독자가 좋은 책을 만들어 내도록 인도하는 안내견입니다.

독서 토론은 논술과 연결된 활동입니다. 토론을 하면 논술 쓰기가 쉽습니다. 토론은 상대방의 반응을 고려하여 주장을 펴고 논거를 제시합니다. 상대 반응에 따라 의견이 바뀌기도 하고 다른 주장을 펴기도 합니다. 논술은 나만의 논리로 보이지 않는 청자를 설득해야 합니다. 주장을 내세우기 전에 '사람들이 내 의견에 고개를 끄덕이게 하려면 무엇이 뒷받침되어야 하는가?'를 찾아내야 합니다. 그러니 독서 토론을 하며 충분히 생각하면 자연히 논술을 잘 하게 됩니다. 책 내용을 충분히 이야기하면서 논점을 찾는 과정이 토론입니다.

내가 가장 좋아하는 독서 활동[107]

김그린(4, 여)

난 외향적인 성격이다. 내 의견이 무시되는 것이 싫고 꼭 의견을 내야만 직성이 풀린다. 이런 성격 때문인지 내가 제일 좋아하게 된 독서 활동은 내 의견을 드러내는 토론이다. 그동안은 쉽게 내 이야기를 내비치지 못했다. 그럴 기회가 많이 없었고 혹시 잘못하면 원망 받을까 봐 그랬던 것이다. 하지만 토론의 목적이 더 좋은 결과를 만들기 위해서 여러 의견을 받아들이고 비교하는 것이고 내 외향적인 성격도 한몫해서 내 의견을 드러낼 수 있었다.

그리고 나는 토론을 한 뒤에 나도 조금 더 잘만 말하면 얼마든지 나의 뜻이 실현될 수 있다는 것을 알게 되었다. 그리고 계속 주변에선 내게 말주변이 있다고 잘 해 보라고 해 줬다. 사람은 주변인의 격려가 있으면 능력이 계속 발산된다. 나도 그 말을 듣자마자 자신감을 가지고 더 토론에 맛 들이게 되었다. 솔직히 책을 읽는 것 외엔 다 귀찮고 재미없을 거라고 생각했지만 이제는 오히려 책보다는 토론하는 것을 더 좋아할 지경에 이르렀다. 토론은 내 꽉 막힌 이야기를 못해 생긴 응어리를 풀어 주었고 자신감도 갖게 해 줬다. 나도 잘하는 것이 있다는 자신감! 바로 그것이 내가 토론을 좋아하게 된 이유다.

아이들은 태어날 때부터 말하기를 즐깁니다. 자기 의견이 옳다는 주장에는 앞뒤 가리지 않고 덤빕니다. 아이들에게 토론을 가르치면 게임보다 더 깊게 빠져듭니다. 하지만 우리나라는 토론을 잘 가르치지 않습니다. 토론을 가르쳤다면 말싸움으로 끝내지 않을 아이들에게 토론 없는 경쟁과 승부욕을 북돋워 냉소와 비난에 빠지게 만듭니다. 그러다가 대학 입시를 앞두고 토론과 논술을 급하게 배웁니다. 다 자라지 않은 나무를 뽑아 올려 키만 키우겠다는 욕심입니다. 어려서부터 책을 읽고 이야기를 나누며 뿌리를 내려야 국회의원이 되어서도 싸우지 않고 토론으로 상대를 설득합니다.

토론하기 전 - 배경지식 알아보기

　오늘은 가족끼리 외식하는 날입니다. 며칠 전부터 어디에서 뭘 먹을지 고민하고, 맛있게 먹었던 음식점을 떠올리고, 친구에게 좋은 식당을 묻기도 했겠지요. 교통편도 생각하고 자리가 있을지도 예상합니다. 언제 가야지 저렴하게 먹을 수 있는지도 알아봅니다. 음식점에 들어가기 전에 미리 생각하면 도움이 되는 내용들입니다. 이 모두가 배경지식입니다.

　배경지식은 책과 관련된 여러 가지 경험과 정보입니다. 작가가 누구며, 출간되고 몇 권이나 팔렸으며, 외국에 번역된다는 소식은 책 자체에 대한 정보입니다. 자신의 취향이나 책을 읽는 이유도 독자가 가진 배경지식입니다. 이보다는 책 내용과 관련된 경험이 더 좋은 배경지식입니다. 나쁜 말을 해 봤거나 들어 본 적이 있는 아이라면 누구나 《강아지로 변한 날》에 대한 배경지식을 갖고 있는 겁니다.

배경지식이 많으면 책을 쉽게 이해할 수 있고 더 관심을 갖습니다. 사람은 누구나 자기가 관심을 두는 이야기에 흥미를 보입니다. 흥미는 독서의 필수 요소입니다. 교과서나 학습지를 벌레 보듯 하는 까닭은 아이의 흥미를 고려하지 않고 알아야 할 지식과 이루어야 할 목표를 들이밀기 때문입니다.

정해진 시간 동안 이루어야 할 목표를 요구하는 공부에는 정나미가 떨어집니다. 학교 수업의 첫 단계에 '동기 유발'을 넣는 까닭은 흥미를 일으켜야 아이들이 기꺼이 공부하기 때문입니다. 흥미로운 독서는 아이들이 관심을 갖고 있는 배경지식에서 시작합니다.

배경지식을 알아보는 질문은 무궁무진합니다. 지은이가 누구일까? 영화로 만들어졌나? 어떤 상을 받았을까? 이런 것도 배경지식이 되지만, 이것보다는 아이가 겪은 일을 끌어내는 질문이 좋습니다. 배경지식을 알아보는 이유는 아이가 책에 흥미를 갖게 하기 위해서니까요. 또한 아이가 가지고 있는 편견과 지식 수준을 알기 위해서입니다.

똑같이 《멋진 여우 씨》를 읽는다 해도, 여우를 귀여운 친구라 생각하는 아이와 약아빠진 악당이라 생각하는 아이는 책을 다르게 읽습니다. 연세 드신 할머니가 표현해야 할 단어를 자꾸 잊어버려 '그거 있잖아, 그거.'라고 말하는 걸 겪은 아이와 그렇지 않은 아이는 《잃어버린 단어를 찾아 주는 꼬마 마법사》를 다르게 봅니다. 그래서 배경지식이 중요합니다.

인터넷 서점에서 제공하는 책에 대한 기본 정보도 배경지식입니다. 책을 쓴 저자가 어떤 사람인지 알아보고, 먼저 책을 읽은 사람들이 쓴 서평이나 독서 감상문도 찾아 읽습니다. 제목만으로 이 정도 내용을 나눈다면, 책 내용으로는 몇 시간씩 이야기를 나눌 수 있습니다.

"사이먼 비젠탈이 쓴 《해바라기》는 홀로코스트에서 살아남은 유대인 이야기다."라는 문장을 읽고 이 책의 내용을 상상해 본다면? 이 책은 독일군을 피해 숨어 있다가 수용소로 끌려가 고생, 고생하다가 극적으로 살아남은 사람 이야기일까요? 수용소에서 땅굴을 파서 탈출하는 이야기일까요? 사이먼이라는 사람은 쉰들러의 도움을 받은 사람일까요? 이런 상상은 배경지식이 있어야 가능합니다. 배경지식에 따라 쓸 수 있는 글도 달라집니다. 풍부한 배경지식은 독서 토론과 독서 감상문을 풍성하게 만듭니다.

《톰 아저씨의 오두막집》은 노예들이 당한 고통과 비인격성을 적나라하게 드러낸 작품입니다. 작가 스토 부인은 유치한 감상에만 호소한다고 작품을 매도하는 사람들에게 《톰 아저씨의 오두막 해설》[108] 이라는 책을 내놓습니다. 노예들의 처참한 삶이 꾸며 낸 이야기가 아님을 입증하는 신문 기사와 작품 속 '톰 아저씨'가 겪은 일을 그대로 겪은 노예들을 보여 주었습니다. 이런 사실을 알고 책을 읽으면 '톰 아저씨'의 고통을 나와 가까이 지내는 사람의 고통으로 여기게 됩니다. 책을 대하는 태도가 달라지겠죠.

독서 토론을 할 때 배경지식을 알아보는 것으로 시작하면 토론 분위기와 방향을 따뜻하게 만들 수 있습니다. 배경지식 알아보기는 마중물입니다. 마중물을 붓고 펌프질을 하면 시원한 물이 콸

콸 솟구칩니다. 배경지식은 책 읽는 아이 마음에서 생수가 올라
오도록 도와줍니다.

★ 배경지식 찾기의 예

– 책 제목에 대한 질문만으로 다양한이 경험을 끌어낼 수 있습니다.

• 대상 도서 : 《잃어버린 단어를 찾아주는 꼬마 마법사》

질문 : 잃어버린 단어라는 건 뭘까?

  – 발표할 때 갑자기 생각이 안 나는 건 아닐까요?

질문 : 그럼 발표를 잘하는 방법을 알려 주는 책이겠네.

  – 건망증이 심한 사람 이야기일 수도 있어요.

  – 쓰지 않아 사라진 아름다운 우리말도 되겠네요.

  – 중요한 약속을 적어 놓은 종이를 진짜 잃어버렸을 수도 있어요.

질문 : 누가 단어를 잃어버렸을까? 단어를 잘 잃어버리는 사람은 누구일까?

  – 우리 반 00이는 진짜 건망증이 심해요.

  – 우리 엄마는 더 심해.

  – 저는 갑자기 물어보면 생각이 안 나요.

  – 시나브로, 즈믄 같은 낱말일 수도 있어요.

  – 우리 할머니는 오래 사셔서 자꾸 기억이 안 난대요.

질문 : 어떻게 잃어버린 단어를 찾아 줄 수 있을까?

  – 메모를 잘 해야지요.

  – 자신감을 가져야 해요.

  – 어쩔 수 없는 사람도 있어요.

질문 : 마법사가 나오는 책 읽어 본 적 있니?

  –《해리포터》에 나와요. 읽어 봤어요.

  –《마법천자문》에 나오는 마법사도 있어.

  – 마술사와 마법사는 다르겠지?

독서 토론을 하기 전에 혼자서 찬반 토론을 해 보는 것이 좋습니다. 이것을 '나 홀로 찬반 토론'이라고 합니다.

먼저 책을 읽고 논제를 찾습니다. 《옹고집전》을 읽은 송림이가 "애들을 어떻게 가르칠까? 때려서 가르칠까, 말로 타이를까?"를 논제로 정했습니다. 송림이는 때려서 가르쳐야 한다고 생각해서 찬성 의견에 '때려서 가르치자.'를 정했습니다. 이때 자기주장이 담긴 글을 쓰면서 보이지 않는 상대편이 있다고 상상합니다. 보이지 않는 상대를 설득하기 위해 자기 의견을 정리하는 거죠.

이렇게 자기 의견을 쓴 다음, 보이지 않는 상대편 의자에 앉아 자기 의견을 다시 생각해 봅니다. 실제로 짝과 의자를 바꿔 앉으며 상대편과 의견을 바꾸었다는 행동을 하면 도움이 됩니다. 상대가 뭐라고 할지 생각해 보고 상대편의 입장에서 반대 의견을 씁니다. 찬성과 반대를 다 쓰고 나면 이번에는 배심원 자리에 앉아 자신이 쓴 두 의견을 판단합니다.

애들을 어떻게 가르칠까?[109]

김송림(5, 여)

옹고집은 버릇을 고치기 위해 곤장을 맞는다. 아무리 말로 해도 고치지 않기 때문이다. 하지만 모든 사람이 옹고집처럼 고집이 세지는 않다. 타이르기만 해도 고쳐지지 않을까?

찬반 논제 아이들을 가르칠 때 때려서 가르쳐야 하나 말로 타일러야 하나? 어떤 방법이 더 좋을까?

찬성 애들은 가르칠 때 때려서 가르쳐야 한다고 생각합니다. 애들은 어릴 때부터 철들지 않아서 처음엔 때려서라도 철들게 해야 합니다. 엄격하게 키워서 어떤 일이라도 쉽게 포기하지 않고 꿈을 이루게 하면 애들도 노력해서 꿈을 이룬다고 생각합니다. 어릴 때부터 엄격하게 키워야 커서 당당할 수 있습니다.

반대 하지만 애들을 때리면 부모를 싫어할 수 있기 때문에 아이들을 생각하면서 말로 해야 합니다. 때리기보다는 말로 해서 아이들은 침착하게 되고 마지막에 아이들을 '사랑합니다.'고 말하면 그것을 고칠 것 같다고 생각합니다.

결론 하지만 나는 애들을 때려서 가르쳐야 버릇을 고친다고 생각합니다. 아무리 때리지 않고 말한다 해도 손이 올라간다. 나도 동생들 돌볼 때 말 안 들으면 손부터 올라간다. 또 엄격하게 때려야 버릇을 고친다고 생각합니다. 우리 엄마께서도 안 때리면 버릇을 못 고친다고 하셨습니다. 나도 엄마의 말이 맞다고 생각합니다. 그러므로 애들은 때려서 버릇을 고쳐야 합니다는 결론을 내렸다.

찬성 의견만 보면 송림이는 정확한 근거를 갖고 있습니다. 엄격하게 길러 올바른 사람으로 자라게 해야 한다고 말합니다. 하지만 반대 의견을 생각하면서 마음이 흔들립니다. 결론에서는 무턱대고 손이 먼저 올라가는 잘못된 태도를 말하고 있습니다. 습관처럼 때리는 나쁜 태도를 근거로 들어 자기 의견을 떠받치려고 합니다. 양쪽을 다 살펴보고 나서는 찬성 의견이 더 낫다고 결정했습니다. 스스로 찬성과 반대편이 되어 글을 쓰면서 짚어 낸 뒤에 토론을 하면 실수가 줄어듭니다. 또한 상대편이 어떤 근거로 주장을 할지 미리 예상할 수 있습니다.

직접 써 보지 않고 생각만으로 준비할 수도 있지만, 적어 놓지 않은 생각은 사라지기 쉽고 글로 쓴 것에 비해 거칩니다. 엉뚱한 곳을 떠다니기도 합니다. 글로 써 보는 건 잘 정리한 생각을 문장으로 옮긴다는 말이 아닙니다. 정리해서 쓰는 게 아니라 쓰면서 정리를 하는 겁니다. 그래서 토론을 하기 전에 자기 의견에 대한 찬성과 반대 입장을 써 봐야 합니다. 쓰지 않고 실제로 찬반 토론을 하면 시간이 지날수록 흔들립니다. 자기 논리에 빠지지 않고 상대편에 의해 흔들려야 좋은 토론입니다. 그렇다고 자기 논리가 없어 무작정 흔들리면 안 되겠지요. 나 홀로 찬반 토론은 척후병을 내보내는 것과 같습니다.

또한 나 홀로 찬반 토론은 읽은 내용과 관련된 논제를 찾는 과정입니다. 논제는 아이들이 정할 수도 있지만 선생님이 실제로 토론할 만한지 확인해야 합니다. 아이들은 자신의 경험을 바탕으로 생각하므로 생활과 관련된 논제를 구체화해서 제시해야 합니다. 그렇지 않으면 도덕 교과서에 정답을 적어 넣듯이 정답만 되풀이합니다. 이런 주제라면 항상 찬성이 이깁니다. 책에 나온 사람이 올바른 결정을 했는지 찾는 토론도 해야겠지만, 실생활에 연결된 자신의 고민이라야 더 효과가 있습니다.

실제 토론을 하면 반대 측이 이기기가 쉽습니다. 찬성보다는 반대가 더 강하게 보이고, 자기주장을 내세우기보다는 상대를 꺾으려는 쪽이 이기기 마련입니다. 실제로 토론할 때는 주장이 약한 아이에게 반대를 맡기면 토론이 더 재미있습니다.

책을 읽을 때마다 나 홀로 찬반 토론을 할 필요는 없습니다. 한두 번 자세하게 논술하고 차츰 시간이 지나면 자연스럽게 논제에 대한 근거만 간단하게 쓸 수 있게 됩니다. 근거는 독서 논술의 기본입니다. 논술을 하려고 하면 논제에 대한 근거를 찾아야 합니다. 자기 의견에 반대로 제시될 근거도 찾아야 반론을 제시할 수 있습니다. 이 과정을 간단하게 줄인 것이 '나 홀로 찬반 토론'인 것이지요.

★ '나 홀로 찬반 토론' 진행 방식

1. 책을 읽고 아이에게 논제를 정하게 한다.
   (찬반 토론이 가능한 주제인지 살펴봐 준다.)
2. 논제에 대해 찬성하는지, 반대하는지 입장을 정한다.
3. 찬성하는 입장에 대한 근거를 쓴다.
4. 반대하는 입장이 되었다고 상상하면서 반대 입장의 근거를 쓴다.
   (실제로 다른 아이와 자리를 바꾸는 방법도 효과적이다.)
5. 배심원의 입장에서 찬성과 반대를 판단하고 최종 결론을 쓴다.

*매번 책을 읽을 때마다 이 과정을 거칠 필요는 없으며, 시간이 지나면 논제에 대한 찬성과 반대 입장을 자연스럽게 생각하게 된다.

토의망식 독서 토론[110]

'나 홀로 찬반 토론'은 혼자 합니다. 그래서 자기 논리에 빠지기 쉽고, 정말 괜찮은 생각이라고 내놓은 의견이 자기 확신일 때도 많습니다. 자기모순에 빠지지 않으려면 다른 사람과 의견을 나누면서 점검해야 합니다. 토론을 한다고 하면 말 잘하는 아이들이 나와 말싸움하는 장면이 떠오릅니다. 하지만 토론은 말잔치가 아닙니다. 수줍음이 많고 마음 약한 아이들도 자기 이야기를 내놓을 수 있어야 합니다.

많은 아이들에게 기회를 주기 위한 토론이 '토의망식 독서 토론'입니다. 망이란 건 그물로 엮여 있다는 뜻입니다. 토의망식 독서 토론은 그물을 넓게 펼쳐 모든 아이들이 참가하게 합니다. 짝과 의견을 나누고, 다른 짝과 또 나누고, 모둠에서 의견을 나누는 식으로 점점 확장하여 나누다 보면 조용한 아이도 말할 기회를 갖습니다.

★ '토의망식 독서 토론' 진행 방식

1. 책 내용을 짐작하며 읽는다.
2. 찬성과 반대 의견 모두에 대한 근거를 가능한 많이 찾아서 2~3개로 정리한다. ('나 홀로 찬반 토론')
3. 짝과 찬성, 반대를 정해 의견을 나눈다.
4. 짝과 토론이 끝나면 의견을 정리하고, 다른 짝을 만나 토론한다. 이렇게 여러 짝과 만나 토론하면 자기 의견을 보충하게 되고 상대 의견을 파악하게 된다.
5. 한 모둠에서 이야기가 끝나면 다른 모둠으로 옮겨 다니며 토론한다. 정해

이런 방식으로 토론을 진행하면 아이들은 다른 사람의 의견을 깊이 알게 됩니다. 찬성과 반대 의견을 다양하게 파악했으니 자연히 글을 쓸 준비가 됩니다. 제대로 글을 읽고 충분히 느껴야 독서 감상문을 제대로 쓴다고 했습니다. 토론은 이보다 더합니다. 어떻게 준비하느냐에 따라 토론이 달라집니다. 마찬가지로 토론을 어떻게 하느냐에 따라 논술이 달라집니다.

이야기식 독서 토론

'이야기식 독서 토론'은 토의와 토론을 섞은 방식으로 이야기를 나누는 방식과 논쟁을 함께 진행합니다. 먼저 책을 읽고 편하게 책에 대한 이야기를 나눕니다. 편하게 이야기를 나누며 토의를 진행하고 이것을 토론으로 확장합니다. 즉석연설을 하기도 하고, 대립되는 의견이 나올 때는 찬반으로 입장을 나누기도 합니다. 참가자가 너무 많으면 지루해지는 단점이 있어 10명 이하가 적당합니다.

이야기식 독서 토론은 미리 준비한 발문에 토론자들이 대답하는 형식으로 진행합니다. 발문은 배경지식에 대한 질문, 대상 도서 내용과 관련된 질문, 작품과 관련한 삶이나 사회에 관련된 질문을 담아 준비합니다. 발문을 잘하면 토론의 수준이 높아지지요.

지금부터 제가 아이들과 《빼앗긴 내일》을 읽고 토론한 과정을 통해 '이야기식 토론'을 설명해 보겠습니다.

토론을 시작하기에 앞서 배경지식을 이해하는 시간을 가집니다. 배경지식은 책을 읽지 않아도 답할 수 있는 내용입니다. 토론을 한다고 하면 부담이 너무 커서 웃는 아이가 없습니다. 모두 비장의 무기를 들고 나와 이기려고만 합니다. 참가자들은 바짝 긴장합니다. 느긋함과 여유가 사라지고 압박과 부담이 요동칩니다. 아이들 마음에 걸린 빗장을 풀고 무장 해제하려고 배경지식을 묻습니다. 각자의 경험을 나누다 보면 여유를 갖고 토론에 참여하게 됩니다.

★ '이야기식 독서 토론'의 예

• 토론 도서 : 《빼앗긴 내일》
• 토론 대상 : 초등 5학년 이상

1. 배경지식 이해하기 : 자연스럽게 이야기를 나누며 몸 풀기
   (1) 자신이 본 전쟁 영화를 소개해 보자.
   (2) 전쟁과 관련된 책을 소개해보자.
   (3) 책에는 6개 전쟁(1차 세계 대전, 2차 세계 대전, 베트남 전쟁, 보스니아
       전쟁, 이스라엘 - 팔레스타인 분쟁, 이라크 전쟁)이 나온다. 이 전쟁들에
       대해 아는 내용이 있으면 이야기해 보자.
   (4) 외롭고 힘들게 산 사람을 소개해 보자.
   (5) 사람들은 왜 전쟁을 하는지 토론해 보자.

전쟁에 대한 책이나 영화 이야기를 하면 마음이 편해집니다. 아는 내용이 있으면 말하고, 없으면 귀 기울여 들으면 됩니다. 사람들이 왜 전쟁을 하는지 이야기하다가 의견이 두 편으로 나뉜다면 즉석 찬반 토론을 합니다. 제시된 질문을 모두 할 필요는 없습니다. 책과 관련된 다양한 이야기를 나누며 긴장을 푸는 과정이니 아이들이 의견을 주고받는 걸 보면서 2~3개를 골라 질문하면 됩니다.

배경지식에 대한 이야기로 긴장이 풀리면 책 내용에 대해 이야기합니다. 방식은 여러 가지일 수 있습니다. 《빼앗긴 내일》은 여러 사람 일기를 모아 놓은 책이므로 각 등장인물과 관련된 질문을 하는 방식으로 진행해 봤습니다. 내용 이해에 관한 단순한 질문이므로 전부 다 질문하기보다 아이들 수준과 관심에 따라 몇 가지만 골라서 묻습니다.

> ## 2. 책 내용 알아보기
> ### 2-1. 등장인물에 따른 정보를 묻고 답하기
>
> ★ 피테 쿠르
> (1) 보스니아 청년이 오스트리아 황태자를 죽여 생긴 전쟁은?
> (2) 군인들이 죽음의 면허증이라고 부른 것은 무엇인가?
> (3) 피테 쿠르는 어떤 행동을 한 뒤에 자신을 '달팽이 먹는 곤충'이라고 말했을까?
>
> ★ 실라 알란
> (1) 수용소에서 일본군을 만날 때마다 일본군이 시킨 행동은?
> (2) 실라 알란의 아버지는 수용소에서 어떻게 되었나?

★ 클라라 슈왈츠

(1) 클라라는 어떻게 살아남았나?

(2) 벡씨는 나치 협조 혐의로 사형 선고를 받았지만 살아나게 된 이유는?

★ 에드 블랑코

(1) 에드 블랑코의 부모님은 어느 나라 출신인가?

(2) 에드 블랑코가 일기와 관련해서 겪은 일은?

★ 즐라타 필리포빅

(1) 즐라타가 일기장에게 붙인 이름은?

(2) 즐라타가 피난을 가지 못한 것은 가족 중 누구 때문인가?

★ 시란 젤리코비치

(1) 시란이 가장 싫어하는 사건은 무엇인가?

(2) 이스라엘 사람들이 실제 삶을 잊고 다른 현실에 빠지기 위해 보는 것은 무엇인가?

★ 메리 해즈보운

(1) 메리의 마을에 공포를 몰아넣은 무기는 무엇인가?

(2) 메리 마을에서 이스라엘 군인들이 가장 심하게 공격한 곳은?

(3) 메리가 시카고에서 감격하며 만난 사람에 대해 알고 있는 사실을 두 가지 말해 보자.

★ 호다 타미르 제하드

(1) 폭격으로 호다의 집에 일어난 피해는 무엇인가?

(2) 전쟁 중에 이걸 훔친다고 호다가 도둑들을 질책하고 있는데 무엇을 훔쳤을까?

이런 식으로 책 내용을 확인하면 자칫 시험 문제를 풀 때처럼 정답 찾기가 될 수도 있습니다. 아이들에게 좋지 않은 영향을 끼친다면, 아래 내용처럼 물어도 됩니다.

2-2. 책의 전반적인 내용을 묻고 답하기

(1) 전쟁이 일어나기 전과 후에 피테 쿠르의 삶이 어떻게 바뀌었는지 이야기해 보자.

(2) 일본군은 실라 알란 같은 유럽-미국계 포로는 아시아 포로보다 좋은 대우를 해 줬다. 이유가 무엇인가?

(3) 클라라 슈왈츠는 전쟁이 끝난 뒤 미국으로 건너가 홀로코스트 연구소의 회장직을 맡았다. 그곳에서 어떤 일을 하였을까?

(4) '인종 청소'가 무엇인지 설명하고 인종 청소가 이루어진 나라를 아는 대로 말해 보자.

(5) 《빼앗긴 내일》에서 서로 싸우고 있는 상대편이 된 두 명의 인물은 누구인가?

(6) 《빼앗긴 내일》에서 가장 기억에 남는 인물은 누구인지, 그 이유를 설명해 보자.

(7) 《빼앗긴 내일》에는 같은 전쟁을 겪고도 다른 입장으로 글을 쓴 사람들이 나온다. 어떤 전쟁을 겪은 누구인가? (각 전쟁에서 두 명씩)

아이들이 너무 딱딱하게 굳어 있거나, 지나치게 정답 맞추기를 하려고 하면 이런 식으로 질문을 합니다. (6)번과 같은 질문은 정답이 따로 없습니다. 책과 관련된 간단한 사실 확인에서 시작해서 개인의 삶과 연결 짓는 질문으로 확장합니다.

3. 인간의 삶이나 사회 현상과 관련한 질문

(1) 일기를 쓰는 이유는 무엇인가?

(2) 시란 젤리코비치와 메리 해즈보운이 서로의 일기를 읽는다면 어떻게 반응할까?

(3) 미국 사람들은 이라크 전쟁을 어떻게 생각할까?

(4) 호다 타미르 제하드의 일기를 미국 사람들이 읽고 난 뒤에 이라크 전

쟁에 대해 이야기한다면 어떻게 말할까?

(5) 피테 쿠르는 배가 고파서 잘 아줌마네 빵 가게에서 도둑질을 했다. 장 발장 역시 배고픈 조카들에게 주려고 빵을 훔쳤다. 여러분이 판사라면 어떻게 판결해야 하나? (모의재판을 해 보자.)

(6) 실라 알란은 창이 수용소에서 일본군에게 고통 당했다. 실라 알란에게 우리나라가 일본에게 고통 당한 이야기를 해 준다면 어떤 내용을 이야기할 수 있을까? 여러분의 이야기를 들은 실라 알란은 어떻게 반응할까?

(7) 히틀러, 자살 폭탄 테러범들, 이스라엘 군인들은 왜 그런 행동을 할까? 그들을 막을 수 있는 방법은 없을까?

(8) 에드 블랑코는 목숨 걸고 전쟁에서 싸웠지만 미국에 돌아왔을 때 아주 하찮은 사람 취급을 받았다. 사람들은 왜 그를 하찮게 대했을까?

(9) 호다 제하드는 미군이 아줌마를 죽인 사실을 일기에 썼다. 아줌마는 왜 아침 6시에 밖으로 나갔을까? 미국은 왜 아줌마에게 총을 쏘았을까? 이럴 때 옳고 그름을 어떤 기준에서 판단해야 하나?

(10) 다음은 코푸하이스 씨가 게슈타포 본부에서 조사받을 때의 대화 내용이다.

취조실에서 안네의 아버지인 프랑크 씨는 크라이럴 씨와 코푸하이스 씨에게 이렇게 말했다.
"미안합니다. 우리를 도와주지 않았더라면 이렇게 되지 않았을 텐데······ 정말 괴롭습니다."
그러자 코푸하이스 씨는 이렇게 말했다.
"나는 후회하지 않아요. 또다시 이런 일이 일어난다 해도 나는 당신들을 도울 것입니다."

코푸하이스 씨는 독일인이면서도 위험을 감수하면서 유대인인 안네의 가족을 2년 넘게 보호해 주었다. 피테 쿠르를 숨겨 준 벡 씨도 마찬가지다. 자기 목숨이 위험한데도 불구하고 왜 그들을 도와주었을까? 자기 생명보다 더 귀하게 여기는 가치에 대해 말해 보자.

(11) 다음은 이 책에 나오는 내용들이다. 가장 마음에 드는 내용을 골라 그걸 고른 까닭을 자기 생활을 바탕으로 말해 보자.

- 이 책을 만들면서 서로 다른 사람들의 삶과 글이 너무나 닮아 있어 놀랐습니다.

- 일기는 기억을 왜곡시키지 않고, 경험을 있는 그대로 전달해 줍니다. 일기는 글을 쓴 시대의 이야기를 담고 있으면서, 세상에 발표할 작정을 하고 쓰는 글은 아니기 때문에 매우 솔직하고 진실합니다. 처음부터 역사를 기록하기 위해 쓴 글이 아니지만, 결국 개인적인 방식으로 역사를 기록하고 있습니다.

- 일기는 기록할 수 있는 기회뿐 아니라, 자기를 둘러싼 전쟁의 광기에서 벗어날 수 있는 피난처를 제공하고, 의사소통을 하고 자아를 표현할 수 있는 공간이 되어 줍니다. 일기는 기록이자 고백이지만, 일기를 쓰는 과정은 자기에게 닥친 끔찍한 사건들을 이해할 수 있도록 돕는 하나의 방법이지요. 죽음의 그림자가 도사리고 있는 절박한 상황에서, 마음껏 누릴 수 있는 자신만의 은밀한 공간을 만들고, 그곳에서 삶을 이해하는 것은 정말이지 소중한 경험입니다. 주변의 사건을 관찰하고 바깥세상의 비극을 고스란히 문장 속에 담아내는 동안, 자신만의 개성과 정신을 온전히 보호받을 수 있으니까요.

- 이를테면 전쟁은 물 없이 살아야 하는 삶을 뜻합니다. 밖으로 나갈 수 없다는 걸 의미하죠. 전쟁은 푹신한 솜이불 없이 겨울을 나는 것입니다. 모든 사람이 적어도 한 명의 친구를 잃었다는 것이기도 하죠. 전쟁은 새로운 요리법을 개발하게 합니다. 전쟁 중에도 사람들은 여전히 결혼을 하고, 여전히 아기가 태어납니다. 여전히 미래를 계획하고 꿈을 꿉니다. 죽음이 언제든 사람들을 덮칠 기세로 호시탐탐 기회를 노리고 있지만, 전쟁은 헤아릴 수 없이 많은 삶의 조각들을 가지고 있습니다. 그리고 이 삶의 조각들을 하나하나 맞추다 보면, 전쟁을 겪으며 사는 게 과연 어떤 것인지 짜임새 있는 그림을 얻게 될 거예요. 그러면 보잘것없어 보이던 일상이 얼마나 소중한지, 그리고 그런 일상을 빼앗긴 삶이 얼마나 삭막한지 절실히 깨닫게 된답니다.

처음 한두 문제는 쉽게 이야기할 수 있습니다. 하지만 질문이 점점 다양하고 복잡해집니다. 깊이 생각하고 대답해야 합니다. 이런 과정으로 토론을 하면 시간이 금세 지납니다. 이야기식 독서 토론은 심사를 잘 하지 않습니다. 함께 즐기는 시간을 가졌는데 굳이 1등, 2등 가릴 필요가 없습니다. 꼭 순위를 정해야 한다면 참가자들이 상호 평가를 하면 됩니다. 아이들 관점이 꽤 정확하다는 걸 알게 될 겁니다.

저는 1년에 한 번씩 토론 대회 진행을 하러 서울에 갑니다. 2시간 동안 토론하고 소감을 물으면 모든 아이들이 '토론 대회라고 해서 살벌하고 무서울 줄 알았는데 정말 재미있고 즐거웠다. 또 오고 싶다.'고 합니다. 어렵게 생각한 토론이 무척 재미있어 자꾸 토론하자고 합니다. 토론을 마치고 느낌을 말하라고 하면 책과 친구 이야기, 내 이야기를 엮어서 이야기합니다. 이 감상을 잘 정리해서 쓰면 훌륭한 독서 감상문, 독서 논술문이 나옵니다. 《빼앗긴 내일》을 읽고 이야기식 토론을 진행한 후 "늘 비슷한 일상을 사는 우리에게 일기 쓰기가 필요한가?" "대상 도서를 바탕으로 지금 우리나라에 가장 필요한 가치가 무엇인지 써 보자."라고 논제를 던지면 아이들은 훌륭한 독서 논술문을 씁니다.

독서반 아이들이 가장 좋아하는 활동이 바로 이야기식 독서 토론입니다. 도서관에서 구경하다가 무척 재미있어 보인다고 엄마를 졸라 독서반에 들어온 아이들도 여럿 있습니다. 아이들은 이야기식 독서 토론을 통해 의견이 다르지만 싸우지 않고, 조금 전에 의견이 달랐던 아이가 지금은 내 편이 되고, 어떤 내용에서는 상대편 논리에 손을 들었지만 다른 내용에서는 내가 더 합당한 근거를 대서 상대편을 꺾기도 하는 예측 불허의 경험을 합니다. 이렇게 토론을 하면 의미 없이 읽었던 책이 완전히 새롭게 다가 옵니다. 발문은 새로운 관점을 찾아내는 불꽃이 되어 아이가 책을 새롭게 보게 해 줍니다. 이것이 바로 '이야기식 독서 토론'의 매력입니다.

교차 질의식 독서 토론

저는 학기 말이면 아이들에게 교사 평가를 받습니다. 아이들은 수업 내용, 아이들을 대하는 태도, 잘한 점과 못한 점, 고쳐야 할 점 등을 정확하게 짚어 줍니다. 가끔 사춘기 특유의 반항 정신으로 무장한 아이들이 마음을 찢어 놓는 글을 쓰기도 하지만, 아이들 이야기를 통해 저를 돌아볼 수 있기 때문에 해마다 평가를 받습니다.

2009년에는 '이야기식 독서 토론'이 1등이었습니다. 2008년에는 조사 직전에 다녀온 농촌 체험 학습이 1등이고, '교차 질의식 독서 토론'이 2등이었습니다. 농촌 체험 학습은 12월에 다녀와 생생하게 기억나기 때문에 1등일 것이라 예상했습니다. 바로 눈앞에서 고라니를 보기까지 했으니까요! 하지만 교차 질의식 독서 토론이 2등일 줄은 몰랐습니다. 아이들은 평가를 하고 나서 "선생님, 토론 한 번 더 해요! 더 해요!" 하며 졸라 댔습니다. 2010년 독서반에서도 '교차 질의식 독서 토론'이 1등입니다. 아이들이 자꾸만 토론하자고 졸라 댑니다.

'교차 질의식 독서 토론'은 정해진 형식이 있습니다. 사회자, 찬성 측, 반대 측, 심판 역할을 나누고, 찬성, 반대 측은 토론 전에 근거를 준비해야 합니다. 토론자는 한 팀에 찬성과 반대 각각 4명 정도가 좋습니다. 준비가 끝나면 사회자는 찬성 측과 반대 측 토론자를 소개하며 토론회를 시작합니다. 이어서 논제를 제시하고 어느 편이 먼저 시작할지 정합니다.

이 방식으로 토론을 할 때는 순서가 중요합니다. 찬성 측과 반대 측 모두 연속적으로 의견을 제시할 수 없습니다. 반드시 번갈아 가며 자기주장을 펼쳐야 합니다. 이렇게 주장을 하고 반박을 하다가, 최종 의견을 제시하기 전에 '작전 타임'을 갖습니다. 논제나 토론자의 수준에 따라 시간을 달리할 수 있지만 대체로 3분을 줍니다. 3분 동안 찬성 측과 반대 측은 상대를 반박할 내용과 보충할 내용을 정리합니다. 최종 토론은 지금까지 토론한 순서와 반대로 합니다. 나중에 말하는 편이 유리하므로 반대로 기회를 주는 겁니다.

처음 토론을 해 보면 아이들은 상대편 의견을 반박하지 못하고 자기 의견을 읽기만 합니다. 그렇지만 한두 번 해 보고 규칙을 알게 되면 점점 토론이 발전합니다. 사회자와 토론자가 아닌 아이들은 심판을 봅니다. 심판들은 어느 쪽이 상대편을 압도하는 근거를 대며 토론하는지를 보고 우승 팀을 정합니다. 토론을 보는 것만으로는 정확하게 판단하기 어려우므로 아래의 심사 표를 나

뉘 줍니다.

심사 표

	토론자 1	토론자 2	토론자 3	최종 변론	전체 토론
찬성					
반대					

　심사 표를 받은 아이들은 각 토론자와 최종 변론 중에서 더 조리 있고 설득력 있게 토론한 편에 동그라미를 합니다. 일반 토론자에는 각 1점씩, 최종 변론에는 2점을 주고 합계 점수를 전체 토론의 항목에 씁니다.

심사 표 활용의 예

	토론자 1	토론자 2	토론자 3	최종 변론	전체 토론
찬성		○	○		2
반대	○			○	3

　위의 표에서 찬성 측은 토론자 2와 3이 이겨 총 2점을 얻었습니다. 반대 측은 토론자 1과 최종 변론에서 이겨 3점입니다. 최종 변론에 2점을 주는 이유는 토론을 정리하는 마지막 단계이기 때문입니다. 육상 계주 경기에서 달리는 순서를 잘 정해야 이기는 것처럼, 토론에서도 순서를 잘 정해야 합니다. 토론을 진행하다 보면, 어느 순서에 누구를 넣으라고 정해 주지 않아도 저절로 자리를 정합니다. 자기주장을 강하게 하는 아이는 1번 자리에, 논리적으로 정리를 잘하는 아이는 최종 변론 자리에 앉게 됩니다.

심사에 참여한 아이들이 평가한 심사 표를 모아서 합계를 내면 이긴 팀이 가려집니다. 이렇게 토론을 진행하면, 토론에 참여하는 아이들이나 심판을 보는 아이들 모두 토론에 집중하게 됩니다.

★ '교차 질의식 독서 토론' 진행 방식

※ 토론에 참여하는 아이들을 사회자, 찬성 팀, 반대 팀으로 나눈다.
(각 팀에 네 명 정도가 적당하다.)

※ 토론에 참여하지 않는 아이들은 심판이 된다. 토론 시작 전에 심판들에게 심사 표를 나눠 준다.

※ 교차 질의식 토론에서는 토론의 순서가 중요하다. 반드시 찬성과 반대가 한 번씩 자기주장을 펼치게 한다.

① 사회자, 찬성 팀, 반대 팀이 정해지면 먼저 자기주장을 펼칠 팀을 정한다.

② 찬성 1 : 토론을 시작하며 논제에 대해 근거를 제시한다.

③ 반대 1 : 찬성 1 의견에 반대하며 자기 의견을 제시한다. 이때 찬성 측은 끼어들거나 다시 의견을 낼 수 없다.

④ 찬성 2 : 반대 1 의견에 다시 반대하며 자기 의견을 낸다.

⑤ 반대 2 : 찬성 2 의견에 다시 반대하며 자기 의견을 낸다.

⑥ 찬성 3 : 반대 2 의견에 다시 반대하며 자기 의견을 낸다.

⑦ 반대 3 : 찬성 3 의견에 다시 반대하며 자기 의견을 낸다.

⑧ 최종 변론 전에 작전 타임을 가진다. (대체로 3분)
작전 타임 이후 최종 변론에서는 토론 시작과 반대로 순서를 정한다. (찬성 팀부터 토론을 시작했으면, 최종 변론은 반대 팀부터 하는 방식.)

⑨ 반대 4(최종 변론) : 지금까지의 찬성 측 의견을 반박하고 반대 측 의견을 정리한다. (앞에서 찬성 측이 먼저 말했으므로 마지막 발언은 반대 측이 먼저 발언.)

⑩ 찬성 4(최종 변론) : 반대 측 의견을 반박하고 찬성 측 의견을 정리한다.

⑪ 심판들(토론에 직접 참여하지 않는 아이들)은 토론이 진행되는 동안 평가를 한다.

⑫ 심판들의 심사 표를 합산해 이긴 팀을 정한다.

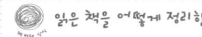

읽은 책을 어떻게 정리할까?

　교실에서 만나는 아이들은 저마다 수준과 변하는 속도가 많이 다릅니다. 같은 학년 아이들과 함께 독서 활동을 해도 12월이 되어서야 변화가 보이는 아이가 있고, 3월부터 두각을 보이는 아이도 있습니다. 감성적인 아이가 있고, 직관적인 아이가 있습니다. 합리적으로 판단하는 아이도 있고, 서정적으로 바라보는 아이도 있습니다. 모두 다릅니다. 같은 아이라도 어떤 단계에서는 오래 머물고, 한꺼번에 뛰어넘기도 합니다. 그래서 각 단계를 정해진 기간으로 제한할 수 없습니다. 제 경우에는 이런 방식으로 책을 읽습니다.

1. 일단 읽을 책을 정하면, 어떻게 읽을지 결정합니다.

정보를 파악하며 빨리, 간단하게 요약해서 읽어야 하는 책도 있고, 천천히 음미하며 빨려 들어가야 하는 책도 있습니다. 물론 결정을 잘못해서 빨리 읽다가 다시 음미하며 읽는 책도 있습니다. 한 권에서도 어떤 곳은 빨리 읽고 다른 곳은 속도를 늦춰 천천히 읽기도 합니다. 빨리 읽고 천천히 읽는 부분은 사람마다 다르겠지요.

2. 감동을 주는 문장, 알지 못했던 지식, 문장 표현을 아주 잘한 부분에 줄을 긋습니다.

사람은 저마다 독특한 개성을 갖고 있습니다. 개성이 다양한 만큼 책에 줄을 긋는 기준도 다릅니다. 저는 감동, 지식, 문장 표현에 빠져들지만, 다른 기준으로 줄을 그어도 상관없습니다. 줄을 긋는 건 당시 자신의 취향과 수준을 보여 줍니다. 다음에 다시 읽으면 이미 그어 놓은 줄에서 묵은 맛을 느끼며, 새로운 곳에서 이전에 맛보지 못한 신선함을 맛볼 수도 있습니다. 그러니 줄을 긋는 기준에는 신경 쓰지 말고 마음 가는 대로 읽고 표시하면 됩니다. 다만, 목적을 두고 읽는다면 일관성을 가져야 합니다. 지식을 얻기 위해서 읽는다면 필요한 지식을 구별하는 색깔을 정하는 것이 좋습니다.

3. 생각을 불러일으키는 부분이 있으면 책의 여백에 생각을 적어 놓습니다.

저는 새로운 것을 만들어 내는 능력이 부족한 반면에 주어진 내용을 분석하거나 변형, 발전시키는 걸 좋아합니다. 그래서 어떤 문장을 읽고 연관되는 내용, 새로운 아이디어가 떠오르면 적습니다. 동의를 표하는 내용도 적습니다. 경험을 바탕으로 추억을 적거나, 해야 할 일, 단상을 적는 분도 있습니다. 적는 내용 역시 사람에 따라 다릅니다. 중요한 것은 무엇이든 적으면 더 오래 기억하고 더 깊이 생각하게 됩니다.

4. 줄 친 내용, 여백에 쓴 글을 컴퓨터에 저장하고, 출력해서 파일에 보관합니다.

책을 읽으면 기록으로 남길 가치가 있는지, 읽은 것으로 만족해도 되는 책인지 정합니다. 컴퓨터에 저장할 때는 주제별로 분류해서 넣습니다. 제 관심 분야인 교육, 독서, 글쓰기, 역사, 성경과 신학 등으로 폴더를 만들어 저장합니다. 저장만 해 놓으면 소용이 없어 출력해서 파일로도 보관합니다. 교육에 관한 글을 쓰거나 고민할 때 '교육 파일'을 열면 여러 작가들의 생각과 제 생각을 찾을 수 있어 정말 좋습니다.

5. 책 소개나 느낌을 적어 글로 남깁니다.

저는 《좋은 교사》라는 월간지에 3년 넘게 책 소개를 하고 있습니다. 우연히 시작했지만 책 소개가 제 독서에 큰 도움을 주었습니다. 책을 소개하려면 편하게 읽을 수 없습니다. 전체 내용을 요약, 분석해야 하고 내가 읽은 책이 어떠한지, 이 책은 나를 어떻게 읽어 내는지 써야 합니다. 책 소개를 쓰며 책을 보는 눈이 많이 넓어졌습니다. 처음에는 잡지에 싣기 위해 느낌을 썼지만 지금은 책이 준 의미를 남기려고 씁니다.

다달이 내는 문집에도 제 글을 넣으면 아이들이 굉장히 좋아합니다. 부모님들도 문자를 보내거나 의견을 주십니다. 저는 인터넷 통신을 싫어해서 블로그나 카페를 잘 이용하지 않지만, 인터넷 서점에 책에 대한 평가를 쓰는 것은 많은 도움이 됩니다.

6. 책을 다 읽으면 제목, 지은이, 평점을 적어 목록으로 만듭니다.

순	제목	지은이	평점	비고
1	책 읽는 교실	여희숙	★★★	세 번째
14	내 인생을 바꾼 한 권의 책	잭 캔필드 외	★★★	소문보다 별로
108	보이(로알드 달 자서전)	로알드 달	★★★★	읽어 주자
108	책 읽는 소리	정민	★★★★★	사 보자
110	마을이 학교다	박원순	★★★★★	잡지 추천
151~163	타나토 노트, 여행의 책, 천사들의 세계, 인간, 신, 빵 가게 습격 사건	베르나르 베르베르	★★★★	베르베르의 책 평가 글을 쓰자

2010년 제가 읽은 책을 정리한 표 중의 일부입니다. 《보이》는 앞에서 소개한 《로알드 달의 발칙하고 유쾌한 학교》의 옛날 판본입니다. 《책 읽는 소리》는 좋

은 내용이 많아서 구입하기로 마음을 정했고, 《마을이 학교다》는 잡지에 추천하는 글을 써야겠습니다. 베르나르 베르베르 책은 2011년 2월까지 총 26권을 읽고 평가하는 글을 썼습니다. 작가가 쓴 책을 5권 넘게 읽으니 이 작가가 문장을 어떻게 쓰는지, 내용을 어떻게 구성하는지 알 수 있었습니다. 10권을 넘게 읽으니 무엇에 관심을 갖고 어떤 방식으로 생각하는지 알 수 있더군요.

이 모든 것보다 훌륭한 방법은 읽은 책을 다른 사람에게 소개하는 것입니다. 제 경우에 책을 소개하는 원고를 3년 넘게 쓰고 있지만 쓸 때마다 어려움을 느낍니다. 줄거리는 말할 수 있다고 해도 정확하게 분석해서 장점과 단점을 찾아내는 것은 어렵습니다. 솔직히 저는 책을 아주 좋아하기 때문에 주로 좋은 점만 찾습니다. 괜찮은 책을 만나면 그저 좋다고만 말하고 싶어지니까요. 어떤 방식으로든 자신이 읽은 책을 소개하는 습관을 가지는 것이 좋습니다.

5.

책 읽는 이유가 바뀐다

모두 우리 삶 속에서 이미 겪은 것이거나
아직 일어나지 않은 것이다.
_막심 고리키[111]

독학은 세상의 모든 불쾌함을 떨쳐 버리는 특효약이었다.
한 시간 동안 책을 읽는 것만으로도
나는 모든 근심 걱정을 깨끗이 잊을 수 있었다.
_몽테스키외[112]

죽는 순간, 삶에 미련이 남게 할 두 가지 일은
충분히 사랑하지 못했다는 것과
읽고 싶은 책이 너무나 많이 남아 있다는 것이 아닐까?
_권일한

저는 책벌레여서 틈만 나면 책을 읽습니다. 책은 제 사회생활을 제한했지만, 흔들리는 차에서 멀미 없이 읽는 능력을 주었습니다. 엄청난 소음 속에서도 방음벽을 설치한 듯 조용히 책에 빠져듭니다. 잠이 안 와서 읽기 시작한 책이 잠을 못 자게 만듭니다. 평소에 저는 유약하고 소심한 사람이지만 책을 붙들면 강하고 담대해집니다. 사람들이 책에 대해 물어 오면 온몸에 힘이 솟고 생기가 돕니다. 하지만 제가 내놓는 대답은 질문한 사람들을 답답하게 만듭니다. 저는 느리지만 꾸준히 읽어야 하는 이유, 당장 눈에 띄지 않지만 언젠가 나를 변화시킬 것이라는 기대, 생각의 전환, 정확한 목표를 타격하는 조작력보다는 토대를 다지는 끈기를 말합니다. 무엇보다 책을 읽는 즐거움, 말도 못할 기쁨을 말합니다. 그러면 듣는 분들은 답답해합니다. 결국 아무런 방법 없이 지겹게 그냥 읽으라는 말 아니냐는 겁니다.

이유가 없으면 지겹습니다. 정말 중요한 건 이유입니다. '왜'가 '어떻게'를 결정합니다. 목적이 수단을 결정합니다. 진열장에 물건이 아무리 많아도 사람들은 자신이 찾는 것만 봅니다. 눈에 보이는 대로 읽고, 읽는 만큼 봅니다. "책을 왜 읽지?"라는 질문에 다니엘 페나크는 《소설처럼》이라는 책에서 이렇게 답합니다.

배우기 위해서／공부를 잘하기 위해서／지식을 쌓기 위해서／우리 인간이 어디서 왔는지 알기 위해서／우리 인간이 어디로 가는지 알기 위해서／우리 인간이 어떤 존재인지 알기 위해서／타인들을 보다 잘 이해하기 위해서／과거의 기억을 간직하기 위해서／현재의 우리를 직시하기 위해서／지난 시대의 경험을 활용하기 위해서／자신에게서 벗어나기 위해서／삶의 의미를 찾기 위해서／우리의 문명을 이루고 있는 근원을 파악하기 위해서／끝없는 호기심을 일깨우기 위해서／기분 전환을 위해서／교양을 쌓기 위해서／서로의 생각을 교환하기 위해서／비판 정신을 기르기 위해서

사람들은 책 읽는 이유로 대부분 공부와 지식을 꼽습니다. 생각하는 능력, 창의력을 중시한다고 하면서도, 더 지식을 많이 알고 성적에 미치는 영향을 강조합니다. 이런 목적이라면 같은 책을 읽고 똑같이 기계적으로 문제 풀이를 하는 아이들을 만들고, 오히려 생각하는 습관과 창의력을 빼앗지 않을까요?

수동태로 사는 아이들이 아니라 능동태로 살아가는 아이가 되게 하려면 목적을 바꾸어 읽어야 합니다. 공부하기 위해, 지식을 쌓기 위해 읽지 말고 즐겨야 합니다. 다독을 넘어 깊이 생각해야 합니다. 책을 쓴 사람들이 대단하지만 그들 역시 부족함이 있으

니 옳고 그름을 판단하며 읽어야 합니다.[113]

1. 책 읽기에 대한 편견

공부를 위해 책을 읽는다?

저는 책을 읽는 이유 중에서 '삶의 의미를 찾기 위해서'라는 말이 가장 좋습니다. 실제로 책은 제 삶의 의미입니다. 저를 설명하는 의미이고 제게 힘을 주는 의미입니다. 책을 읽고 글을 쓰는 건 제 삶을 의미 있게 만듭니다. 반면에 제가 만난 아이들은 이렇게 말하더군요.

> 책을 읽는다는 건 볏단을 쌓는 것 같다. 책 한 권 한 권이 쌀같이 귀하고 지식이 배를 채우는 것 같기 때문에.
>
> ○○○(4, 남)

평소에 책을 많이 읽는 아이들 중 1/4은 이렇게 대답합니다. 책을 읽어야 한다고 말할 때 사람들은 배움을 생각합니다. 공부에 도움이 되니까 책을 수단으로 삼아 도움을 얻고자 합니다. 그래서 책을 왜 읽느냐 할 때 가장 먼저 떠오르는 대답이 무언가를 성취하고자 하는 내용입니다.

인터넷이 세상의 모든 정보를 주관한다고 해도 책 읽기는 여전히 배움의 중요한 도구입니다. 인터넷에서 배움에 도움이 되는 자료를 찾는 것도 읽는 행위를 거쳐야만 합니다. 읽은 내용을 이해할 만한 능력 역시 책을 읽어야만 생깁니다. 요즘은 대부분의 학생들이 학교 과제를 인터넷에서 찾아서 해결합니다. 자신이 찾은 내용이 어떤 뜻인지, 심지어 낱말 뜻조차 모릅니다. 정보를 찾아내 읽었지만 지식이 되지는 않는 겁니다. 잠시 바라본 정보를 안다고 할 수는 없습니다. 그래서 저는 숙제를 내면 검색을 통해 찾아낸 내용을 자기가 이해하는 말로 바꿔 써 오라고 합니다. 인터넷에서 검색한 정보는 자신이 읽어 낼 수 있는 방식으로 재해석해야 합니다.

인터넷 검색은 바다에서 고기를 잡는 것과 같습니다. 낚시를 던져 놓고 고기가 알아서 물기를 기대하는 사람은 초보입니다. 잡고 싶은 물고기를 분명하게 아는 사람이 전문가입니다. 전문가들은 돔을 낚으려는데 전갱이가 팝업으로 뜨면 그냥 놓아줍니다. 심지어 돔을 낚아도 크기가 작으면 놓아줍니다. 검색이 알려 주는 정보를 가려내고 필요한 곳을 찾아갑니다. 주는 대로 받지 않습니다. 책 한 권이 인생을 바꾸지만, 읽는 책마다 인생을 바꿀 것처럼 말한다면 초보라는 증거입니다.

반면 학교와 학원은 물고기를 대야에 담아 줍니다. 내가 배워야 할 내용이 눈앞에 정리되어 있습니다. 과목별, 차시별로 내용을 주고 확인하는 방법까지 알려 줍니다. 정해진 시간 동안 일정한 분량을 획득할 수 있습니다. 그래서 아이들은 대야에 담긴 물고기를 원합니다. 황새치가 아니라 꽁치 한 마리라도 만족합니다. 학원에서는 이 과정조차 줄여 원리와 요점 정리, 핵심 내용을 만듭니다. 배움을 낱개로 포장해서 하나씩 아이들 입에 넣어 주는 것이 학원의 목적입니다. 이걸 잘 해 줄수록 좋은 학원이 됩니다. 이렇게 대야에 담긴 물고기만 잡은 수동형 아이들은 대양에 나섰을 때 당황합니다. 영영 황새치는 꿈도 꾸지 못하게 됩니다.

인터넷 검색에 견준다면 책은 서당입니다. 과정을 중요하게 여깁니다. 스스로 읽지 않고는 배울 수가 없습니다. 조선시대 최고의 독서광인 김득신은 "공부란 과거를 보기 위해 하는 것이 아니다."라고 말씀하시는 아버지가 있었기 때문에 더디지만 오랜 시간을 책 곁에 있을 수 있었습니다. 읽는 행위에서 그치지 말고 생각하고 글을 쓰고 이야기를 나눌수록 더 풍성해집니다. 시간이 오래 걸리고 힘듭니다. 하지만 책은 꼭 보상을 합니다.

내가 책을 읽는 이유[114]

전예진(4, 여)

내 성격은 외향적이고 친구들을 보면 꼭 나가 놀아야 하고 공부는 완전 질색하는 성격이다. 그런데 지금은 점점 공부가 좋아지고 쉬워지고 있다. 그 이유는 책 덕분인 것 같다. 책을 좋아하기 전에는 공부가 정말 어렵고 지겹고 짜증났다. 그런데 책을 접하고 나서는 언어, 단어를 점점 이해하기가 쉬워지니까 공부가 점점 쉬워지고 재미있어지고 계속 푸는 시간이 줄어들면서 답을 점점 더 맞출 수 있어서 난 책을 읽는다. 그리고 책을 읽으면 친구들과 말이 통한다는 장점이 가장 좋은 것 같다. 그런데 나에게는 책을 접하는 가장 큰 이유가 따로 있다. 엄마에게 자랑스런 딸이 되어야 하고 동생이 무언가를 물어보면 답을 해 줘야 하니까 그렇다. 솔직히 동생이 물어보았는데 모른다고 하면 왠지 모르게 가족이어도 창피하기 때문이다. 그리고 선생님이 하시는 말씀이 뭔 뜻인지 알아야 이해를 할 수 있기 때문이다. 이렇게 모든 이유가 조금만 더 잘하면 내가 책을 읽는 이유가 될 수 있다. 그래서 난 더 열심히 해서 모든 것이 내가 책을 읽는 이유가 될 수 있도록 하고 말 것이다.

예진이는 공부에 도움이 되기 때문에 책을 읽으며 행복하답니다. 엄마에게 자랑스러운 딸이 되어야 하고, 동생이 모르는 것을 물으면 답을 해 줘야 하니까 책을 읽는답니다. 그렇지만 예진이는 자기 주변의 모든 것이 책을 읽는 이유가 되었으면 좋겠다는 소망을 가지고 있습니다. 언젠가 예진이의 말처럼 '모든 것이 책을 읽는 이유가 되는 날'이 오겠지요?

한번은 초등학교 4학년을 가르치던 중에 굉장한 과학도를 만났습니다. 아이는 과학 시간만 되면 흥분했습니다. 양쪽에서 켜고 끄는 스위치 원리를 배울 때 7군데에서 끄고 켤 수 있는 스위치를 만들었습니다. 과학 관련 책을 1,500권가량 봤다고 합니다. 책이 아이의 스승이었습니다. 아이는 번갯불이 치는 순간을 잡아내는 카메라처럼, 눈부시게 드러나는 탁월성을 가졌습니다. 책이 알려 준 배움이 몸에 배어 있습니다. 관심을 넓히고 넓혀 언젠가 새로운 영역을 개척할 태세를 갖고 있습니다. 공부만 잘하는 아이가 시험지에 갇혀 고개를 떨구고 살 때, 이 녀석은 온 사방을 보고 다녔습니다.

이렇듯 책은 배움을 일으킵니다. '배움으로서의 읽기'가 가장 잘 일어나는 곳은 책입니다. 그렇지만 배움은 지식에만 한정되지 않습니다. 책은 배움만으로 끝나지 않습니다.

공부할 수 있는 능력을 기를 수 있다?

> 책 읽기는 '수레'다. 나의 상상력과 지식, 마음을 자꾸 밀고 간다.
>
> 정유진(5, 여)

사람들은 책을 읽으면 공부에 도움이 되는 능력이 길러질 거라 기대합니다. 이해력, 판단력, 통찰력, 분석력이 길러지고 공부를 잘할 거라 생각합니다. 이해력은 포장지에 적힌 성분과 함량을 이해해서 고개를 끄덕이는 겁니다. 판단력은 두 줄로 담아 파는 과일 바구니에서 윗줄만 보고도 아랫줄에 있는 과일이 형편없이 작고 질이 좋지 않다는 걸 알아채는 능력입니다. 통찰력은 포장지를 보고 물건 만든 사람의 의도를 파악하는 능력입니다. 분석력은 포장지에 적힌 재료와 식품 첨가물을 보고 맛과 영양, 건강에 미치는 영향을 알아보는 능력이겠죠.

책을 읽는 과정 중에 이런 능력들이 조금씩 자라기는 하지만, 독서를 한다고 해서 단박에 갖춰지는 건 아닙니다. 비 오는 날 죽순이 자라듯 쑥쑥 자라면 좋겠지만 실제로는 종유석과 석순처럼 더디게 자랍니다. 시간이 지나야 멋진 동굴이 생깁니다. 꾸준히 읽으면 어느 순간 이런 능력이 동굴을 치장하는 것을 볼 수 있습니다. 하지만 동굴 관찰 일기 쓰듯이 오늘은 2센티미터인데 1주일 뒤에는 3센티미터가 되었다고 말할 수 있는 건 아닙니다. 책을 읽으면 판단력, 사고력이 좋아진다는 말은 '묵혀 둔 진실' '서랍 안에 넣어 둔 진리' 입니다.

초등학생, 특히 저학년은 책을 읽을 때 모르는 낱말이 많습니다. 저학년 아이들과 책을 읽으면 낱말 뜻을 자주 물어봅니다. 그때마다 뜻을 알려 주면서 이런 말을 덧붙입니다.

"네 스스로 낱말 뜻을 알아낼 수 있어. 문장을 읽으면서 낱말이 어떤 뜻이어야 말이 통하는지 생각하면 돼. 낱말은 문장에서 한 부분만 차지하기 때문에 충분히 이해할 수 있단다."

이렇게 설명을 해 주어도 처음에는 계속 낱말 뜻을 물어봅니다. 그러다가 얼마 뒤에는 "황폐한 집에서 살지 못하게 되었다고 하는데, 그럼 황폐한 집은 사람이 못 살 정도로 안 좋은 집이라는 말이네요!"라고 합니다. 문장을 해석해서 낱말을 이해하는 능력이 길러진 것입니다. 시간이 지나면 문장은 문단을 통해, 문단은 각 장과의 연결을 통해 이해합니다. 책 전체를 해석하는 능력은 이렇게 길러집니다. 그러면 잘 모르는 내용이 나와도 당황하지 않고 스스로 해석합니다.

일본 서적을 번역하는 김난주[115] 님은 자신이 어린이 책을 잘 번역하지 않는 이유를 이렇게 말합니다.

"출판사에서 요구하는 언어가 너무 틀에 박혀 있고 어린이 눈높이에 맞춘다는 것이 굉장히 언어의 폭을 좁히고 있어요. 무조건 어려운 말은 안 된다고 하는 것에 문제가 있어요. 몰라도 자연스럽게 넘어가거나 문맥을 통해서 이해할 수도 있는데 말이죠!"[116]

야구에는 공을 던지는 투수와 받는 포수, 공을 치는 타자가 있습니다. 독서에서 저자는 투수이고, 독자는 포수이자 타자입니다. 이해와 해석은 책이 던지는 공을 잘 받아 내는 능력입니다. 포수와 같은 역할이지요. 날아오는 공이 스트라이크인지 볼인지 모르지만 무조건 받아 내야 합니다. 독자 역시 책을 읽으면 일단 어떤 뜻인지 알아야 합니다.

타자는 모든 공을 다 치는 것이 아니라 스트라이크 구역에 들어오는 공을 가려내어 칩니다. 분석은 스트라이크와 볼을 가려내는 능력입니다. 분석의 스트라이크 구역은 여러 가지입니다. 내게 필요한 유용성, 상상력, 감동, 사실적인 묘사 등 다양한 기준이 있습니다. 내용 연결, 인물의 특성, 정보 전달력, 문체, 자주 사용하는 낱말을 따져 볼 수도 있습니다. 분석은 장단점을 찾고, 옳고 그름을 가려내는 데 필요합니다. 분석이 가능하면 작가가 특정 시대를 골라 특정 인물에 초점을 맞춰 글을 쓰게 된 까닭을 찾아낼 수 있지요.

모든 경기에는 기록원과 분석원이 있습니다. 잘 분석하지 않으면 이길 수 없습니다. 상대방의 장점과 단점을 알아낸 뒤 자신이 가진 장단점에 맞춰 대응해야 이길 수 있습니다. 사람이 살아가는 과정에서도 자신의 수많은 경험을 제대로 분석한다면 삶이 얼마나 더 풍성해질까요? 과학자가 수치를 복잡하게 계산할 때만 분석이 필요한 게 아닙니다. 여러 종류의 책을 읽어 경험의 스펙트럼이 넓으면 다양한 관점으로 분석하게 됩니다. 100권을 그저 읽기만 하는 것보다 한 권을 분석해서 읽는 태도가 독자를 더 발전시킵니다. 자기 과거를 분석하면 현재를 고칠 수 있고 미래를 바꿀 수 있습니다.

통찰력은 꿰뚫어 보는 능력입니다. 겉을 보고 내용 전체를 알아보는 능력, 한 부분을 보고서 앞으로 전개될 사건을 알아채는 능력입니다. 작품 속에서 느닷없이 등장인물의 치마가 문제시된다면 이야기 뒷부분에서 치마가 결정적 역할을 할 것이라 짐작하는 힘이 통찰력입니다. 즉, 복선을 읽어 내고 행간을 파악하는 능력이지요. 통찰을 잘하는 사람은 넓고 깊게 봅니다. '꿰뚫어 볼 수 있다'는 말입니다. 통찰력이 있으면 한 번도 듣지 못한 비유나 이야기를 들어도 다른 사람보다 쉽고 빠르게 결말을 알아챕니다. 에둘러 설명한 긴 문제에서 상대가 요구하는 게 무엇인지 정확하게 찾아냅니다. 책을 읽으며 이런 능력이 자랍니다. 누가 이야기를 하면 어떤 이야기를 해야 할지가 빨리 떠오릅니다.

달리 설명하자면, 분석은 모나리자의 눈썹과 이마에 숨겨진 비밀을 찾는 능력이고, 통찰은 모나리자의 미소 뒤에 숨겨진 다빈치의 생각을 아는 능력입니다. 둘은 양면과 같아서 분석을 해야 통찰력이 생기고 통찰력이 있어야 분석을 잘할 수 있습니다. 책을 읽어 내고 해석하는 능력은 짧은 기간에 이룰 수 없습니다. 학원에서 읽고 해석하는 방법을 가르친다 해도 방법을 '알' 뿐이지 실제로 '읽어 내고 해석하지' 못합니다. 찾아 주는 능력은 꾸준히 책을 읽어야만 생깁니다.

2. 책을 읽는 진짜 이유

세상의 온갖 기쁨을 만난다

초등학생들에게 독서를 강조할 때 사람들은 주로 특정한 능력을 말합니다. 물론 책을 읽으면 지식을 얻게 되고 이해력, 분석력, 통찰력, 공부하는 능력이 길러집니다. 하지만 어떤 활동이든 얻어지는 이익만 보고 할 수는 없습니다. 즐거워야 합니다. 보기 싫은데 억지로 책을 본다면 그것만큼 괴로운 일도 없을 것입니다. 원하는 목적을 위해 수단으로 읽는 책은 고통입니다.

김도연(5, 여)

책은 내가 제일 싫어하는 원수다. 책을 보면 다 깨알 같은 글씨고 모르는 낱말들도 수두룩하다. 거기다 엄마의 잔소리, "책 좀 읽어! 국어 잘하려면 책을 읽어야 해!"라는 말을 들으면 책에도 후추, 소금을 뿌려 '책 먹는 여우'처럼 마구마구 먹고 싶다. 책을 안 읽는 나에게 택배가 오면 무조건 책이라고 예상을 할 만큼 책이 내 방에 쌓이기 시작했다. 엄마께서는 호호호 좋아하며 받지만 내 마음은 '아, 이제부터 눈알이 빠지도록 봐야 되겠다.'라는 생각이 든다. 이게 끝이라 생각했는데 독서반을 하게 되었다. 독서반 아니랄까 봐 책을 한 권, 두 권 쭈욱 읽어야 했다. 읽는데 신기했다. 한 줄, 한 줄 정말 머릿속에 그려지기도 하고 바닷물에 풍덩 하고 빠지는 감정도 들었다. 읽으면 시간이 가는 줄 몰랐다. 집에 돌아와 먼지 쌓인 책을 한 권씩 읽고 그러다 보니 책 냄새도 고소하기까지 했다. 요즈음에는 책이 마술사 같다는 생각이 들었다. 슬픈 책은 눈물이 흘리고 재미있는 책은 입가에 웃음꽃이 피기 때문이다. 이제는 책 원수가 아닌 책 친구가 될 것이다. 그러려면 책을 많이 읽어야겠다.

도연이는 털털한 아이입니다. 뒤끝이 없고 본심 그대로를 표현합니다. 부모님은 책 읽기를 지겨워하는 도연이를 독서반에 보냈습니다. 아이는 이곳에서 읽고, 이야기하고, 토론하고, 퀴즈를 내고 맞히면서 책 읽는 데 재미가 붙었습니다. 1학기 때 논술문을 쓰며 도연이가 이런 말을 했습니다.

"이제 좀 알 것 같아요. 전에는 무슨 말인지도 모르는 낱말을 막 썼는데 내가 쓰는 말이 뭔지 알 것 같아요. 제가 쓴 글이 형편없었는데 이젠 좀 알겠어요!"

저는 도연이 말을 듣고 '아, 아이들이 자기가 모르는 말을 그냥 막 쓰는구나!' 알게 됐습니다. 글을 쓰고 책을 읽는 걸 모두 능력으로 평가하니 가진 능력을 뛰어나게 보이기 위해 모르는 표현을 쓰는 겁니다. 그러면 즐겁기는커녕 시간이 갈수록 지겨워집니다.
어떤 것에 몰입하는 즐거움을 알려 주는 이야기가 있습니다.

제가 아주 좋아하는 이야기랍니다. 영화 〈불의 전차〉에 에릭 리델이라는 육상 선수가 나옵니다. 그는 1924년 파리 올림픽 100미터 영국 대표 선수로 참가해서 결승까지 올랐으나, 뛰지 않겠다고 선언했습니다. 그리스도인인 자신이 일요일에 달리기를 할 수 없다는 이유였죠. 황태자가 직접 찾아와 설득했으나 생각을 바꾸지 않았습니다. 대신 400미터에 출전합니다. 100미터는 400미터와 달리는 방법이 달라 두 종목을 같이 하는 선수가 없습니다. 에릭 리델은 출발과 동시에 100미터를 달리듯이 뛰쳐나갔습니다. 해설자가 "이 경기가 100미터인 줄 아는 모양이지요. 저렇게 뛰다가는 반도 못 가서 지치고 말 겁니다. 메달은 불가능합니다."라고 했지만 그는 지치지 않고 400미터를 뛰어 세계 신기록으로 우승합니다. 왜 그렇게 뛰느냐는 질문에 "하나님은 내게 잘 달리는 다리를 주셨습니다. 난 달리면서 그분을 느낍니다. 달리면서 나는 기쁨이 충만합니다."라고 했습니다.

우리나라 학생들은 달리면서 기쁨을 느끼지 못하는 교육을 받아 오고 있습니다. 교육은 과정입니다. 책에는 즐거움이 있습니다. 여기에 빠져들면 100미터 뛰는 속도로 400미터를 달려갈 수 있습니다. 하지만 우리나라 교육은 대학이라는 최종 목표가 너무 크다 보니 과정의 중요성이 사라졌습니다. 결승선을 먼저 통과해야 한다는 당위가 너무 강해서 잘 뛰는 훈련만 합니다. 달리는 즐거움을 모릅니다. 책을 읽으면서 느끼는 즐거움이 얼마나 큰지 알기 전에 지쳐 버립니다. 아이들이 한 권씩 한 권씩 마음에 쌓여 가는 책을 통해 자신을 완성해 가는 즐거움을 맛보면 얼마나 좋을까요.

책으로 나 소개하기[117]

박아영(5, 여)

나는 우리 엄마 딸로 태어나지 않았으면 큰일 날 뻔했다. 3~4살 때여서 그런지 내가 언제부터 도서관에 다닌지 모르겠다. 그래서 나는 항상 엄마한테 감사하다. 내 기억으로는 남아 있지 않지만 집에 있는 아이들 책을 보면 나도 모르게 따뜻한 엄마의 손길이 느껴진다. 예전에 살던 집에서 도서관까지 거리가 꽤 먼데도 불구하고 엄마는 일주일에 한 번씩 꼭 걸어서 다녀오셨다. 지금도 일주일에 한두 번씩 엄마와 도서관에 꼭 간다. 엄마가 나한테 책을 가까이해 준 은혜를 죽을 때까지 절대 잊지 않을 것이다.

가끔 나와 책이란 무엇일까 생각을 한다. 그렇게 생각할 때마다 나와 책이란 의형제 사이 같다. 나보다 늦게 태어난 책들도 있지만 책은 언제나 내가 모르는 정보를 가르쳐 주고 알려 주기 때문에 언니 같다. 남들은 책 읽는 것이 공부라고 대부분 생각하는데 나는 책을 읽는 것이 가상의 언니와 노는 것이다. 언니와 함께 동물들의 세계에 놀러갈 때도 있고 아프리카 한가운데에 떨어져 놀 때도 있다. 한번은 세종대왕께 훈민정음을 배운 적도 있었다. 앞으로 나는 눈물바다에 갈 예정이다. 예전에 읽었던《가시고기》보다 더 수준이 높은《가시고기》를 읽을 예정이기 때문이다.

지금까지 내가 살아오면서 읽었던 책 중에서 가장 감명 깊었던 책은 《행복한 청소부》이다. 이 책에서는 주인공인 한 청소부가 등장하는데 자신의 직업인 청소하는 일이 세상에서 가장 행복한 일이라고 한다. 처음에는 잘 이해가 되지 않았다. 청소는 누구나 하기 싫어하는 일이기 때문이다. 그렇지만 이 책을 다 읽고 나니 청소하는 것은 누구나 싫어하는 일이라는 고정 관념을 깨게 되었다. 이 말은 참 좋은 것 같다. 자신이 하고자 하는 것이 세상에서 가장 행복하다. 이 책을 세상 모든 사람들에게 추천하고 싶다. 이제부터 독서를 열심히 하여 세상에서 둘도 없는 행복한 사람이 되도록 노력할 것이다.

아영이는 틀림없이 행복한 사람이 될 겁니다. 책은 끝없이 샘솟는 행복의 근원으로 아영이 곁에 함께 있을 거니까요. 이렇게 '진짜 독자'에게 책 읽기는 정말 즐겁습니다. 만화책을 읽는 것처럼 재미있다는 말이 아니라 읽고 느끼고 깨닫는 과정이 무척이나 즐거운 겁니다. '정말 그래!' 하고 깨닫는 기쁨, '아, 그렇구나!' 하는 터득의 기쁨은 말로 다 할 수 없습니다. 새로운 지식을 배우는 즐거움이고 조각조각 나누어진 삶의 모습을 연결하는 즐거움입니다. 결국 책 읽기는 자신을 완성해 가는 즐거움입니다.

책은 각각의 지식을 연결해 주기도 합니다. 알고 있는 지식 조각을 모아 완성합니다. 박물관에 진열된 오래된 도자기를 관객들은 무심하게 보고 지나가지만, 깨진 한 조각 한 조각을 붙여 도자기를 복원한 사람은 조각들이 제자리를 찾을 때마다 얼마나 기뻤을까요? 단편적인 지식이 서로 연결되어 사람을 이해하고 시대를 이해하는 완성품이 되는 것을 보는 기쁨은 이루 말할 수 없습니다.

책은 이런 기쁨 때문에 읽습니다. 알지 못했던 것을 깨닫는 기쁨, 풀리지 않았던 지식의 실타래를 푸는 열쇠를 찾는 기쁨, 내 마음을 그대로 가진 어떤 인물을 만나는 기쁨……. 책에는 온갖 기쁨이 담겨 있습니다.

우물 안 개구리에서 벗어나는 힘

여행을 많이 하면 좋습니다. 다양한 사람을 만나 생생하게 겪은 경험은 인생에 도움을 줍니다. 한비야 씨가 산증인입니다. 한비야 씨는 직장에 다니면서 가까운 산에 다니며 에베레스트를 넘는 간접 경험을 떠올릴 수도 있었습니다. 하지만 그는 자기 발로 걸어서 세계를 일주했습니다. 국제구호개발기구 월드비전 한국 지부 긴급구호 팀장으로 아픔과 슬픔이 있는 곳을 찾아다녔습니다. 책으로 읽으면 거대한 슬픔이 몰려드는 순간에서 한 번씩 울면 되지만, 한비야 씨는 가는 곳마다 만나는 사람들을 안아 주며 함께 울어야 했습니다. 눈물을 닦아 주어야 할 사람을 직접 대면해야 했습니다.

그렇지만 모든 사람이 모든 경험을 다 할 수는 없습니다. 간접 경험을 알려 줄 사람이 항상 곁에 있는 것도 아닙니다. 책을 통해 간접 경험을 읽고 스스로 이해하는 능력이 없다면 우물 안 개구리로 살 수밖에 없습니다. 그러지 않으면 나중에 물이 조금씩 따뜻해지더라도, 조만간 물이 펄펄 끓는다는 걸 알고 뛰쳐나갈 지혜와 용기를 갖지 못합니다.

내가 책을 읽는 이유[118]

변중현(3, 남)

나는 책을 좋아한다. 그래서 그런지 책을 펴고 한 30분은 책에서 눈을 떼지 않는다. 책을 읽는 이유는 엄마 때문인 것 같다. 엄마는 책을 실감 나지만 너무 늦게 읽어 재미있는 부분이 그렇게 빨리 나오지 않았다. 그래서 더욱 한글 공부를 열심히 해 나 혼자 읽게 되었다. 책을 읽다 보면 책 속의 공간으로 빠져드는 것 같다. 해적 이야기면 내가 해적이 되어 보물을 찾고 위인 이야기면 성공의 성취감을 느끼는 것 같았다. 나는 이런 책 속의 공간이 좋다. 그래서 책을 읽는 것이다. 그리고 난 작가가 될 것이다. 재미있는 책을 읽으면 기분이 좋은 것처럼 나는 책으로 행복을 선물할 것이다. 내 책을 읽고 웃는 아이들을 생각하니 기분이 좋다. 빨리 어른이 되어 글을 쓰고 싶다.

중현이는 책 속에 빠져 해적도 되고, 위인도 됩니다. 간접 경험을 하는 거죠. 중현이처럼 책을 읽는 것은 경험입니다. 상대방을 바라보며 직접 들으면 직접 경험에 더욱 가깝겠지요. 그렇다면 좋은 순서를 따졌을 때 "직접 경험 〉 직접 경험에 가까운 간접 경험 〉 책을 읽는 간접 경험" 순일까요?

만약 어떤 사람이 소위 '문제아' 라고 불리는 아이에게 자기 경험을 이야기하며 "내가 살아 봐서 아는데 그렇게 살면 안 돼! 그건 너를 망치는 거야. 생각을 하고 살란 말이야! 네 꼴이 뭐니?"

라고 한다면 어떻게 반응할까요? 이런 충고에 동의하며 순순히 상대방의 말을 들을까요? 듣지 않을 가능성이 큽니다. 누군가 지금과 다르게 살 것을 강요할 때, 그 말을 하는 상대방을 깊이 사랑하거나 존경하지 않는다면 반항심을 가지기 쉬우니까요. 아무리 자신을 위해 그런 말을 한다고 해도 받아들이지 않습니다. 차라리 《문제아》라는 책을 읽으면 달라질 수 있겠지요.

내 친구 상하를 읽고[119]

김초희(6, 여)

나는 동화를 좋아한다. 그래서 이 책을 읽었다. 아니, 겉표지부터 강아지가 나와 있다. 나는 이 책이 너무나 마음에 든다. 복실이를 키웠던 기억을 다시 생생하게 떠올릴 수 있었다. 생긴 것도 비슷하고, 행동이나 하는 것은 아주 똑같다. 가끔씩 그림이 나오면 복실이가 생각났다. 표현력이 부족한 나에게는 그 책이 정말 좋게 느껴졌다. 내가 강아지를 키울 때 정말 강아지에 대하여 쓰고 싶었지만 노력을 아무리 해도 안 됐다. 역시 작가는 다르다. 이 책을 읽으며 난 내가 쓴 글처럼 느껴진다. 어찌나 똑같던지 내 일기장 같은 기분이 들기도 했다. 내가 복실이를 키우는 것에 초보였을 때 강아지에 대한 책이면 모두 읽으려고 했다. 그런데 이 책은 강이지를 키우면서의 과정이 나와 있다. 다른 책처럼 무뚝뚝하게 설명하는 것보다 이런 책이 더 좋다. 진작에 이 책을 봤으면 했다. 하지만 이 책을 읽은 건 내 강아지를 떠나보내고 나서다. 슬프다. 보고 싶다. 복실이를……

이 글에서 초희는 자신이 겪었으나 당시에는 표현할 수 없었던 것을 책을 읽으며 다시 경험하고 있습니다. 자신이 겪은 일과 비슷한 경험을 묘사한 책을 읽으면 정서 순화를 경험합니다. 떠나보낸 강아지를 생각하고, 등장인물과 자신을 동일시합니다.

간접 경험은 정서 순화와 단짝입니다. 비가 온 뒤 채소가 자라는 밭이나 풀이 자라는 곳에 가면 달팽이가 보입니다. 해가 뜨고 물기가 마르면 얇은 막이 일어나면서 반짝거리는 길이 생깁니다. 달팽이가 지나간 흔적입니다. 간접 경험 역시 흔적을 남깁니다. 정서를 순화시키고 때론 반성과 결심을 남깁니다. 새해 첫날 동해 바다에 가서 추위를 견디며 떠오르는 해를 직접 보며 결심을 하지 않아도, 책을 보며 같은 경험을 할 수 있습니다.

실제로 매번 직접 경험이 좋다고 할 수는 없습니다. 만약 받아들일 준비가 전혀 되어 있지 않은데 어떤 일을 겪게 된다면, 의미를 제대로 포착하기 어렵습니다. 그런 순간이 다시 오지 않을 수도 있겠지요. 그렇지만 책은 다릅니다. 책은 강요하지 않으니까요. 읽기 싫으면 덮을 수 있습니다. 그렇게 던져 버린 책을 며칠 뒤에 또 읽게 됩니다. 사람이 찾아올 때는 문을 닫아걸면 그만이지만, 책이 마음에서 속삭일 때는 도저히 막을 길이 없습니다. 읽는 수밖에요.

한비야 씨는 제대로 먹지 못하고 치료받지 못해 죽어 가는 아이들을 찾아다니며 돕습니다. 우리는 그렇게 하지 못합니다. 그럼 무엇을 할 수 있을까요? 《왜 세계의 절반은 굶주리는가?》를 읽으며 왜 세계의 절반이 굶주리는지 알아 갑니다. 누가 세계의 절반을 굶주림으로 몰아가는지를 알고, 나도 비슷한 생각을 가지고 있다는 사실에 놀랍니다. 그 생각을 고치려고 애쓰고, 세계의 절반 중 지극히 작은 일부라도 도우려 합니다. 그래서 우리는 책을 읽습니다.

진 웹스터는 《키다리 아저씨》에서 주인공 저루샤 애벗의 입을 빌어 이렇게 말합니다.

"저는 제인(《제인 에어》의 주인공)의 마음을 너무나 잘 이해할 수 있었답니다. 아저씨, 저는 사람에게는 상상력이 꼭 필요하다고 봅니다. 상상력 덕분에 우리는 나 아닌 다른 사람의 눈으로 세상을 바라볼 수 있을 테니까요. 그 때문에 친절하고 동정심 많고 이해심 많은 사람이 될 수 있다고 생각해요."[120]

우리는 책을 읽으며 나를 돌아봅니다. 책을 읽으며 앞을 내다봅니다. 혼자서는 넘을 수 없는 산이지만, 책에 나온 사람들을 모델로 삼고 그 손을 잡고 산을 넘습니다. 모르는 세상을 보게 되고 전혀 만날 일이 없는 사람을 이해하게 됩니다.

아픈 마음에 붙이는 반창고

책은 '냇물'이다.
화가 날 때 책을 읽으면 화가 풀린다. 남민지(4, 여)

책을 읽는다는 건 마음의 의사에게 가는 거예요.

책을 읽을 때면 나 자신을 보고 고치거나 스트레스를 풀기 때문이에요.

유승민(4, 남)

분노에 가장 좋은 처방은 눈물이라고 합니다. 소리를 지르고 짜증을 내도 풀리지 않던 화가 슬픈 영화나 책을 보고 한바탕 눈물을 흘리면 스르르 풀립니다. 슬픔이 스며들면 분노는 슬며시 사라집니다.

저는 지금까지 또렷하게 기억나는 아픔을 두 번 겪었습니다. 대학교 4학년 때 캠프 파이어에 쓰려고 산에 나무를 주우러 갔다가 벌에 쏘였습니다. 말벌과 크기가 비슷한 땅벌이 제 정수리 주위를 20방 정도 쐈습니다. 잠시 뒤 마치 눈 내린 창밖을 보듯 세상이 온통 하얘졌습니다. 머리가 텅 비고 멍해졌습니다. 겨우 집에 돌아온 뒤 '죽지 않고 살았으니 다행이다. 이 정도면 운 좋다.' 하며 잠들었는데 새벽에 참을 수 없는 고통이 짓눌렀습니다. 뼈가 연결되어 마디를 이룬 곳은 모두 아팠습니다. 그때는 책과 별로 친하지 않을 때라서 고통에 직면한 제가 할 수 있는 것은 욕밖에 없었습니다. 저는 고통이 사라질 때까지 계속 뒹굴고 욕하며 '정서 악화'까지 겪었습니다.

두 번째 아픔은 2009년에 겪었습니다. 무리한 일을 연달아 하고 무리하게 운전을 했습니다. 다음 날 아침에 일어나려고 허리를 굽히는데 오래전 벌에 쏘였을 때와 같은 아픔이 엄습했습니다. 벌에 쏘였던 16년 전에는 분노가 나를 차지했습니다. 그러나

이번에는 아파서 뒹굴거나 욕을 하는 대신 고통에 관한 책을 읽었습니다. 그때 읽은 책이 《지구에 하나밖에 없는 병원》과 《세상에서 가장 아름다운 사람 조엘》입니다.

《지구에 하나밖에 없는 병원》은 아프리카에서 출산과 관련된 고통을 겪는 소녀들의 이야기입니다. 너무 어린 나이에 결혼해서 자궁이 자라지 않은 상태에서 임신하면, 태아가 자궁을 빠져나오지 못하고 태내에서 죽기도 합니다. 의사가 없는 에티오피아에서는 이런 일이 일어나면 자궁 안에서 죽은 아이가 부패되도록 내버려 둘 수밖에 없습니다. 가스가 생기고 서서히 자궁과 직장, 항문까지 모두 썩습니다. 3일쯤 지나면서 죽은 태아가 물렁물렁해져서 산모의 몸 밖으로 빠져나오지만, 허물어진 산모의 육체는 고칠 수가 없습니다. 이렇게 망가진 산모의 몸에서는 오줌과 똥, 고름이 계속 줄줄 흐르기 때문에 누漏 환자라 합니다. 이 사람들의 슬픔과 고통을 읽는다고 해서 육체의 고통이 줄어드는 것은 아닙니다. 하지만 극한에 달한 타인의 고통을 바라보면서 제 마음은 '고통을 기꺼이 감내하겠다.'고 외쳐 댔습니다.

《세상에서 가장 아름다운 사람 조엘》의 주인공 조엘은 아기 때 불이 난 차에서 유모 시트에 앉아 있다가 85퍼센트 화상을 입었습니다. 얼굴에 남은 것 하나도 없이 뇌가 보이는 상태로 헬멧을 쓰고 몇 년을 살았습니다. 조엘이 말하는 행복은 모두 고통에 대한 새로운 해석에서 나왔습니다. 저는 《세상에서 가장 아름다운 사람 조엘》을 읽으며 많이 울었습니다. 신기하게도 분노가 사라졌습니다.

분노는 슬픔으로 다스릴 수 있습니다. 도덕 시간에 배운 판에 박힌 내용과 그럴듯한 격언은 고통을 누그러뜨리는 데 도움이 되지 않지만, 책 속 인물들이 보여 준 삶은 분노와 아픔에 빠진 사람을 다시 일으켜 세웁니다. 마음을 다스리는 핸들이 '정서'입니다. 책은 정서를 다룹니다.

누리에게 아빠가 생겼어요.[121]

OOO(4, 여)

이 책은 누리하고 엄마하고 외롭게 사는데 엄마가 어떤 아저씨를 만나서 누리의 새아빠가 되는 이야기책입니다. 누리는 새아빠가 생겨서 싫어했습니다. 인사해도 말을 더듬으면서 인사를 했습니다. 하지만 나중에 친해졌고 또 '아빠'라고 부르는 게 안 쑥스러워졌습니다. 누리네 새아빠는 화가이고 누리 친아빠는 돌아가셨습니다. 나도 새아빠, 새엄마는 싫겠다. 우리 아빠가 나를 길러 주셨기 때문입니다. 아주 만약에 우리 엄마, 아빠가 이혼해서 헤어져 아빠랑 외롭게 살다가 아빠가 만약에 아주 만약에 새엄마를 만나면 난 새엄마 보고 아줌마라고 부를 거고 아빠가 새엄마를 만나면 싫다.

이혼 상황을 '만약에' '아주 만약에'라고 썼지만 사실 이 글을 쓴 아이 부모님은 오래전에 이혼을 했습니다. 아이 입장에서는 이 사실을 부정하고 싶었겠지요. 독특하게도 아이는 감춰 둔 마음을 드러내는 문장에서는 존댓말을 쓰지 않았습니다. 아이는 할머니랑 살면서 아빠가 다른 여자를 데려와 새엄마라고 부르라고 하는 걸 몇 번이나 겪었습니다. 몇 번씩 달라지는 엄마를 만나면서 계속 '만약에' '아주 만약에'를 생각합니다. 저는 3년 동안 아이와 함께 책을 읽고 글을 썼습니다. 글을 쓰며 울고 글을 읽고 함께 울었습니다. 그 덕분인지 아이는 바르게 잘 자랐습니다. 책과 글이 아픔을 달래 주고 위로해 주었기 때문이겠지요. 책은 아이가 넘어지지 않게 붙들어 주었습니다. 이렇게 책은 우리의 아픈 마음을 만져 줍니다.

사람을 살리는 한 문장

세상에는 지식과 정보가 넘쳐 납니다. 그럼에도 불구하고 의미는 찾기 힘듭니다. 돈을 벌기 위한 지식과 정보는 굉장히 많지만 돈을 버는 의미는 점점 찾기 힘들어집니다. 세상은 좋은 집에서 좋은 차를 타고 좋은 옷 입고 다니는 사람이 승리자라고 외칩니다. 그렇지만 내가 왜, 어떻게 살아야 하는지 알려 주지 않습니다. 우리 스스로 삶의 의미를 부여하지 않으면 안 됩니다. 책은 우리가 그렇게 할 수 있도록 도와줍니다.

책을 읽다 보면 한 문장에 꽂혀 계속 그 문장만 바라볼 때가 있습니다. 제가 기억하는 문장은 이런 것들입니다.

"키가 작은 사람이 긴 그림자를 보이면 해가 지고 있다는 뜻이다."
"역사를 아는 자는 무너지는 건물 아래 서지 않는다."

"나무의 뿌리가 썩기 시작하면 피해는 가장 끝에 있는 가지에서부터 나타난다."

"인간은 나무와도 같다. 나무는 키가 자라서 하늘 높이 밝은 곳으로 올라가면 갈수록, 그 뿌리는 점점 땅속 깊숙이 어두운 곳으로 향해 간다."

저는 키 작은 사람이 긴 그림자를 가진 모습을 보면 화가 납니다. 인격이 부족한 사람이 국회의원이 되고, 비겁한 수단으로 부자가 되면 빨리 해가 지면 좋겠다고 생각합니다. 그래서 '키가 작은 사람이 긴 그림자를 보이면 해가 지고 있다는 뜻이다.'는 문장을 읽을 때 속이 시원했습니다. 가지 끝에서 보이는 작은 행동은 결국 나무뿌리의 상태를 알려 준다는 문장도 읽을 때마다 '아, 그렇지. 내 뿌리가 썩지 않게 해야겠다.'고 생각을 했습니다. 이렇게 누구나 할 수 있는 생각이라도 기가 막힌 한 문장으로 표현하면 마음에 와 닿습니다.

저는 고등학생 시절, 명작을 읽었다는 사실을 내세우려고 《누구를 위하여 종은 울리나》를 읽었습니다. 작품의 진짜 의미는 모른 채 줄거리만 읽었지요. 시간이 지나면서 줄거리도 잊히고, 왜 가치 있는 책인지도 알 수 없었습니다.

나중에서야 책 제목이 흑사병이 런던을 휩쓸 때 사람이 죽을 때마다 울리던 종소리를 듣고 존 던이 한 말이라는 걸 알게 됐습니다. 다음번 죽음의 종소리가 자신을 위한 게 아닐까 두려워하던 존 던은 '누구를 위하여 종이 울리나 묻지 마라. 그 종은 바로 당신을 위해 울린다.'라고 시를 썼습니다. '그 누구도 섬이 아니다.' 라는 말 역시 아무리 흑사병이 사람들을 죽음으로 몰고 가도 '인간은 외딴섬이 아니다' 라는 소망을 담고 있었습니다. 이 말이 흑사병이 죽음이라는 하인을 데리고 다니며 폭정을 일삼아 사람들의 '정서'를 유린하는 순간을 버텨 내며 한 말이라는 것을 알고 난 뒤로 이 문장은 제 마음에 자리를 잡았습니다. 괜스레 오해받아 힘들고 우울해질 때는 '그 누구도 섬이 아니다.' 라고 외치며 일어납니다.

저는 생각을 정확하게 말하기보다 타협점을 제시하길 좋아합니다. 거짓말과 비밀 사이를 교묘하게 헤집고 다닌 경험담을 많이 갖고 있습니다. 남들에게 속 시원하게 말하지 않는 비밀이 많습니다. 그래서 '과연 내 모습은 옳은가?'를 자주 생각합니다. 그러다가 헨리 나우엔이 쓴 '날마다의 삶에는 놀라움이 있습니다.' 라는 문장을 봤을 때, 마치 상담사를 만난 것처럼 위로를 받았습니다.

날마다의 삶에는 놀라움이 있습니다. 하지만 우리가 놀라움을 기대하고 있을 때에만, 그 놀라움이 우리에게 닥쳐올 때 그것을 볼 수 있거나 느낄 수 있답니다.[122]

이 문장을 곱씹으며 '나는 왜 놀라움을 보지 못했을까? 그걸 볼 수 있는 눈이 없을 뿐만 아니라 기대조차 하지 않았구나! 왜 기대하지 않았을까? 변화를 기대하며 애써 노력하지 않고 얄팍한

속임수와 임시방편으로 모면하려고만 했구나!' 라고 깨달으면서 내 삶도 놀라움으로 가득 찰 수 있다는 걸 알았습니다. 한 문장을 통해 나를 돌아보고, 굉장히 위로를 받은 겁니다. 그래서 이 문장을 떠올릴 때마다 갑갑하던 마음이 시원해지고, 여유가 생깁니다. 지금도 이 문장은 제 가슴을 뛰게 만듭니다. 이 문장이 제가 가진 문제를 해결하는 실마리를 제공해 주었으니까요.

  사람은 누구나 나와 생각이 같은 사람을 만나면 기분이 좋고, 내 의견에 동의하는 사람을 만나면 천군만마를 얻은 것 같습니다. 모두가 나를 싫어할 때, 나를 인정하는 한 사람이 있다면 자살이라는 극단적인 낭떠러지까지 밀려가지 않습니다. 같은 마음을 가진 사람이 '나도 그랬어. 나와 똑같구나!' 라며 동의해 줄 때 아픔이 해소됩니다. 인정받는 느낌은 나를 살리고 나를 높입니다. 책은 이런 역할을 합니다. 책이 친구가 되고 내게 동의할 때 꿈과 희망, 존재 자체에 대한 가치가 죽지 않고 살아서 꽃을 피웁니다. 또한 '그건 네 마음이 병든 거야!' 라고 따끔하게 충고해서 문제 해결로 뛰어들게 만들어야 할 정서도 있습니다. 책은 나에게 필요한 충고를 아끼지 않습니다. 유독 아프게 다가오는 문장은 망설이고 있는 나 자신을 드러나게 하고, 결단의 자리로 떠밉니다.

  비가 온 뒤 생긴 물웅덩이는 시간이 지나면 맑게 보입니다. 그렇다고 웅덩이 밑에 찌꺼기가 남지 않은 것은 아닙니다. 나의 내면도 그렇습니다. 겉보기에는 말짱해 보이지만, 너무 아파서 꺼낼 수 없어 묻어 둔 상처와 슬픔, 고통과 분노, 자기 연민과 합리화, 죄책감과 자기 비하가 있는 경우가 많습니다. 책은 그런 찌꺼기를 사라지게 해 줍니다.

"작은 짚단을 태우는 불꽃은 별들을 가리울 수 있다. 그러나 별들은 불타는 짚단의 연기보다 더 오래간다."

볼테르의 입에서 나온 이 문장은 내 안에 자리 잡고, 별을 가려 버린 불꽃을 용서하게 해 주고, 오래도록 타오르는 별로 살아가게 합니다.

책은 사람을 변화시킨다

책을 읽는 건 '내 마음을 읽는 것'이다. 책을 읽으면 내 마음까지 읽게 된다. 김소희(5, 여)

제가 책을 좋아하게 된 건 대학생 때입니다. 처음에는 새로운 지식을 얻는 게 좋았습니다. 그때는 줄거리를 주로 봐서 내용이 재미있으면 순식간에 읽었습니다. 너무 빨리 읽어서 줄거리가 제대로 기억나지 않을 때도 있었고, 몇 달만 지나면 내용이 잘 생각나지 않았습니다. 책을 읽고도 작가가 하려는 말을 알 수가 없었습니다. 이쪽에서 지식 하나, 저쪽에서 예화 하나, 독특한 표현 몇 개, 좋은 문장 몇 개를 건지는 식이었습니다. 낚싯대를 던져 놓고 우연히 고기가 물리면 좋고 안 물리면 공치고 돌아오는 초보였던 거지요.

그럼에도 저에게는 끈기가 있었습니다. 김득신 정도의 우둔함은 아니었지만 계속 읽다 보니 책에 재미를 느끼면서 책을 읽는 시간이 점점 많아졌습니다. 내용을 넘어 책과 작가를 더 깊이 만났습니다. 마틴 루서 킹을 만났고, 넬슨 만델라와 데스몬드 투투를 만났습니다. 그분들을 만났기 때문에 아프리카 형제들이 생애 처음으로 투표를 하기 위해 4킬로미터 이상 늘어선 줄에서 춤추는 걸 보며 울 수 있었습니다.

또한 다른 사람들에게 제가 읽은 책 이야기를 해 주기 시작했습니다. 책에 대한 내 의견도 생겨서 읽은 책이 어떤 점에서 좋고 나쁜지 말하게 되었습니다. 그러면서 도스토예프스키, 톨스토이를 만났고 필립 얀시, 사이먼 비젠탈, 빅터 프랭클, 프레드릭 부흐너, 황선미, 고정욱, 박영숙, 안상헌, 로알드 달을 만났습니다. 점점 집중독을 할 수 있게 되었고, 처음 볼 때는 별 느낌이 없던 책을 다시 읽으며 '와! 정말 좋은데 왜 몰랐을까?' 하는 경험이 점점 많아졌습니다. 줄거리만 볼 때는 눈에 들어오지 않던 책이 어느 날 눈에 들어오더군요! 이제는 '어떻게 이런 문장을 쓸까?' '여기에서 왜 이 낱말을 썼지?' 라는 생각까지 하게 됩니다.

무엇보다 책을 읽으면서 제 속에 있는 뿌리 깊은 자아가 얼마나 이기적인지 알게 됐습니다. 알지만 어찌할 수 없어 못난 자아와 날마다 맞닥뜨려야 한다는 사실에 절망도 했습니다. 하지만 책에서 절망에 빠진 제 분신들이 서로 다른 이름으로 등장해서

'자신을 아는 사람은 쓰러지지 않는다.'고 말합니다. 나를 무너뜨리는 사실을 발견하고도 아니, 그걸 발견했기 때문에 나 자신을 좋아하게 됩니다. 그래서 이제는 화가 나는 상황에서도 잠시 자리를 옮겨 관찰합니다. '바꿀 수 없는 사실이라면 해석을 바꿔야 하지 않을까? 화를 낸다고 해결되지 않는 문제라면 차라리 끌어안고 녹여 내는 게 낫지 않을까?'라고 생각합니다. '나만의 클레멘트 코스'를 밟는 거지요.

'클레멘트 코스'는 알코올 중독자, 노숙자, 생활 보호 대상자에게 소크라테스를 가르치고 시를 읊게 하면 삶이 변한다는 가정하에 시작된 프로그램입니다. 《희망의 인문학》[123]은 빈민가 사람들에게 인문학을 가르치는 클레멘트 코스를 소개하는 책입니다. 저자 얼 쇼리스가 감옥에서 만난 죄수 비니스에게 "사람들이 왜 가난한 것 같나요?"라고 물어보자 비니스는 "우리 아이들에게 '시내 중심가 사람들의 정신적 삶'을 가르쳐야 합니다."[124]라고 대답합니다. 그들이 가난한 까닭은 자신을 통제하고 생각하지 못하기 때문이니, 핵심은 일자리나 돈이 아니라 사고력과 자기 통제력이라고 말합니다. 겨우 빵 한 조각을 얻는 기쁨이 아니라 책에서 자신을 읽어 내는 기쁨을 준다면 가난에서 벗어난다는 말입니다.

실제로 이 프로그램을 진행하자 버스비도 없는 사람들이 소크라테스와 플라톤을 배우러 옵니다. 코스를 끝낸 뒤에는 삶이 달라집니다. 더 이상 막무가내로 살지 않게 되고, 스스로의 의지로 공부하며 가난에서 벗어났습니다. 클레멘트 코스의 수료생 중 한 명이 이렇게 고백합니다.

"전에는 화가 나면 욕하고 싸우고 상대를 공격했어요. 울분이 올라왔죠. 하지만 이젠 그러지 않아요. 나를 표현하는 법을 알게 되었거든요."

저는 '나를 표현하는 법을 알게 되었다.'는 말에 전율했습니다. 책이 그들을 다른 세상으로 인도한 겁니다. 이것이야말로 책을 읽고 공부하는 이유라는 생각이 들었습니다. 자신을 망가뜨리는 삶을 박차고 일어나 다른 삶을 살도록 이끈 원동력이 책입니다.

'EBS 지식채널e'에서는 클레멘트 코스를 소개하면서 〈위험한 힘〉이라는 제목을 붙였습니다. 정말 책은 '위험한 힘'을 갖고 있습니다. 저도 책이 알려 준 '위험한 힘' 덕분에 아이들 앞에서 폭군처럼 행동한 과거를 돌아보며 가슴을 찢었습니다. 부끄러운 모습을 동료 교사들과 초등학교 아이들에게 고백하며 과거를 이겨 냈습니다. 여전히 자아의 깊은 뿌리에서 올라오는 분노와 이기심, 교만과 냉소주의에 무릎을 꿇지만 '위험한 힘'이 저를 계속 변하게 만들 겁니다. 이렇듯 가장 좋은 독서는 나를 읽고, 내가 변하는 독서입니다. 지식을 쌓고 여러 가지 능력을 기르고 안목이 넓어지는 건, 결국 더 나은 내 모습으로 가는 여정에서 저절로 만나는 열매들입니다.

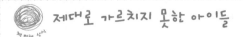

제대로 가르치지 못한 아이들

저는 해마다 실패합니다. 책에 실린 아이들 작품과 사례는 대부분 성공한 경우입니다. 기왕이면 잘 쓴 아이들의 글을 보이고 싶고, 실패한 경험은 감추고 싶습니다. 제 강의를 듣는 분들은 제가 대단한 능력을 가진 사람이라서 당신들이 맡으면 실패할 아이도 성공으로 이끌 거라 생각합니다. 모르는 소리입니다. 제가 성공한 사례를 많이 내놓을 수 있는 건 다른 사람들보다 실패를 많이 했기 때문입니다. 에디슨이 전구를 만들면서 2천 번이나 실패한 것처럼 저도 좌절을 많이 했습니다. 그게 제 비법입니다. 지난해에도, 올해에도 제대로 못 가르친 아이가 있고 다음 해에도 그럴 것입니다.

17년 동안 아이들에게 독서 지도, 글쓰기 지도를 하면서 저는 한 해도 빠짐없이 문집을 만들었습니다. 아이들이 3월에 쓰는 글은 대부분 사실 위주로 3~5줄 정도입니다. 5월이 되면 자기 생각을 쓰고, 12월이 되면 한 페이지를 넘기며 글을 씁니다. 이렇게 만든 문집을 보고 우리 반 1학년 아이의 글이 6학년보다 더 낫다는 사람도 있습니다.

하지만 한 해 동안 겨우 한두 번 문집에 글을 내고, 헤어질 때도 3월과 비슷한 아이도 있습니다. 처음에는 이런 아이를 탓했습니다. 하지만 가르치는 기술이 좋아져도 계속 그런 아이를 만나게 되자 아이 탓만은 아닐 거란 생각이 들었습니다. 동시에 '가정 환경만 탓하면 나는 뭐하는 사람이지? 잘 준비된 아이만 가르친다면 교사일 수는 있어도 스승은 아니잖아.' 라는 반성을 하게 됐습니다.

제가 제대로 가르치지 못한 아이들을 살펴보면 대략 3가지 유형입니다. 제가 하는 말을 알아듣지 못하는 아이, 건성으로 시간만 채우고 가려는 아이, 제가 한 말을 정답으로 여기고 그것만 적어 오는 아이입니다.

첫 번째 아이에게는 정말 미안함을 느낍니다. 아이들은 이해하기 어려운 말을 쓰면 당연히 어려워하고 싫어합니다. 책 이야기를 할 때 아이를 배려하지 않고 이야기를 서둘러 꺼낼 때가 많습니다. 이렇게 하면 아이들이 어려워합니다. 다른 사람들에게는 배경지식이 전혀 없는 아이에게 논술과 토론을 이야기해도 소용없다고 가르치면서 저도 같은 실수를 되풀이합니다. 책 내용을 잘 몰라서 이해하지 못하는 아이, 또래 아이들보다 어휘력과 이해력이 낮아서 어려워하는 아이를 위해서는 가르치는 사람이 눈높이를 낮추면 됩니다.

우리나라 교사나 부모님은 대체로 조급합니다. 오랜만에 자녀 공부를 도와준다고 곁에 앉았다가 화만 내고 나가 버리는 경우도 많습니다. '아이들은 정말 모른다. 그러니 아예 수준을 낮춰서 쉬운 말, 쉬운 이야기로 가르치자.'라고 마음먹으면 의외로 쉽습니다. 배우는 아이가 '이 정도면 나도 할 수 있겠다.'고 받아들이면 그때부터는 책을 읽습니다. 당나라 시인 백낙천은 시를 지으면 발표하기 전에 들에서 일하는 농부에게 먼저 읽어 주었습니다. 농부가 해독하지 못하면 다시 몇 차례나 이해할 때까지 고쳐 썼습니다. 백낙천의 시는 쉬우면서도 뜻이 깊어 오래도록 사람들의 사랑을 받았습니다.[125] 아이들도 이해하기 쉽게 말하면 그 시간을 좋아하고 책을 사랑합니다. 깔깔깔 웃으며 책도, 선생님도 재미있다고 합니다. 차갑고 매서운 태도가 수준 높은 아이를 길러 낸다고 믿는 시대는 지나갔습니다. 전달하는 수준을 낮추고 아이에게 웃어 주세요.

두 번째로 대충 시간만 때우고 가려는 아이입니다. 이런 아이들은 모든 것을 장난스럽게 대할 뿐 진지한 면이 보이지 않습니다. 가령 《쇠똥 굴러가는 날》을 읽은 날에는 아이들과 쇠똥 이야기부터 시작해서 쇠똥구리, 분교, 장애인 이야기까지 골고루 이야기를 나누었습니다. 책 이야기를 나눈 뒤에 독서 토론을 하고 독서 논술문을 썼습니다. 이야기만 잘 들어도 쓸거리는 충분합니다. 하지만 장난으로 일관하는 아이가 있습니다. 《쇠똥 굴러가는 날》에 나오는 삼촌은 조카에게 무시를 당해. 아끼는 강아지를 막 걷어차는 것도 봐야 하고. 어떻게 생각하니?"라고 물으면 "재미있겠어요."라고 합니다. 뭐가 재밌겠냐고 물으면 "강아지 걷어차는 거요!"라고 답합니다.

슬픔에 대해 한참 이야기한 뒤에 "우리가 겪은 슬픔에 대해 글을 써 볼까?" 하면 아이는 "엄마가 만날 때려서 슬퍼요!"라고 말합니다. 그래서 이것저것 물어보면 엄마가 날마다 때리는 게 아닙니다. 그저 툭툭 내던지듯 짧게 글을 쓰고 전원을 꺼 버립니다. 한 문장을 쓰고 다 썼다고 가져오면 그걸 보면서 한참을 이야기를 해 줍니다. 그러면 아이는 제가 말해 준 내용을 한 문장으로 더 적고는 다 했다고 내밉니다. 분명히 칭찬을 하면 좋아하지만 변화는 없습니다. 가끔 진지한 면을 보이기도 하지만 금세 제자리로 돌아가지요. 칭찬도 하고 상을 주기도 하고 위협도 해 봤습니다. 하지만 모두 실패했습니다.

마지막 수업 날, 10분쯤 늦게 교실에 들어가니 여자아이 하나가 울고 있습니다. 이 아이가 욕을 하며 놀렸다고 합니다. 왜 그랬냐고 물었더니 이렇게 말합니다.

"그냥요. 장난으로요!"

화가 치밀어 오를 만큼 뻔뻔한 태도에 놀랐습니다. '왜 나는 아이가 책과 친해지고 진지하게 자신을 돌아보게 만들 접촉점을 못 찾는 걸까?' 하는 생각이 내내 들었습니다. 책 읽기와 글쓰기에 대해서 전혀 흥미를 가지지 못하는 아이들에게는 책 읽기보다는 땀을 흘리며 뛰는 게 필요하다고 생각합니다. 교실에서 제가 시키는 대로 하는 척하지만, 마음은 운동장에 가 있겠지요. 안타깝지만 아직까지 제 능력으로는 어떻게 할 수가 없었습니다. 가끔씩 내보이는 아이의 진지함을 좋은 추억으로 기억할 뿐입니다. '시간이 지나면 아이가 알게 되겠지.'라며 자기 위안을 삼지만, 그렇게 되지 않을까 봐 걱정스럽습니다.

세 번째는 제 말을 무조건 정답으로 받아들이기 때문에 배우지 못하는 아이입니다. 《나쁜 어린이표》를 읽고 독서 감상문을 쓸 때입니다. 배경지식을 이야기하고, 책 내용을 퀴즈로 알아보고 토론도 했는데, 막상 독서 감상문을 쓰는 순간에는 무엇을, 어떻게 써야 할지 전혀 모릅니다. 한 줄도 못 쓰고 공책만 들여다보는 아이에게 이렇게 말해 줍니다.

"독서 감상문은 책을 읽고 느낀 마음을 편하게 쓰면 되는 거야. 보통은 ① 이 책을 어떻게 읽게 되었나? ② 책 내용은 무엇인가? ③ 가장 기억나는 부분은 어디인가? ④ 책에 나오는 인물이나 사건에 대해 어떻게 생각하는가? ⑤ 그 외에 드는 생각을 자유롭게 쓰는 거야. 부담 갖지 말고 한번 써 볼래?"

그랬더니 아이는 이렇게 글을 썼습니다.

독서 감상문

독서반에서 선생님이 《나쁜 어린이표》를 읽으라고 했다. 책 내용은 건우가 나쁜 어린이표를 받는 것이다. 가장 기억나는 부분은 건우가 나쁜 어린이표를 화장실에 버린 장면이다. ④번은 잘 모르겠다. 이 책은 재미있는 책이다.

아이는 제가 예로 든 다섯 가지 질문에 차례차례 답을 적었습니다. 그래서 "선생님이 들려준 이야기는 가르치려고 예를 든 것이니 쓰지 않아도 돼. 네가 하고 싶은 이야기를 일기 쓰듯 쓰면 되는 거야. 네가 건우라면 억울하지 않을까?

학교에서 선생님께 억울한 적 없었어?"라고 말하면 아이는 '내가 건우라면 억울할 것이다. 우리 선생님은 착해서 억울한 일이 잘 기억나지 않는다.'라고 씁니다.

이런 아이를 위해 저는 세부 묘사하는 법을 알려 줍니다. 세부 묘사는 단순하게 쓴 문장에 조금씩 살을 붙여 내용을 더해 가는 방식입니다. 평소에 독후 활동을 잘하던 아이들도 '가끔 쓸 게 없다.'고 합니다. 평소 일기를 잘 쓰던 제 딸도 "난 오늘 독서 일기를 쓰고 싶었다. 그런데 일기를 쓰려다 보니 읽은 책이 없었다. 내일은 책을 읽어 독서 일기를 꼭 쓸 것이다."라고 쓸 때가 있습니다. 이럴 때는 "일기가 세 문장이네! 새로운 내용을 생각하지 말고 한 문장을 세 문장으로 설명해서 써 보자."고 합니다. 그랬더니 "난 오늘 독서 일기를 쓰고 싶었다. (저번 주에 아빠가 독서 일기를 쓰자고 했다. 난 그때 일주일에 한 번 독서 일기를 쓰기로 했다.) 그런데 일기를 쓰려다 보니 읽은 책이 없었다. (그래서 독서 일기를 못 쓰게 되었다. 이럴 줄 알았으면 책을 한 권이라도 읽는 건데……. 하지만 이미 늦어 버려서 어쩔 수가 없다.) 내일은 책을 읽어 독서 일기를 꼭 쓸 것이다. (그리고 내일은 《고조선》을 읽을 것이다. 무척 재미있어 보이기 때문이다.)"라고 썼습니다. 훨씬 좋아졌지요.

위에 소개한 독서 감상문도 세부 묘사를 하면 글이 더 좋아집니다. 그렇지만 이 방법은 근본적인 해결책은 아닙니다. 독서 감상문 하나는 고칠 수 있지만 아이를 바꾸지는 못했으니까요. 대부분 이렇게 글을 쓰는 아이에게는 시간이 약입니다. 어느 날 쑥 자라서 보는 사람이 놀랍니다. 언젠가는 죽순 자라듯이 변하는 날이 옵니다. 그때를 기다리며 약간의 변화에도 칭찬과 관심을 보여야겠지요. 조급하게 닦달하면 아이는 더욱 정답 쓰기 안에 갇혀 버립니다. 모든 아이가 기대대로 책벌레가 될 수는 없겠지요. 그러나 아이들을 사랑하는 마음으로 기다리면 어느 순간 솟아오르는 죽순을 놀라운 눈으로 보게 될 겁니다.

배움의 공간인 학교에서 아이들은 때때로 웁니다. 억울해서, 친구와 싸워서, 때론 멋모르고 웁니다. '눈물'은 슬픕니다. 하지만 가끔 '뜨거운 눈물'도 만납니다. 책을 읽다 흘리는 눈물은 감정이 화산처럼 터지게 만드는 뜨거움이 있습니다. 짧은 1년을 함께하고 헤어질 때 남긴 눈물은 용광로에서 타오르는 불이 되어 슬픔과 고통을 감당하는 힘을 줍니다. 눈물은 슬프고 차갑지만 어떤 눈물은 따뜻하다 못해 뜨겁습니다. 책 읽기에도 같은 이치가 통해서 얼음장을 만진 듯 책을 내던지는 아이도 있고, 따뜻하게 책을 품는 아이도 있습니다.

책을 '인생의 모유'라고 일컫는 정호승 님, '독서는 산소'라고 말하는 이어령 님에게 책은 용광로입니다. 책을 읽어 주는 엄마 곁에서 자란 아이도 그러하겠지요. 책을 따뜻하게 만난 추억은 고난의 순간을 이겨 낼 힘을 줄 테니까요. 반면에 책을 차갑게 만났다면 만지고 싶지도 않을 겁니다. 독서 감상문을 쓰기 위해 억지로 책을 읽는 아이는 내용이 아무리 따뜻해도 책이 차갑게 느꺼지겠지요. 잠들기 전에 아빠가 들려주는 이야기를 들으며 책을 '따뜻하다'고 표현하는 아이일지라도 독서 교실에 가서 억지로 논술문을 써야 한다면 마음이 꽁꽁 얼어붙을 겁니다.

같은 책이라도 읽는 사람마다 다르게 느낍니다. 책을 왜 읽는지, 읽기까지 과정이 어떠한지, 어떤 마음으로 읽는지, 읽고 무엇을 해야 하는지, 누가 함께하는지에 따라 책의 온도가 달라집니다. 중요성만을 내세워 규칙과 활동을 강요하면 책은 온기를 잃은 음식처럼 딱딱하게 굳습니다. 한 사람의 인생을 펄펄 끓게 만드는 독서를 교육부 지침 중 하나로 바꿔 연례행사처럼 취급하지 말아야 합니다.

한번은 학교 도서관에서 책장 사이에 앉아 책을 읽는 아이를 보았습니다. 의자가 싫었던 모양입니다. 책이 가득한 책장 사이에 편하게 앉아 책을 넘기는 모습이 따뜻했습니다. 그런데 1분도 되지 않아 사서가 와서 아이에게 무어라고 속삭입니다. 아이는 의자로 옮겨 갑니다. 아마 의자에 가서 바른 자세로 앉아 읽으라고 했나 봅니다. 그냥 거기 앉아서 읽게 놔두면 더 좋을 텐데······

《이상한 나라의 엘리스》를 쓴 루이스 캐롤이 열세 살에 쓴 〈요정〉[126]이라는 시가 떠오릅니다.

내 곁에는 요정이 있는데
잠들면 안 된다고 말하네

한번은 너무 아파 크게 소리를 질렀더니 요정이 말했네.

"넌 울면 안 돼."

너무 기뻐 활짝 미소를 지었더니 요정이 말했네.

"넌 웃으면 안 돼."

한번은 진을 좀 마시고 싶었는데 요정이 말했네.

"넌 진을 마시면 안 돼."

한번은 먹고 싶은 음식이 있었는데 요정이 말했네.

"넌 그걸 먹어서는 안 돼."

내가 황급히 싸움터로 달려 나가는데 요정이 말했네.

"넌 싸워서는 안 돼."

"그럼 뭘 하라는 거지?" 마침내 내가 소리쳤네.

그 고통스러운 임무에 지겨워진 나머지.

요정은 조용히 응답하면서 말했네.

"넌 질문하면 안 돼."

과정보다 목적을 앞세우면 따뜻함이 전해지지 않습니다. 어려운 순간에 원인을 찾아 해결하는 방법을 알려 주지 않고, 그 순간에 대응할 수 있는 임시방편 프로그램을 만듭니다. 이를 두고 조나단 코졸은 '점점 갈수록 우리 시대가 어린 시절에서 '아이'를 제외시켜 버리고 이 시절을 어른 세상을 준비하는 재미없는 훈련장으로 바꿔 놓은 것처럼 보인다.'[127]고 말합니다.

부모님들은 나중에 잘 먹고 잘 살기 위해서 지금은 참으라고 합니다. 미래의 행복을 위해 지금은 억지로 참고 지내라고 합니다. 목표를 향한 과정에서 겪는 인내가 아니라 경쟁에서 밀리지 않으려는 발버둥을 견뎌 내라 합니다. 책도 목표를 이루기까지 참고 봐야 하는 도구로 전락합니다. 무엇이든 남들보다 더 빨리 배우고 더 높이 오르려는 욕심은 '애벌레의 꿈'입니다. 꼭대기에 먼저 오르려고만 하면 '꽃들에게 희망을' 주는 나비가 될 수 없습니다. 《꽃들에게 희망을》에서 나비가 말하죠. '그렇게 되기 위해서는 애벌레의 상태를 미련 없이 포기할 수 있을 정도로 날기를 간절히 원해야 한다.'

너무 좋은 책을 읽으면서도 아이의 독특성, 비교할 수 없는 귀한 가치를 찾지 못하고 책을 읽었다는 사실에만 만족하렵니까? 그렇게 하면 나비는 스스로 날지 못합니다. 독서를 수단으로 삼는 상태를 미련 없이 포기하고, 아이가 스스로 날아오르도록 기다려야 합니다. 미래를 담보로 아이에게 으름장을 놓지 마세요. 행복하게 책을 읽고 즐겁게 공부할 수만 있다면 아이와 미래는 저절로 달라집니다. 아이들은 책을 읽어야 합니다. 독서 활동도 해야 합니다. 책과 친하게 이끌어 주는 방법, 독서 감상문을 잘 쓰도록 돕는 방법도 알아야 합니다. 하지만 이런 것을 목표로 삼아선 안 됩니다. 독서 활동은 과정이어야 합니다. 그래야 아이들이 책을 즐겁게 읽고, 기꺼이 독서 감상문을 씁니다.

조벽 교수는 우리나라에서 꼭 바뀌어야 하는 교육 모습으로 지식 중간 도매상을 꼽았습니다.[128] 어른들은 주로 지식을 전합니다. 독서에서도 성적과의 연관성을 먼저 떠올립니다. 독서 능력을 독서량, 독서 퀴즈 결과로 평가합니다. 독서 인증제, 독서 능력 검증을 실시합니다. 이러면 힘듭니다. 생각이 바뀌고 행동이 바뀌고 사는 모습이 바뀌어야 책을 제대로 읽은 겁니다.

저는 17년 동안 아이들과 문집을 만들었습니다. 다달이, 어떤 때는 열흘마다 한 번씩 문집을 내며, 아이들이 같은 반 친구를 알아 가고 글 쓰는 과정을 맛보게 했습니다. 아이들은 함께 나눌 수 있는 이야기와 함께한 과정이 담긴 문집을 읽으며 즐거워했습니다. 글을 잘 쓰는 방법, 독서 감상문을 잘 쓰는 방법, 독서 논술 대회에서 상 타는 법도 알게 되었습니다. 하지만 정말 소중한 것은 문집을 만들면서 나눈 추억, 친구를 이해하고 스스로 변하려는 마음입니다.

느끼기 전에 결과를 강요하면 아이들은 요령만 몸에 밴 유통 기한 찍힌 과자처럼 제조됩니다. 기한이 만료되면 독서 습관도 폐기 처분되고 말지요. 그래서 어릴 적 책과 함께 살았던 아이가 중학생만 되면 책을 벌레 보듯 끔찍하게 여깁니다. 중학생이 되는 순간, 일기 쓰기와 책 읽기가 끝나고 맙니다.

공부가 신분 상승, 가난 탈출의 통로인 시대가 있었습니다. 시골 한구석에 살더라도, 공부 열심히 하면 서울에 있는 대학에 들어가고, 좋은 직장도 구했습니다. 하지만 이제는 이런 기회가 많이 차단되었습니다. 시간이 지날수록 시골 아이들이 도시 아이들을 따라잡을 수 없게 됩니다. 좋은 학원, 해외 연수, 개별 과외와 같은 교육 환경이 실력을 좌우합니다. 그래서 열악한 환경에서 사는 시골 아이들은 패배감과 절망감, 상실감이 큽니다. 꿈을 이루기 위해 주말마다 서울에 가서 배우는 아이들도 있습니다. 어떤 이유를 들어도 야간 자율(?)학습을 빼 주지 않는 고등학교에서도 '서울에 배우러 간다.'고 하면 열심히 배우고 오라고 합니다. 하지만 이런 기회를 갖지 못하는 아이들이 훨씬 더 많습니다.

책은 가장 좋은 교육 환경입니다. 책은 사람을 가리지 않습니다. 자신을 찾아 주는 사람은 누구라도 만나 주고 가르침을 베풉니다. 만지고 싸매고 치료해야 할 감정을 가진 아이를 위로하며 희망을 가지라고 말합니다. 열악한 환경에서 꿈을 이루기 위해 공부하는 아이에게 책이 희망입니다. 책을 읽으며 아이들이 일어서서 버티는 걸 봅니다. 슬픔과 고통을 이겨 내지 못할 때 책장을 넘기면, 이슬이 햇빛에 저절로 사라지듯 스르르 사라집니다.

꽃나무[129]

임길택

밟혀 꺾이면
그만이려니 했는데
가지가 꺾이자
얼른 새 가지 내놓고
다른 꽃들 필 무렵에 맞춰
저도 얼른 꽃을 피워 댔어요.
꽃나무는
제 이름처럼 살고 있었어요.

지나가는 사람 발에 밟혀 가지가 꺾였지만 얼른 새 가지 내놓고 꽃을 피우는 건 꽃나무만이 아닙니다. 우리 아이들도 이렇게 될 수 있습니다. 뒤지지 않게 열매를 맺는 능력도 중요합니다. 하지만 그 열매가 꽃나무의 전부는 아닙니다. 이름처럼 산다는 게 더 귀합니다.

시대가 점점 아이를 아이가 아니라 어른으로 살아갈 세상을 준비하는 훈련병으로 만들고 있습니다. 책을 읽어 치우고, 글을 써버리고, 문제를 풀고, 돌고 또 돌다가 대학에 가면 그때 하고 싶은 걸 하라고 합니다. 그러면 안 됩니다. 책 살 돈이 없어서 책 한 권을 읽으면 그 책을 팔아 다른 책을 사서 읽은 벤저민 프랭클린에게도 기회를 주는 세상이어야 합니다. 책을 실컷 읽고 싶어서 책방 점원이 된 카네기, 다락방에 숨어 책을 보다가 돌보던 가축이 다 도망가 버린 뉴턴[130]과 같은 사람이 성공하는 세상이어야 합니다.

그래서 거듭 말하고 싶습니다. 책이 희망입니다. 아이들이 즐겁게 책을 읽게 해 주세요. 책에 풍덩 뛰어들어 또 다른 자신을 만나게 해 주세요. 희망인 책으로 아이를 꺾지 말아 주세요. 마지막으로 마음을 다해 말합니다.

"정말 책이 희망입니다."

부릉

■ 학년별 추천 도서

아이들은 각자 타고난 개성과 자라난 환경이 다릅니다. 시대에 따라 아이들 특성도 바뀝니다. 그래서 아이를 알고 책을 권하라고 했습니다. 물론 아이들 특성에 따른 경우의 수를 다 알려 드릴 수는 없겠지요. 그래서 일반적인 특징을 정리했습니다.

우리나라는 나이보다는 학년에 영향을 더 많이 받기 때문에 학년을 기준으로 삼았습니다. 제가 아이들에게 자주 소개하는 책도 함께 알려 드립니다. 권하고 싶은 책들은 더 많지만, 초등학교 초·중·고 학년을 대상으로 각각 40권씩 추렸습니다.

1~2학년 추천 도서에는 그림책을 많이 넣고 싶었는데, 좋은 그림책을 소개해 주는 곳이 많아 그림책은 대부분 제외했습니다. 그림책을 빼고 나니 2학년 수준의 책이 더 많습니다.

5~6학년을 위해 고전 명작을 많이 넣고 싶었지만 교과별 도서를 반영하려다 보니 고전 작품이 줄었습니다. 고전 명작 목록도 쉽게 구할 수 있으니 그나마 다행이란 생각이 듭니다. 좋은 책이 아주 많아 5~6학년 목록은 50권을 소개합니다.

독서 수준이 높은 아이는 단계를 뛰어넘을 수 있습니다. 지금 3, 4학년인 제 딸들은 5~6학년 책도 많이 읽습니다. 그렇다고 5~6학년 수준의 책만 권하지는 않습니다. 아이들은 1~2학년 책을 줘도 빠져들고, 5~6학년 책을 줘도 빠져듭니다. 단, 독서 수준을 높이려는 목표를 정해 놓고 어려운 책만 권하진 마세요. 아이를 기계처럼 대하면, 아이는 책에 흥미를 잃고 결코 책벌레가 되지 않는답니다.

● 초등학교 저학년의 책 읽기 (1~2학년)

그림책에서 이야기책으로 넘어가는 과도기입니다. 학교생활을 시작하면서 사회적 상호 작용, 공동체 의식이 생기지만 아직까지는 자아의식이 앞섭니다. 조금씩 공동체 의식을 길러 가는 시기입니다. 이때는 지적 호기심과 성취 욕구가 강하고 감수성, 추리력이 발달합니다. 무엇보다 상상력이 최고로 발달하는 시기입니다. 환상적인 창작 동화, 상상의 세계를 담은 책으로 상상력을 길러 주어야 합니다. 관심이 습관으로 이어지는 단계이므로 재미있는 책을 읽어야 하는데 환상과 상상의 세계가 이런 역할을 합니다.

이 시기는 비밀 행동에 흥미를 갖습니다. 거짓말이나 절도 등의 비행이 싹트는 시기입니다. 그래서 옳고 그름을 판단하게 하고 판단에 따른 결과를 느끼게 해야 합니다.[131] 착한 사람의 나쁜 면이나 나쁜 사람의 인간적인 면은 나이가 들어서 보여 주어도 됩니다. 아이가 다양한 가치를 접하도록 해야 하지만, 선악만큼은 정확한 기준을 제시해 주어야 합니다. 권선징악이 어른들에게는 유치하지만 아이들에게는 선악의 개념을 명확하게 알려 줍니다. 이걸 보여 주는 좋은 방법이 우화입니다. 이솝 우화, 탈무드 동화, 톨스토이 동화는 재미있으면서도 교훈을 주기 때문에 좋습니다.

저는 다독보다 집중독을 강조하지만 1~2학년 때는 다독이 더 중요합니다. 이때는 유해 서적이 아니라면 이것저것 마구 읽어도 도움이 됩니다. 기분 내키는 대로 골라잡아 읽어도 책이 주는 여러 가지 유익함을 얻을 수 있습니다. 정보 흡수력이 워낙 빠른 시기인 데다가 흡수할 수 있는 공간도 넓습니다. 계속 깨닫고 배우고 저장합니다. 하지만 한 가지 주제만 읽게 하면 그런 종류의 책에 고착되기 쉽습니다. 1~2학년 때 한 분야의 책에 빠지면 편협한 읽기를 합니다. 그러기 전에 폭넓은 지식과 이해를 길러야 합니다. 만화보다는 그림책을 많이 보여 주세요.

1~2학년 시기의 책 읽기에는 학부모의 역할이 아주 중요합니다. 책을 읽을 때 함께해 주어야 합니다. 독서를 강요하면 영영 흥미를 잃고, 책 읽으라는 말만 들어도 스트레스를 받게 됩니다. 독서가 즐거움이 되도록 다독이고 칭찬하고 곁에 함께 앉아 주세요.

책을 고를 때는 편집 상태를 잘 보고 골라야 합니다. 안데르센 동화만 해도 판본이 수십 가지나 됩니다. 아이와 함께 책을 읽다 보면 아이가 편안하게 여기는 편집 양식이 있습니다. 제 첫째 딸은 계통이 명확하게 나누어진 글, 표나 그림으로 설명이 들어 있는 편집을 좋아합니다. 둘째는 반대로 분위기를 잘 살린 삽화가 들어 있는 편집을 좋아합니다. 저마다 가진 독특한 특성을 살려 책을 읽게 도와주면 독서 습관이 잘 자리 잡습니다.

책벌레 선생님의 1~2학년 추천 도서

순	책 이름	지은이	출판사
1	가방 들어 주는 아이	고정욱 글	백남원 그림	사계절출판사
2	강아지똥	권정생 글	정승각 그림	길벗어린이
3	갯벌에 뭐가 사나 볼래요	도토리 편집부 글	이원우 그림	보리
4	까막눈 삼디기	원유순 글	이현미 그림	웅진주니어
5	까만 나라 노란 추장	강무홍 글	한수임 그림	웅진주니어
6	꽃이 들려주는 동화	최은규·박철민 글	유순혜 그림	문공사
7	나, 화가가 되고 싶어	윤여림 글	정현지 그림	웅진주니어
8	내게는 소리를 듣지 못하는 여동생이 있습니다.	J. W. 피터슨 글	D. K. 레이 그림	김서정 옮김	중앙출판사
9	돼지책	앤서니 브라운 글	허은미 옮김	웅진주니어
10	도도새는 살아 있습니다	딕킹 스미스 글	데이비드 파킨스 그림	김서정 옮김	웅진
11	동생 따윈 필요없어	길지연 글	김진우 그림	기댄돌
12	동화 밖으로 나온 10분 과학	김현태 글	문성준·백정아 그림	큰나
13	마법의 설탕 두 조각	미하엘 엔데 글	유혜자 옮김	한길사

14	멋진 여우 씨	로알드 달 글 | 퀘틴 블레이크 그림 | 햇살과나무꾼 옮김	논장
15	백석 동화시	백석 글 | 김응정 그림	느낌표교육
16	비밀이 생겼어요	이현 글 | 민은경 그림	채우리
17	선생님, 바보 의사 선생님	이상희 글 | 김명길 그림	웅진주니어
18	선생님은 모르는 게 너무 많아	강무홍 글 | 이형진 그림	사계절출판사
19	소피가 학교 가는 날	딕킹 스미스 글 | 데이비드 파킨스 그림 | 엄혜숙 옮김	웅진주니어
20	수학아 수학아 나 좀 도와줘	조성실 글 | 이지현 그림	삼성당
21	숨 쉬는 도시 꾸리찌바	안순혜 글 | 박혜선 그림	파란자전거
22	싸움 말리다 금화를 만든 왕	디미테르 잉키오프 글 | 롤프 레티히 그림 | 유혜자 옮김	주니어랜덤
23	아버지의 커다란 장화	임길택 글 | 이상권 그림	웅진주니어
24	어린이를 위한 레 미제라블	소정 편역 | 이소형 그림	아테나
25	어진이의 농장 일기	신혜원 글	창비
26	열두 달 자연 놀이	붉나무 글·그림	보리
27	외톨이 보쎄와 미오 왕자	아스트리드 린드그렌 글 | 김라합 옮김	우리교육
28	우리는 모두 소중해요	국제앰네스티 글 | 김태희 옮김	사파리
29	우리 마을에 전쟁이 났어요	파티마 샤라페딘렌 글 | 글로드 K. 뒤부아 그림 | 여우별 옮김	맑은가람
30	우체부가 사라졌어요	클레르 프라네크 글 | 김혜정 옮김	키다리
31	일기 감추는 날	황선미 글 | 소윤경 그림	웅진주니어
32	잃어버린 단어를 찾아 주는 꼬마 마법사	다니엘 시마르 글 | 쥬느비에브 꼬떼 그림 | 안지은 옮김	세상모든책
33	저학년 탈무드	마빈 토케이어 글 | 송년식 옮김	효리원
34	종이밥	김중미 글 | 김환영 그림	낮은산
35	짜장 짬뽕 탕수육	김영주 글 | 고경숙 그림	재미마주
36	짝꿍 바꿔 주세요	노경실 글 | 이형진 그림	주니어랜덤
37	짝 잃은 실내화	이완 글 | 송교성 그림	현암사
38	책 먹는 여우	프란치스카 비어만 글 | 김경연 옮김	김영사
39	틀려도 괜찮아	마키나 신지 글 | 하세가와 토모코 그림 | 유문조 옮김	토토북
40	팥죽 할멈과 호랑이	박윤규 글 | 백희나 그림	시공주니어

※ 이솝 우화, 안데르센 동화, 우리나라 전래 동화를 많이 읽게 해 주세요.

● 초등학교 중학년의 책 읽기 (3~4학년)

1~2학년 때 왕성했던 상상력이 이 시기에 들어서는 조금씩 현실성을 갖추기 시작합니다. 주변 사회에 호기심을 갖고 관심 분야가 생깁니다. 그림이 없어도 책에 등장하는 장면을 그릴 수 있는 연상력이 생깁니다. 논리적 사고도 발달하여 공감과 비판, 찬성과 반대를 표시합니다. 독서 능력의 차이가 가장 많이 벌어지는 때입니다. 이때 책을 놓치면 다시 책에 관심을 갖게 하는 데 몇 배의 힘이 듭니다.

이 시기의 아이들은 대체로 이런 특징을 가집니다.

· 낱말과 어휘를 왕성하게 배우고 사전을 활용할 수 있게 된다.
· 이야기를 간추릴 수 있고 다른 사람에게 줄거리를 말할 수 있다.
· 초등학교 교육 과정에서 요구하는 주제 찾기, 글감 찾기, 중심 문장 찾기 등을 할 수 있다.
· 직유와 비유, 은유를 서서히 이해한다.
· 관심을 갖는 분야가 생기며 긴 글을 읽을 수 있다.
· 등장인물을 비판할 수 있다.
· 자기가 겪고 있는 현실과 관련된 이야기, 현실에서는 전혀 있을 수 없는 상상의 세계를 동시에 즐길 수 있다.

저는 이 시기의 아이들에게 시리즈로 이뤄진 책들을 많이 소개합니다. 《나니아 연대기》 6권, 《오즈의 마법사》 1~14권, 이 밖에도 추리 소설이나 과학 시리즈, 동물과 곤충 시리즈를 많이 읽습니다. 《해리포터》를 읽는 아이들도 있고, '살아남기 시리즈' 'why 시리즈'도 많이 읽습니다. 이때 중독성이 강한 시리즈는 조심해야 합니다. 그런 시리즈에 한 번 빠지면 다른 책을 보려 들지 않기 때문입니다. 이런 책은 구입하지 않는 방향을 권합니다. 아이 스스로 중독성을 이겨 낼 정도가 되어야 곁에 둘 수 있습니다.

3학년만 되어도 한 분야의 전문가가 생깁니다. 곤충, 로봇 전문가들은 과학 시간에 자신이 아는 이야기가 나오면 저를 가르치려고 듭니다. 자기 지식을 내보일 기회가 생겼는데 가만있을 리 없지요. 이런 아이들은 격려하고 칭찬해야 하지만, 조심하지 않으면 앞으로도 계속 그 분야의 책만 읽습니다. 아이가 책을 읽는 게 아니라 책이 아이를 끌어당겨 다른 곳에 눈을 돌리지 못하게 만듭니다. 곤충을 좋아해서 관련 책을 열심히 읽는다면 그 시간만큼 다른 책도 봐야 합니다. 아인슈타인의 말처럼 지식을 쌓는 아이보다 동화를 읽는 아이가 더 똑똑해지는 법입니다. 하버드 의대나 MIT 공대의 교과 과정 중 교양 필수 과목에는 문학 교과가 절반 이상입니다. 인간으로서 함께 공유하는 마음[132]이 없으면 치료도, 개발도 소용없습니다.

이 시기에는 현실에 바탕을 둔 이야기, 살면서 겪을 수 있는 이야기를 읽어야 합니다. 우정과 사랑, 이해와 배려, 도전과 모험 같은 덕목을 길러 주는 책이 좋습니다. 상상의 나라를 떠돌던 아이들이 현실에 닻을 내리고 친구를 사귀며 어울리는 이야기를 통해 좋은 성품을 길러야 할 때입니다.

책벌레 선생님의 3~4학년 추천 도서

순	책 이름	지은이	출판사
1	경복궁 마루 밑	심상우 글	유기훈 그림	대교출판
2	곰 아저씨의 딱새 육아 일기	박남정 글	이루다 그림	산하
3	과학왕의 초간단 실험 노트	한국과학놀이발명연구회 글	이리 그림	가나출판사
4	광용아, 햄버거 맛있니?	다음을지키는사람들 글	조선·탁종명 그림	리좀
5	꿈을 이룬 대통령 오바마 이야기	로버타 에드워즈 글	켄 콜 그림	양진화 옮김	교학사
6	김정호	오민석 글	이정규 그림	랜덤하우스코리아

7	나니아 연대기(1~7권)	클라이브 스테이플즈 루이스 글 | 폴린 베인즈 그림 | 햇살과나무꾼 옮김	시공주니어
8	나쁜 어린이표	황선미 글 | 권사우 그림	웅진주니어
9	나의 베트남 일기장	마리 셀리에 글 | 세실 감비니 그림 | 전연자 옮김	맑은가람
10	내 이름은 나답게	김향이 글 | 김종도 그림	사계절출판사
11	내 친구 윈딕시	케이트 디카밀로 글 | 송재효 그림 | 햇살과나무꾼 옮김	시공주니어
12	도서관에 가지 마, 절대로	이오인 콜퍼 글 | 토니 로스 그림 | 이윤선 옮김	국민서관
13	박씨 부인	정출헌 글 | 조혜란 그림	한겨레아이들
14	별 아저씨가 들려주는 별 이야기	이한주 글 | 김명곤 그림	진선출판사
15	세상 모든 음악가의 음악 이야기	유미선 글 | 최상훈 그림	꿈소담이
16	소리 공책의 비밀	윤미숙 글 | 박지훈 그림	대교출판
17	쇠똥 굴러가는 날	장경선 글 | 박지영 그림	푸른책들
18	아낌없이 주는 나무(어린이용)	셸 실버스타인 글	시공주니어
19	아주 특별한 우리 형	고정욱 글 | 송진헌 그림	대교출판
20	알록달록 과자의 비밀	여성희 글 | 김용아 그림	현암사
21	어린이를 위한 헛소동	로이스 버넷 글 | 강현주 옮김	찰리북
22	엄마가 사랑하는 책벌레	김현태 글 | 박영미 그림	아이앤북
23	엄마 몰래	조성자 글 | 김준영 그림	좋은책어린이
24	엄마 친구 아들	노경실 글 | 김중석 그림	어린이작가정신
25	엉뚱한 소피의 못 말리는 패션	수지 모건스턴 글 | 최윤정 옮김	비룡소
26	옛날 사람들은 어떻게 공부했을까	햇살과나무꾼 글 | 한창수 그림	채우리
27	오즈의 마법사(1~14권)	라이먼 프랭크 바움 글 | 존 R. 닐 그림 | 최인자 옮김	문학세계사
28	우포늪엔 공룡 똥구멍이 있다	손호경 지음	푸른책들
29	잔소리 없는 날	A. 노르덴 글 | 정진희 그림 | 배정희 옮김	보물창고
30	조커, 학교 가기 싫을 때 쓰는 카드	수지 모건스턴 글 | 미래유 달랑세 그림 | 김예령 옮김	문학과지성사
31	지구를 지키는 101가지 방법	재키 와인스 글 | 윤정숙 옮김	거인
32	초대받은 아이들	황선미 글 | 김진이 그림	웅진주니어
33	최고의 이야기꾼 구니버드	로이스 로리 글 | 미디 토마스 그림 | 이금이·이어진 옮김	보물창고

34	키다리 아저씨	진 웹스터 글 | 공경희 옮김	비룡소
35	텃밭 가꾸는 아이	고정욱 글 | 이형진 그림	미래아이
36	하하호호 공생 티격태격 천적	서찬석 글 | HELLO OUT sider 그림	정인출판사
37	해바라기를 사랑한고흐	김미진 지음	파랑새어린이
38	행복한 이티 할아버지	박선욱 글 | 장호 그림	아이세움
39	황금 열쇠	조지 맥도널드 글 | 선경 그림 | 이수영 옮김	우리교육
40	뉴베리상 수상작 시리즈 1~10 《소원을 들어주는 카드》 외 9권	빌 브리튼 글 | 이선민 그림 | 김선희 옮김	주니어김영사

● 초등학교 고학년의 책 읽기 (5~6학년)

이 시기에는 독서 습관이 양극화되기 시작합니다. 책을 읽는 아이는 엄청나게 읽지만, 전혀 손을 대지 않는 아이도 생깁니다. 자기주장이 강해지고 독립적인 인격체로 자리 잡는 시기입니다. 발달 단계상 지적 호기심이 높아지고 합리적 사고가 발달하여 어른들의 권위에도 도전하며 비판하는 시기입니다. 하지만 컴퓨터 게임이나 영상 매체의 유혹에 빠지게 되면 이런 특징들이 엉뚱한 열의로 변합니다. 책을 전혀 읽지 않던 아이도 책에 쉽게 빠져들고 가치관이 변할 수 있는 시기지만, 그러기 위해서는 나쁜 습관이 없어야 합니다.

5~6학년 아이들의 책 읽기와 관련된 일반적인 특징은 아래와 같습니다.

· 앞부분이 재미없어도 책을 놓지 않고 끝까지 읽을 수 있다.

· 내 비위를 거스르는 이야기나 등장인물이 있어도 참고 읽는다.

· 모르는 낱말이 나와도 앞뒤 내용을 보며 유추해서 이해한다.

· 낱말의 복합적인 의미도 알고 복선도 이해한다.

· 목적을 갖고 책을 읽는다.

· 다른 사람이 추천하는 책을 찾아 읽는 마음을 가지고 있다.

· 주인공의 감정을 느끼고 동화된다.

· 선악으로만 판단하지 않고 주변 여건에 따라 판단을 달리한다.

· 이야기를 대본으로 만들 수 있고 응용하여 그림, 노래, 시, 광고로 표현할 수
  있다.

제가 5~6학년에게 반드시 읽히는 책은 위인전과 명작입니다. 앞으로 어떤 삶을 살아갈지 첫걸음을 내딛는 때라 어려움을 헤치고 자신의 인생을 개척한 사람들의 이야기가 필요합니다. 그래서 위인전을 읽어야 합니다. 링컨이나 헬렌 켈러, 에디슨과 세종 대왕을 바로 이때 만나야 합니다. 업적만을 요약한 책이 아니라 한 사람의 인생을 자세하게 설명한 책을 읽으면서 아이들이 자기 인생을 어떻게 시작할지 생각하도록 해야 합니다.

명작은 사람이 살아가면서 겪거나 고민하는 여러 이야기가 잘 표현되어 있기 때문에 좋습니다. 현실을 깊이 파고든 이야기도 읽어야 합니다. 《너도 하늘말나리야》나 《가시고기》는 언제 읽어도 좋습니다. 생활 속 문제를 어린이의 시각에서 다룬 책이 좋고, 사회 문제나 환경 문제에 대한 책도 읽어야 합니다. 《마당을 나온 암탉》을 읽으며 꿈과 소망, 입양 문제, 관점에 따라 대상을 보는 눈이 달라진다는 것, 성장과 죽음 등을 논의할 수 있습니다. 《아주 특별한 우리 형》을 읽으며 장애, 왕따 문제를 이야기하고 《무기 팔지 마세요》를 읽으며 어른들이 만든 잘못된 문화를 비판하기도 합니다. 이렇게 기회만 주어지면 아이들은 복잡한 사고 과정을 즐길 수 있습니다.

책벌레 선생님의 5~6학년 추천 도서

순	책 이름	지은이	출판사
1	1940년 열두 살 동규	손연자 글	계수나무
2	갯벌, 무슨 일이 일어나고 있을까?	이혜영 글 | 조광현 그림	사계절출판사
3	걸리버 여행기	조나단 스위프트 글	출판사 무관
4	공주와 고블린	조지 맥도널드 글 | 정회성 옮김	웅진닷컴
5	괭이부리말 아이들	김중미 글	창비
6	김태정 선생님이 들려주는 우리 꽃 이야기	김태정 글 · 사진	랜덤하우스
7	나는 선생님이 좋아요	하이타니 겐지로 글 | 햇살과나무꾼 옮김	양철북
8	(초등학생을 위한) 나의 라임 오렌지나무	J. M. 바스콘셀로스 글 | 최수연 그림 | 박동원 옮김	동녘주니어
9	나의 린드그랜 선생님	유은실 글 | 권사우 그림	창비
10	내 친구에게 생긴 일	미라 로베 글 | 김세은 옮김	크레용하우스
11	너도 하늘말나리야	이금이 글 | 송진헌 그림	푸른책들
12	느낌 있는 그림 이야기	이주헌 글	보림
13	동물과 대화하는 아이 티피	티피 드그레 글 | 실비 그드레 · 알랭 드그레 사진 | 백선희 옮김	이레
14	로알드 달의 발칙하고 유쾌한 학교	오랑드 달 글 | 퀸틴 블레이크 그림 | 정회성 옮김	살림프렌즈
15	마당을 나온 암탉	황선미 글 | 김환영 그림	사계절출판사
16	마사코의 질문	손연자 글	푸른책들
17	마틸다	로알드 달 글 | 김난령 옮김	시공주니어
18	몽실 언니	권정생 글	창비
19	무기 팔지 마세요	위기철 글	청년문학사
20	문제아	박기범 글	창비
21	바람소리 물소리 자연을 닮은 우리 악기	청동말굽 글 | 고광삼 그림	문학동네
22	바보 온달	이현주 글 | 김호민 그림	우리교육
23	밥상에 오른 과학	이성규 글 | 임은정 그림	봄나무
24	블루시아의 가위바위보	김중미 외 글 | 운정주 그림	창비
25	비밀의 화원	프랜시스 호즈슨 버넷 글 | 타샤 튜더 그림 | 공경희 옮김음	시공주니어

26	빼앗긴 내일	즐라타 필리포빅 글 | 멜라니 챌린저 엮음 | 정미영 옮김	한겨레아이들
27	사금파리 한 조각	린다 수 박 글 | 김세환 그림 | 이상희 옮김	서울문화사
28	사자왕 형제의 모험	아스트리드 린드그렌 글 | 일론 비클란트 그림 | 김경희 옮김	창비
29	샬롯의 거미줄	E. B. 화이트 글 | 가스 윌리엄즈 그림 | 김화곤 옮김	시공주니어
30	세상을 바꾼 위대한 책벌레들	김문태 글 | 이량덕 그림	뜨인돌어린이
31	수학 귀신	H. M. 엔첸스베르거 글 | 고영아 그림	비룡소
32	아프리카의 옥수수추장	조호상 글 | 이준섭 그림	우리교육
33	어린이 경제 원론	김시래·강백향 글	명진출판
34	울지 마, 산타!	공선옥 글 | 김정혜 그림	주니어랜덤
35	위풍당당 심예분 여사	강정연 글 | 노석미 그림	시공주니어
36	이이화 선생님이 들려주는 이야기 한국사 1, 2	이이화 글	파란하늘
37	인간의 오랜 친구, 미생물 이야기	외르크 블레히 글 | 공미라 그림 | 염정용 옮김	웅진주니어
38	자전거 도둑	박완서 글 | 한병호 그림	다림
39	조선과학왕조실록	정완상 글 | 정일문 그림	이치사이언스
40	좁쌀 한 알에도 우주가 담겨 있단다	김선미 글 | 원혜영 그림	우리교육
41	찰리와 초콜릿 공장	로알드 달 글 | 신수진 옮김	시공주니어
42	책과 노니는 집	이영서 글 | 김동성 그림	문학동네
43	초정리 편지	배유안 글 | 홍선주 그림	창비
44	최열 아저씨의 지구촌 환경 이야기	최열 글 | 노희성 그림	청년사
45	톨스토이 단편선	레프 니콜라예비치 톨스토이 글 | 권희정 옮김	인디북
46	톰 아저씨의 오두막집	해리엇 비처 스토 글 | 이창건 편역	효리원
47	패션, 역사를 만나다	정해영 글·그림	창비
48	프린들 주세요	앤드루 클레먼츠 글 | 양혜원 그림 | 햇살과나무꾼 옮김 편역	사계절출판사
49	할머니의 레시피	이미애 글 | 문구선 그림	아이세움
50	할아버지 손은 약손	한수연 글	네모북

■ 독서 관련 참고 도서

순	제목	지은이	출판사	분류	독자 예상 적합성	내게 적합성
1	공부 잘하는 아이로 만드는 독서 기술	남미영	아울북	독서 교육	3	3
2	그 남자의 비블리오필리	허연	해냄	책 읽기	4	4
3	그림책을 읽자 아이들을 읽자	최은희	우리교육	책 소개	4	3
4	나의 고전 읽기	공지영 외	북섬	책 소개	4	2
5	낭만주의자의 독서	고솜이	돌풍	명작 해설	3	3
6	내 아이가 책을 읽는다	박영숙	알마	독서 교육	5	5
7	내 아이를 위한 일생의 독서 계획	저우예후이 | 최경숙 옮김	바다출판사	독서 교육	3	1
8	내 아이를 책의 바다로 이끄는 법	임사라	비룡소	독서 교육	4	3
9	내 인생을 바꾼 한 권의 책	잭 캘필드 · 게이 헨드릭스 | 손정숙 옮김	리더스북	독서 에세이	4	3
10	내 인생의 책 읽기	공선옥 외	나남출판	독서 에세이	4	3
11	내 책은 하루 한 뼘씩 자란다	양정훈	헤리티지	독서법	4	3
12	독서	김열규	비아북	책 읽기	5	5
13	독서가 어떻게 나의 인생을 바꾸었나	에너 퀸들런 | 임옥희 옮김	에코리브로	독서 에세이	2	2
14	독서가 행복한 회사	고두현	21세기북스	독서 경영	4	4
15	독서 논술 지도의 원리와 실제	임영규 외	정인출판사	독서 논술	4	4
16	독서는 힘이 세다	임영규 외	다산초당	독서 교육	3	3
17	독서를 좋아하는 아이로 기르기 위한 50가지 방법	캐시 제일러 | 최이정 옮김	도서출판 문원	독서 교육	3	2
18	독서 몰입법	조미아	랜덤하우스 코리아	독서 교육	4	4
19	독서와 이노베이션	정을병	청어	책 읽기	5	4
20	독서의 기술	모티머 에들러 | 민병덕 옮김	범우사	독서법	2	4
21	독서 토론 가이드북	임영규 외	정인출판사	교과 도서 목록	3	2
22	동화작가 조성자의 엄마표 독토논	조성자	조선북스	독서 교육	3	1
23	명작에게 길을 묻다	송정림 | 유재형 그림	갤리온	책 읽기	4	4

24	명작에게 길을 묻다	송정림 | 유재형 그림	갤리온	책 읽기	4	4
25	북 by 북	마이클 더다 | 강주헌 옮김	문학동네	독서 에세이	2	1
26	사라진 도서관	루치아노 칸포라 | 김효정 옮김	열린책들	인문 에세이	1	1
27	사라진 책들의 도서관	알렉산더 페히만 | 김라합 옮김	문학동네	문학	2	4
28	상상을 현실로 만드는 독서 습관	김순례	파인앤굿	독서 교육	5	1
29	상상력과 창의력을 키우는 동화 읽기 쓰기	김슬옹 외	다른 세상	독서 교육	3	2
30	서재 결혼시키기	앤 패디먼 | 정영목 옮김	지호	독서 에세이	2	5
31	세계 명문가의 독서 교육	최효찬	바다출판사	독서 교육	4	3
32	소설처럼	다니엘 페낙 | 이정임 옮김	문학과 지성사	독서 에세이	5	5
33	식스펜스 하우스	폴 콜린스 | 홍한별 옮김	양철북	독서 에세이	3	5
34	아이 읽기, 책 읽기	조월례	사계절 출판사	독서 교육이	4	3
35	아주 특별한 책들의 이력서	릭 게코스키 | 차익종 옮김	르네상스	책 관련 에세이	3	2
36	아침독서 10분이 기적을 만든다	하야시 히로시 | 한상수 옮김	청어람 미디어	독서 교육	2	1
37	어느 독서광의 생산적 책 읽기 50	안상헌	북포스	책 읽기	5	5
38	영국의 독서 교육	김은하	대교출판	독서 교육	3	3
39	우리 아이, 책날개를 달아 주자	김은하	살림	독서 교육	4	4
40	이 책을 먹으라	유진 피터슨 | 양혜원 옮김	IVP(한국기독 학생회출판부)	독서 묵상	2	3
41	읽기와 지식의 감추어진 역사	한스 요아힘 그립 | 노성정 옮김	이른아침	서양사	1	3
42	읽기의 힘, 듣기의 힘	다치바나 다카시 외 | 이언숙 옮김	열대림	책 읽기	2	2
43	읽어 주며 키우며	강백향	교보문고	독서 교육	4	4
44	조선 지식인의 독서 노트	한정주 외	포럼	독서 에세이	4	3
45	지상의 아름다운 도서관	최정태	한길사	인문 에세이	2	3
46	책, 꽃만큼 아름답고 밥만큼 소중하다	이혜화	한국출판마 케팅연구소	독서 교육	3	3
47	책따세와 함께하는 독서 교육	책으로 따뜻한 세상 만드는 교사들	청어람 미디어	독서 교육	2	4

48	책만 보는 바보	안소영	보림	책 읽기	4	4
49	책 먹는 아이들	김진향	푸른사상	독서 교육	4	2
50	책벌레들의 동서고금 종횡무진	김삼웅	시대의 창	책 읽기	2	2
51	책벌레 선생님의 아주 특별한 도서관	임성미 | 곽병철 그림	글담어린이	책 읽기	2	2
52	책, 세상을 탐하다	성석제 외	평단문화사	독서 에세이	4	4
53	책, 세상을 훔치다	반칠환 | 홍승진 사진	평단문화사	독서 에세이	4	4
54	책 속에 숨어 있는 99가지 책 이야기	김지원 외	한길사	책 읽기	2	4
55	책 속의 향기가 운명을 바꾼다	다이애나 홍	모아북스	책 읽기	2	1
56	책 읽기의 달인, 호모 부커스	이권우	그린비	책 읽기	4	4
57	책 읽기의 즐거움	다이애나 홍	김영사	독서 경영	2	2
58	책 읽는 교실	여희숙	파란자전거	독서 교육	4	3
59	책 읽는 방법을 바꾸면 인생이 바뀐다	백금산	부흥과 개혁사	독서법	2	4
60	책 읽는 소리	정민	마음산책	독서 에세이	5	5
61	책 읽는 엄마, 책 먹는 아이	한복희	여성신문사	독서 교육	4	4
62	책 읽는 책	박민영	지식의숲	책 읽기	4	4
63	책 읽어 주는 아빠	이영호	한성출판 기획	독서 교육	3	1
64	책에 미친 청춘	김애리	미다스북스	독서 에세이	3	1
65	책으로 크는 아이들	백화현	우리교육	독서 교육	3	5
66	책을 읽는 방법	히라노 게이치로 | 김효순 옮김	문학동네	독서법	2	2
67	책을 읽어야 하는 10가지 이유	안상헌	북포스	책 읽기	4	4
68	책, 함부로 읽지 마라	최인호	밀리언 스마일북스	책 읽기	3	3
69	책 VS 역사	볼프강 헤를레스·클라우스-뤼디거 마이 | 배진아 옮김	추수밭	책 읽기	2	3
70	토론하는 교실	여희숙	파란자전거	독서 교육	4	2
71	통찰력을 키워 주는 밸런스 독서법	이동우	21세기북스	독서법	4	4
72	틈새 독서	김선욱	북포스	독서법	3	1
73	하루 30분 혼자 읽기의 힘	낸시 앳웰 | 최지현 옮김	북라인	독서 교육	3	3

■ 글쓰기 관련 참고 도서

순	제목	지은이	출판사	분류	독자 예상 적합성	내게 적합성
1	글쓰는 그리스도인	김기현	성서유니온 선교회	글쓰기 (일반)	4	4
2	글쓰기가 좋아졌어요	권일한	정인출판사	글쓰기 교육	3	3
3	글쓰기 어떻게 가르칠까	이오덕	보리	글쓰기 교육	5	4
4	글쓰기 수업	앤 라모트｜최재경 옮김	웅진윙스	글쓰기 (일반)	3	5
5	너 정말 우리말 아니?	이어령｜김용연 그림	푸른숲 주니어	국어(초등)	3	3
6	독서 감상문이 술술 써지네	황미용｜김해진 그림	바다어린이	글쓰기 (초등)	4	2
7	문장강화	이태준	창비	문장쓰기론	2	3
8	뼛속까지 내려가서 써라	나탈리 골드버그｜권경희 옮김	한문화	글쓰기 (일반)	3	2
9	빛깔이 있는 학급 문집 만들기	우리교육 엮음	우리교육	글쓰기 교육	3	4
10	살아 있는 글쓰기	이호철	보리	글쓰기 교육	5	4
12	세상을 감동시킨 위대한 글벌레들	김문태｜이상미 그림	뜨인돌 어린이	글쓰기 (초등)	4	3
13	세상을 감동시킨 위대한 책벌레들	김문태	뜨인돌 어린이	글쓰기 (초등)	4	3
14	아이들 글 읽기와 삶 읽기	박진환	우리교육	글쓰기 교육	4	4
15	와우! 맛있는 글쓰기(1,2학년)	이상배｜숭문정 그림	영교출판	글쓰기 (초등)	4	1
16	우리 문장 쓰기	이오덕	한길사	문장쓰기론	3	3
17	원고지 10장을 넘기는 힘	사이토 다카시｜황혜숙 옮김	루비박스	글쓰기 (일반)	3	3
18	유혹하는 글쓰기	스티븐 킹｜김진준 옮김	김영사	글쓰기 (일반)	5	4
19	좋은 글, 잘 된 문장은 이렇게 쓴다	강신재 외	문학사상사	문장쓰기론	3	4
20	창조적 글쓰기	애니 딜라드｜이미선 옮김	공존	글쓰기 (일반)	5	4
21	프리덤 라이터스 다이어리	에린 그루웰｜이미선 옮김	랜덤하우스 코리아	청소년 에세이	5	4
22	행복한 글쓰기	카슨 레빈｜백지원 그림｜김연수 옮김	주니어 김영사	글쓰기 (초중등)	5	4

1 《그리스도를 본받아》, 토마스 아 켐피스, 두란노

2 《책 읽기의 달인 호모 부커스》, 이권우, 그린비

3 《독서가 어떻게 나의 인생을 바꾸었나?》, 에너 퀸들런, 에코리브르

4 《수업이 바뀌면 학교가 바뀐다》, 사토 마나부, 에듀케어

5 이 말을 한 아이는 전학을 갔습니다. 전학 간 곳에 독서 마라톤이 없으면 좋겠습니다.

6 이 부분에 대해서는 다니엘 페나크가 쓴 《소설처럼》 마지막 장 '무엇을 어떻게 읽든' 을 보면 자세하고도
   마음에 와 닿는 설명을 볼 수 있습니다.

7 학창 시절 스스로 터득한 학습법으로 여러 차례 '수석' 의 주인공이 된 박재원 소장(행복한 공부 연구소)
   의 표현입니다. 문맥 유추 능력을 평가하는 수능 시험을 준비하기 위해 문법과 관사를 배우는 수업을 무
   효한 경험이라고 불렀습니다. 상담을 한 학생의 성적 변화 예측이 대부분 적중해서 박보살로 통했으며
   지금은 학부모 문제에 주력하고 있습니다.

8 인터뷰 전문은 《좋은 교사》 2010년 1월 호에 자세하게 실려 있습니다.

9 100쪽에 소개한 안상헌님의 책 읽기 3단계 – 책을 많이 읽고 많이 기억하려는 단계, 적게 읽고 많이 생
   각하는 단계, 적게 읽고 많이 쓰는 단계와 같은 내용입니다.

10 'EBS 지식채널e' 〈어느 독서광의 일기〉를 검색하면 김득신의 이야기를 볼 수 있습니다.

11 이분 성함이 김치숙金致叔입니다. 이름으로 너스레를 떨며 이야기하면 아이들이 좋아합니다.

12 제가 읽은 책 중에 제목이 가장 좋았던 책은 《삶으로 가르치는 것만 남는다》입니다. 제목만큼이나 내
   용도 참 좋은 책입니다.

13 '마을 동洞' 자는 같은 의미를 갖고 있습니다.

14 박원순 님이 대안 교육 공동체를 소개한 《마을이 학교다》라는 좋은 책이 있습니다.

15 《용기》, 요한 크리스토프 아놀드, 쉴터

16 〈그루터기〉, 2010년 정라초등학교 독서반 문집

17 즐라타 필리포빅은 보스니아 내전을 견디며 일기를 썼습니다. 제2의 안네라고 보면 됩니다. 《빼앗긴
   내일》이라는 책에 즐라타의 일기가 나옵니다.

18 《유쾌한 심리학》, 박지영, 파피에

19 'EBS 지식채널e' 에서 작가를 검색하면 오 헨리, 조지 오웰, 프란츠 카프카를 감동적인 이야기로 만날
   수 있습니다.

20 캐나다에 사는 분께 들은 이야기입니다.

21 이 시는 제인 타이슨 클레멘트가 쓴 미출판 시 〈Child, though I take your hand〉의 일부분으로 《용기》(요한 크리스토프 아놀드, 쉴터)에서 재인용했습니다.

22 《밸런스 독서법》, 이동우, 21세기북스

23 《위대한 수업》, 레이프 에스퀴스, 추수밭

24 온라인 모임을 활용하여 책을 서로 바꿔 읽자는 운동입니다. 책을 읽은 후, 책과 함께 '북크로싱 메시지'를 적어 일정한 장소에 놔두면 필요한 사람이 읽고 마찬가지로 다음 사람에게 책을 넘깁니다. 2001년 미국인 론 혼베이커가 만든 www.bookcrossing.com으로부터 시작됐습니다.

25 《세계 명문가의 독서 교육》(최효찬, 바다출판사)에 나오는 10개의 가문입니다.

26 《창조적 독서 교육》, 조영식, 교육과학사

27 《하루 30분 혼자 읽기의 힘》(낸시 엣웰, 북라인)에 수록된 〈책 읽어 주는 어머니〉 마지막 연을 재인용했습니다.

28 《창조적 글쓰기》, 애니 딜라드, 공존

29 《내 아이가 책을 읽는다》, 박영숙, 알마

30 《독서와 이노베이션》, 정을병, 청어

31 〈그루터기〉, 2010년 정라초등학교 독서반 문집

32 《소설처럼》, 다니엘 페나크, 문학과 지성사

33 〈그루터기〉, 2002년 도계초등학교 3학년 풀빛반 학급 문집

34 《내 인생의 책 읽기》, 공선옥 외, 나남출판

35 《책 먹는 아이들》, 김진향, 푸른사상

36 '피그말리온'이라는 서점에서 점원으로 일하던 알베르토 망구엘은 보르헤스에게 책을 읽어 주면서 책에 빠져들어 세계에서 손꼽히는 비평가, 작가가 되었습니다.

37 《독서와 이노베이션》, 정을병, 청어

38 이탈리아 작가 이탈로 칼비노가 《왜 고전을 읽는가》에서 말한 고전의 기준은

1. 사람들이 보통 '나는 ~를 다시 읽고 있어'라고 말하지 '나는 지금 ~를 읽고 있어'라고 말하지 않는 책

2. 다시 읽을 때마다 처음 읽는 것처럼 새로운 것을 발견한다는 느낌을 갖게 해 주는 책

3. 처음 읽을 때조차 이전에 읽은 것 같은 '다시 읽는' 느낌을 주는 책

4. 독자에게 들려줄 것이 무궁무진한 책입니다.

39 《조선 지식인의 독서 노트》(한정주 외, 포럼)에서 재인용했습니다.

40 《책만 보는 바보》(안소영, 보림)를 참고하세요.

41 《프리덤 라이터스 다이어리》(에린 그루웰, 랜덤 하우스) 그루웰 선생님의 말에 저의 상상을 보태어 표현했습니다.

42 〈그루터기〉, 2010년 정라초등학교 독서반 문집

43 《내 아이를 책의 바다로 이끄는 법》, 임사라, 비룡소

44 〈그루터기〉, 2003년 도계초등학교 3학년 풀빛반 학급 문집

45 'EBS 지식채널e'〈지켜지지 않은 유언〉은 조지 오웰을 자세하게 알려 줍니다.

46 《좋은 글, 잘 된 문장은 이렇게 쓴다》, 강신재 외, 문학사상사

47 그러나 이건 부럽습니다. 미국도서관협회에 따르면 미국에는 맥도날드보다 공공 도서관이 더 많습니다. 도서관 회원은 아마존 회원의 5배, 도서관에 가는 사람은 극장보다 2배, 스낵바에서 보내는 시간의 3배를 도서관에서 보내며, 학교 도서관에서 자료 조사하는 시간은 비디오 게임을 하는 시간보다 7배가 많습니다. 《책 읽기의 즐거움》, 다이애나 홍, 김영사

48 《책, 세상을 탐하다》에서 이명랑 님이 쓴 글입니다.

49 《생산적 책 읽기 50》, 안상헌, 북포스

50 《생산적 책 읽기 50》, 안상헌, 북포스

51 《세계 명문가의 독서 교육》, 이효찬, 바다출판사

52 《미친 척하고 성경 말씀대로 살아 본 1년 상, 하》가 이 책입니다.

53 《아이들과 함께 떠나는 나니아 여행》, 문경민 외, 꿈을이루는사람들

54 《생산적 책 읽기 50》, 안상헌, 북포스

55 《평범 이상의 삶》(존 오트버그, 사랑플러스) 중에서 링컨 관련 내용을 인용했습니다.

56 《책, 세상을 탐하다》에서 이병률 님이 쓴 글입니다.

57 《실마릴리온》, 크리스토퍼 톨킨, 씨앗을 뿌리는 사람들

58 《책, 함부로 읽지 마라》(최인호, 밀리언스마일북스)에서 재인용했습니다.

59 《조선 지식인의 독서 노트》(한정주 외, 포럼)에서 재인용했습니다.

60 인디언 노인 이야기를 책으로 쓰기 위해 노인을 따라다닌 백인 작가가 상처 받은 인디언 역사와 삶을 이해하는 과정을 그린 뛰어난 작품입니다. 운디드니wounded knee는 수 부족이 기병대에게 학살당한 무덤을 일컫는 말입니다.

61 'EBS 지식채널e'에서 〈몹시 곤란한 동화책〉을 검색하면 로알드 달 이야기를 볼 수 있습니다.

62 《내 아이를 책의 바다로 이끄는 법》, 임사라, 비룡소

63 《독서 몰입법》, 조미아, 랜덤하우스

64 《내 아이가 책을 읽는다》, 박영숙, 알마

65 《키다리 아저씨》, 진 웹스터, 두산동아

66 〈그루터기〉, 1999년 삼척초등학교 4학년 슬기반 학급 문집

67 〈그루터기〉, 2007년 마읍, 동막, 노곡분교 연합 문집

68 개구리와 관련된 예쁜 글이 있어 소개합니다. 2006년 9월 27일 2학년 김시현이 썼습니다. 시현이는 글에 쓴 것처럼 개구리를 엄히 다스리지는 않았습니다. 개구리를 이렇게 대하는 마음을 가진 아이는 개구리를 죽이지 않습니다.

69 〈그루터기〉, 2010년 정라초등학교 독서반 문집

70 〈그루터기〉, 2001년 정라초등학교 6학년 협동반 학급 문집

71 195쪽에 사령관의 관점을 자세하게 설명했습니다.

72 〈그루터기〉, 2009년 정라초등학교 독서반 문집

73 《유쾌한 심리학》(박지영, 파피에)에서 재인용했습니다.

74 《행복한 글쓰기》, 게일 카슨 레빈, 주니어김영사

75 〈그루터기〉, 2000년 삼척초등학교 4학년 성실반 학급 문집

76 〈그루터기〉, 2004년 도계초등학교 1학년 풀빛반 학급 문집

77 〈그루터기〉, 2010년 정라초등학교 독서반 문집

78 〈그루터기〉, 2001년 삼척초등학교 6학년 협동반 학급 문집

79 2010년 '제 8회 YES24 독서 감상문대회' 초등부 동상 수상작

80 아이를 위해 출처를 밝히지 않겠습니다.

81 아이를 위해 출처를 밝히지 않겠습니다.

82 〈그루터기〉, 2006년 마읍분교 학교 문집

83 〈그루터기〉, 2006년 마읍분교 학교 문집

84 〈그루터기〉, 2007년 마읍, 동막, 노곡분교 연합 문집

85 〈그루터기〉, 2009년 정라초등학교 독서반 문집

86 〈그루터기〉, 2010년 정라초등학교 독서반 문집

87 〈그루터기〉, 2010년 정라초등학교 독서반 문집

88 〈그루터기〉, 2006년 마읍분교 학교 문집

89 《아침독서 10분이 기적을 만든다》, 하야시 히로시, 청어람미디어

90 〈그루터기〉, 2009년 정라초등학교 독서반 문집

91 〈그루터기〉, 2009년 정라초등학교 독서반 문집

92 《내 인생의 책 읽기》, 공선옥 외, 나남출판

93 《조선 지식인의 독서 노트》(한정주 외, 포럼)에서 재인용했습니다.

94 《책 속에 들어 있는 99가지 책 이야기》(김지원 외, 한길사)에서 재인용했습니다.

95 《상대적이며 절대적인 지식의 백과사전》, 베르나르 베르베르, 열린책들

96 〈그루터기〉, 2010년 정라초등학교 독서반 문집

97 《아, 내 안에 하나님이 없다》, 필립 얀시, 좋은씨앗

98 《좋은 글, 잘 된 문장은 이렇게 쓴다》, 강신재 외, 문학사상사.

99 'EBS 지식채널e' 〈통속 소설〉에서 본 내용입니다.

100 닉의 이야기는 《닉 부이치치의 허그》라는 책을 보면 자세하게 알 수 있습니다.

101 딕의 이야기는 《나는 아버지이다》라는 책을 보면 자세하게 알 수 있습니다.

102 《유혹하는 글쓰기》, 스티븐 킹, 김영사.

103 《독서를 좋아하는 아이로 기르기 위한 50가지 방법》, 캐시 제일러, 문원

104 《책 읽는 방법을 바꾸면 인생이 바뀐다》, 백금산, 부흥과개혁사

105 《해바라기》, 사이먼 비젠탈, 뜨인돌

106 〈그루터기〉, 2010년 정라초등학교 독서반 문집

107 〈그루터기〉, 2010년 정라초등학교 독서반 문집

108 《식스펜스 하우스》, 폴 콜린스, 양철북

109 〈그루터기〉, 2006년 마읍분교 학교 문집

110 《독서는 힘이 세다》, 임영규 외, 다산초당

111 《내 아이를 위한 일생의 독서 계획》, 저우예후이, 바다출판사

112 《내 인생의 책 읽기》, 공선옥 외, 나남출판

113 '사교육 걱정 없는 세상 noworry.co.kr'에서 들은 우종학 교수님 강의를 요약한 내용입니다.

114 〈그루터기〉, 2010년 정라초등학교 독서반 문집

115 인터넷 서점에서 이름을 검색하면 번역한 책이 200권 이상 나옵니다. 회원 추천 지수 별 4개 이상인
    책이 수두룩합니다. 《박사가 사랑한 수식》을 번역했죠. 남편도 번역가여서 《물은 답을 알고 있다》를 번역
    하였습니다.

116 《책, 세상을 훔치다》, 반칠환, 평단

117 〈그루터기〉, 2010년 정라초등학교 독서반 문집

118 〈그루터기〉, 2010년 정라초등학교 독서반 문집

119 〈그루터기〉, 2001년 삼척초등학교 6학년 협동반 학급 문집

120 《키다리 아저씨》, 진 웹스터, 두산동아

121 아이를 위해 출처를 밝히지 않겠습니다.

122 《영혼의 양식》, 헨리 나우엔, 두란노

123 이 책은 인문학적인 소양이 있어야만 읽을 수 있습니다. 내용이 딱딱하고 어려우므로 'EBS 지식채
    널e'에서 〈위험한 힘〉이라는 제목으로 소개된 관련 내용을 보고 나서 더 알고 싶다면 읽어 보세요.

124 《희망의 인문학》, 얼 쇼리스, 이매진.

125 《책벌레들의 동서고금 종횡무진》, 김상웅, 시대의창

126 《책을 읽어야 하는 10가지 이유》(안상헌, 북포스)에서 재인용했습니다.

127 《잃어버린 교육 용기》(요한 크리스토프 아놀드, 쉴터)에서 재인용했습니다.

128 《나는 대한민국의 교사다》, 조벽, 해냄

129 《똥 누고 가는 새》, 임길택, 실천문학사

130 《독서 기술》, 남미영, 21세기북스

131 《독서 몰입법》, 조미아, 랜덤하우스

132 《책, 세상을 탐하다》, 성석제 외, 평단문화사

추천의 말

저자 권일한 선생님은 이덕무보다 더 '책만 보는 바보' 같습니다. 복도에서도 책을 보고 교실 창틀에 앉아서도 책을 봅니다. 그리고 매일매일 아이들에게 재미난 내용을 들려줍니다. 아이들은 선생님의 이야기에 빠져들고 뜨겁게 빛나는 눈빛에 물들어 가며 책을 만나고 친구를 만나고 자아를 만납니다. "미쳐야 미친다." 권일한 선생님에게 꼭 맞는 말인 것 같습니다.

책과 아이들에게 푹 빠져 산 지 17년. 그는 어떤 아이에게 어떤 책을 어떻게 권해야 하는지, 어떤 책은 누구와 어떻게 이야기 나눠야 하는지, 어떤 책 어떤 아이에게 어떠한 보물이 숨겨져 있는지, 이제 환~히 다 아는 듯합니다. 진정으로 내 아이의 자존감을 키워 주고 싶은 부모님, 제자들을 진짜 책으로 이끌고 싶은 선생님, 아이들에게 읽힐 만한 책에 대한 정보와 책을 읽은 후 함께 할 만한 구체적인 독후 활동과 독서 토론의 방법들을 알고 싶은 수많은 분들께 이 책을 추천합니다. 저자의 몸과 마음으로 쓴 이 책에서 분명 길을 발견할 수 있을 것입니다.

백화현_《책으로 크는 아이들》저자, 봉원중학교 교사

권일한 선생님의 책은 "자신이 책 읽기에 푹 빠져서 그 좋아하는 독서를 아이들도 좋아하게 만드는" 지혜를 담은 책이다. 단순한 팁 정보가 아니라 아이들을 붙들고 씨름하다가 변화시킨 생생한 지혜와 전략이 가득 차 있다. 독서 지도에 대한 뜨거움이 내 속에 훅 들어오는 느낌이다.

"우리 아들 녀석이 이런 선생님을 만났더라면 얼마나 좋았을까"라는 생각을 하다가, 문득 "이런 선생님으로 사는 것은 얼마나 행복할까"라는 상념도 찾아왔다. "아, 나도 이렇게 아이들을 만나면 되겠구나."라는 의욕도 생긴다. 아마 나만이 아닐 것이다.

송인수_ '사교육 걱정 없는 세상' 대표